新しい日商簿記2級

テキスト＆問題集

工業簿記

滝澤ななみ著

The Official Business Skills Test in Bookkeeping, 2nd grade

はしがき

私がはじめて簿記3級に合格してから約20年、簿記の書籍を執筆するようになってから約12年経ちました。「テキスト」という部門ではこれが3シリーズ目になります。ですから、独学者の目線に立って、初学者のための本を書き続けていた……と思っていました。

でも今回、初心に返って、「本当の簿記初学者が合格までするために必要な要素はなんだろう?」とよくよく考えました。試験会場にも行き、実際に受験をして、まわりの雰囲気なども見てきました。そしたら、いろいろなことがわかりました。

その「いろいろわかったこと」を盛り込んで、**初学者が簿記を嫌いにならずに、最後まで迷うことなく学習を続けられ、そして合格できる本＝本書**を作りました。

どうぞ本書を活用して、簿記検定に合格してください。なんらかの形でみなさんのお役に立てたら幸いです（あ、これをきっかけに、簿記が好きになって簿記オタクになったよ!……なんていう人が増えてくれたら、とてもうれしいです!　簿記オタク談話、しましょうね）。

本書の特徴

❶ 工業簿記用語をキャラ化

前著までに、かなり初学者向けに読みやすいテキストを作ったと思っていましたが、それでも工業簿記の独特の用語はとっつきにくいようです。

だから、本書では工業簿記用語（一部）をキャラ化しました。キャラの雰囲気で、その意味をなんとなくイメージしていただけるといいかな、と思います。

❷ 簡単な場面設定

最初に非常に簡単な場面設定の内容を入れています。これから学ぶ内容をイメージしながら読み進めてくださいね。

レッスン28／組別総合原価計算

❸ テーマの末尾にそのテーマのまとめ一覧

どのテーマも見開き2ページにおさまるように、そのテーマで学んだ内容が一覧できるようになっています。復習にお役立てください。

❹ テキスト＆問題集

テキストの1テーマを読んだら、対応する問題がすぐに解けるようにテキストと問題集を1冊にまとめました。……ちゃんと問題まで解いてくださいね！

❺ 本試験レベルの問題も収載…その①

問題を解いているとき、「この問題は本試験の何問目で出題される！」とか書かれていると、やる気が出ませんか？

本書の問題編のテーマ別問題では、テキストの内容を確認する基本問題はもちろんのこと、本試験でもよく出題される問題や本試験レベルの問題にはマークをつけています。このマークがついている問題は、必ず、しっかり解けるようにしておきましょう。

本試験対策マーク

❻ 本試験レベルの問題も収載…その②

実は工業簿記って簡単なんです。試験で出題される内容も、商業簿記に比べたらかなり絞れますし、解きやすい問題も多いです。そこで、問題編に「本試験レベルの問題　完全攻略10問」として、2級の工業簿記でよく出題されるタイプの問題を10問入れました。

本試験レベルなので、これらの問題がしっかり解ければ本試験でも8割程度、得点できると思いますよ。

本書の効果的な使い方

1：テキストを読む

まずはテキストを読みます。最初に場面設定がありますので、これから学ぶ内容をイメージしましょう。また、例題については、自分でしっかり数字をおって、電卓もたたきましょう。

↓

2：問題編の問題（テーマ別問題）を解く

テキストを読んだら、それに該当する問題（テーマ別問題）を解きます。1つのテーマを学習し終えたら、それに対応する問題を解いてください。知識があやふやな問題については1、2日中に再度解くようにしてください。

↓

3：問題を全部解く

1→2を繰り返して、本書の内容をすべて学習し終えたら、今度は再度、問題編の問題を全部解きます。ここで間違えた問題は印をつけておき、テキストを読みなおすとともに、あとで再度解きなおしておいてください。

↓

4：本試験レベルの問題 完全攻略10問を解く

最後に、問題編の「本試験レベルの問題　完全攻略10問」を解きます。「本試験レベルの問題　完全攻略10問」では、本試験でよく出題されるタイプの問題が、本試験と同様の形で10問入っているので、これらの問題が完璧にできれば、工業簿記はほぼ制覇です。

↓

5：過去問題集や予想問題集を解く

本試験の出題形式や本試験と同様の環境に慣れるため、過去問題集や予想問題集を解いておきましょう。本書の同シリーズ**「新しい日商簿記2級 過去＆予想問題セレクション（別売）」**がおススメです。なお、問題を解く際には、必ずA4サイズの下書用紙（計算用紙）を準備して、時間（2時間）を計って解くようにしてください。

日商簿記検定2級の概要

日商簿記2級の受験概要

受験資格	特になし
試験日	6月第2日曜日、11月第3日曜日、2月第4日曜日
申込方法	申込期間(試験の約2か月前から)は各商工会議所によって異なります。各商工会議所にお問い合わせください。
受験料	¥4,720(一部の商工会議所では事務手数料がかかります。)
試験科目	商業簿記・工業簿記
試験時間	2時間(午後1時30分開始)
合格基準	70%以上
問い合わせ	各商工会議所　検定試験ホームページ：https://www.kentei.ne.jp/

2級の出題傾向と配点

2級は第1問～第3問が商業簿記、第4問と第5問が工業簿記からの出題となっています。このうち、工業簿記の出題傾向と配点は次のとおりです。

		配点
第4問	費目別計算、個別原価計算、部門別個別原価計算、本社工場会計から仕訳や勘定記入、財務諸表の作成などが出題されています(これらの問題が第5問で出題されることもあります)。	20点
第5問	総合原価計算、標準原価計算、直接原価計算から出題されています(これらの問題が第4問で出題されることもあります)。	20点

本書を読む前に…
工業簿記の全体像を
かる～く見ておこう！

工業簿記では、製品1個を作るのにかかった費用の計算（原価計算）が主な学習テーマです。原価計算は、次の流れで行います。

原価計算の流れ

Step 1 費目別計算

まずは製品を作るために、材料費、労務費、経費をいくら使ったかを計算します。これを**費目別計算**（ひもくべつけいさん）といいます。

なお、どの製品にいくらかかったかが明らかな原価については、各製品の原価として集計しますが、どの製品にいくらかかったかが明らかではない原価については、いったん**「製造間接費」**（せいぞうかんせつひ）という勘定に金額を集計しておきます。

Step 2 製造間接費の配賦

Step 1 で、「どの製品にいくらかかったかが明らかではない」として、製造間接費に集計された金額は、なんらかの基準（作業時間や数量など）をもとに各製品に按分します。これを**「製造間接費の配賦」**（はいふ）といいます。

Step 3 製品原価の計算

最後に製品1個を作るのにかかった費用（製品1個の原価）を計算します。製品1個の原価を計算する方法には、**「個別原価計算」**（こべつげんかけいさん）と**「総合原価計算」**（そうごうげんかけいさん）という方法があります。

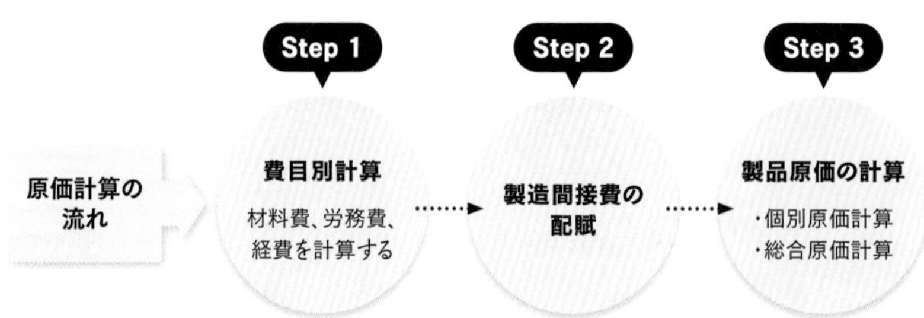

くわしい内容は本編で
しっかり説明しますが、
ここで全体像をかるく把握して
おいてくださいね。

前述の流れで製品の原価を計算しますが、2級工業簿記では、これ以外に次のような内容も学習します。

その他の学習内容（主なもの）

❶ 本社工場会計

本社の帳簿から工場の帳簿を独立させたとき、取引をどのように各帳簿に記入するか、という内容です。

❷ 標準原価計算

標準原価計算（ひょうじゅんげんかけいさん）は、原価のムダを発見し、改善するための原価計算です。

あらかじめ目標となる原価を設定して、それと実際にかかった原価を比べることによって、どこにどれだけムダがあったのかを把握します。

❸ 直接原価計算

直接原価計算（ちょくせつげんかけいさん）は、利益計画を立てる際に役立つ原価計算です。

次期にいくらの利益を上げるためには、いくら売り上げたらいいか、いくらコストを下げたらいいか、ということを決めるときに用います。

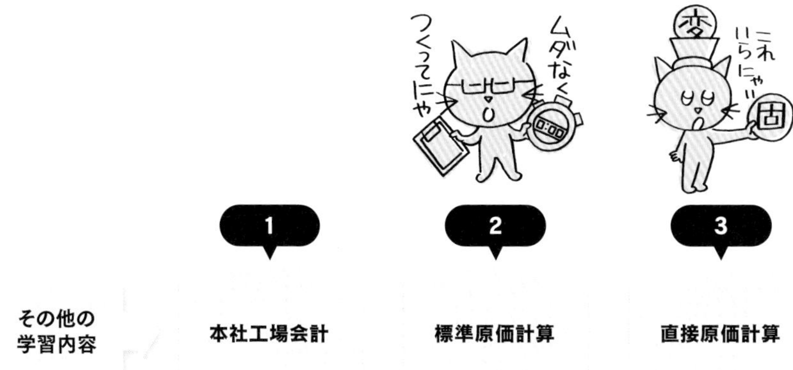

目次

STAGE 4 総合原価計算

STAGE 5 財務諸表と本社工場会計

STAGE 6 標準原価計算

STAGE 7 直接原価計算

テーマ別基本問題

出陣じゃ！

STAGE 1

工業簿記の基礎

**ここでは工業簿記とはなにか、
工業簿記の仕組みなど、
基本的な内容を見ておきます。**

テーマ

1 工業簿記の基礎

» P.016

STAGE 1

テーマ 1 2 3

テーマ

1 工業簿記の基礎 で学ぶ内容

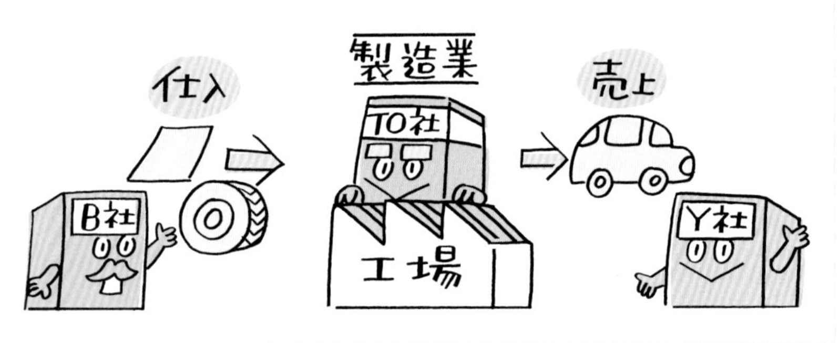

Lesson

1 工業簿記とは

これから「工業簿記」について学んでいく
……工業簿記ってなんだろう？

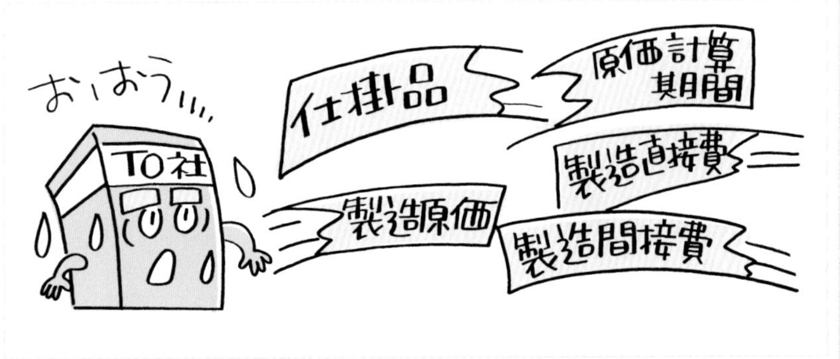

Lesson

2 工業簿記の基本用語

工業簿記を学ぶ前に
基本的な用語を知っておこう！

こんな内容を
学習します

原価計算の流れはしっかり頭に入れて！

どうやって計算するんだろう
TO社

Lesson

3 原価計算の流れ

製品の原価を計算するには
3つのステップをふまなければならない
その3つのステップって、なんだろう？

Lesson

モノを作っている会社で使われる簿記！

1 工業簿記とは

TO社は製造業を営んでいる……製造業ってなんだろう？

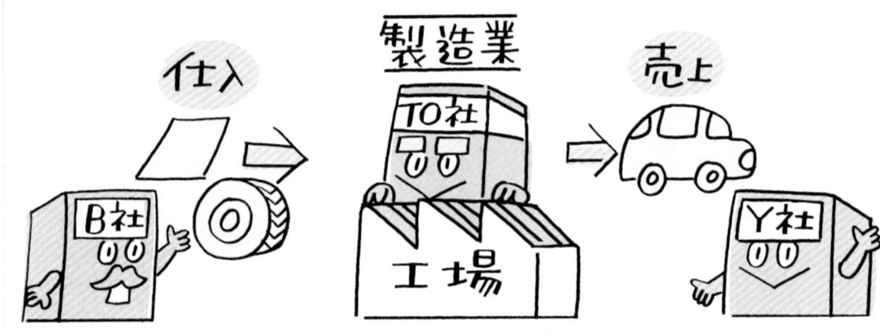

商品売買業となにがちがうかわかりますか？

1 工業簿記とは

メーカーにおける簿記

3級や2級商業簿記で見てきた内容は、商品を仕入れてそのままの形で販売するという**商品売買業**における簿記でした。

これから見ていく工業簿記は、材料を仕入れて、その材料に加工を加えて製品にしてから、販売するといった**製造業（メーカー）**における簿記です。

語句

加工（かこう）
材料に切る、塗る、組み立てるなどの手を加えること

2 原価計算とは

1個あたりの製品の原価を算定！

商品売買業では、ほかから仕入れた商品をそのままの形で販売します。そのため商品の売上原価は、

仕入れたときの価格で計算します。

一方、製造業では、ほかから仕入れた材料に、切る、色を塗る、組み立てるなどの加工を加えて製品にしてから販売します。そのため製品の売上原価は、材料の仕入価額だけでなく加工にかかった金額も含めなければなりません。

この、製品をつくるのにかかった費用を**原価**(げんか)といい、原価を計算することを**原価計算**といいます。

まとめ

・工業簿記…製造業における簿記
・原価計算…製品の完成までにかかった費用(原価)を計算すること

Lesson

まずはこれらの用語をおさえよう!

2 工業簿記の基本用語

仕掛品、製造原価、製造直接費、製造間接費、原価計算期間……ってなあに?

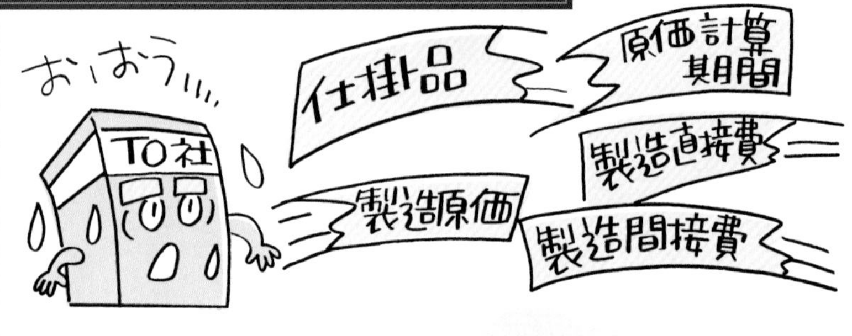

基本用語を見てみましょう

1 製品と仕掛品

完成しているか、未完成か

製造業では、ほかから買ってきた材料に、加工を加えて完成品を作ります。

このときの完成品を**製品**、加工中の未完成品を**仕掛品**(しかかりひん)といいます。

2 製造原価と総原価

ふつうに「原価」というと「製造原価」のこと！

製品の製造にかかった費用を原価といいますが、この場合の原価は**製造原価**です。

製造原価のほか、製品の販売にかかる費用（**販売費**）や、本社の管理活動のための費用（**一般管理費**）を含めた原価を**総原価**といいます。

●製造原価と総原価

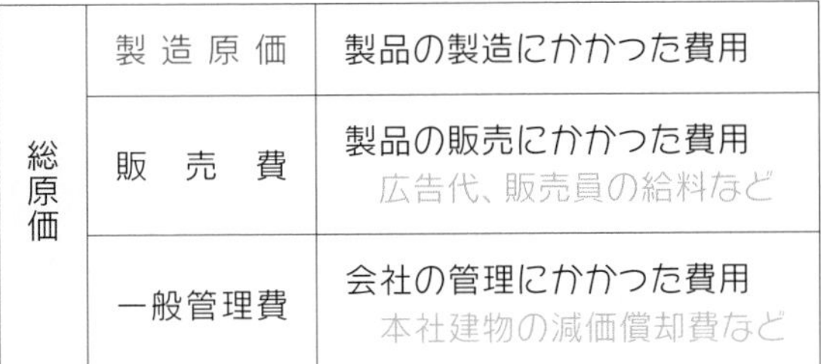

総原価	製造原価	製品の製造にかかった費用
	販売費	製品の販売にかかった費用 広告代、販売員の給料など
	一般管理費	会社の管理にかかった費用 本社建物の減価償却費など

3 材料費、労務費、経費

「モノ」「ヒト」「その他」にかかった費用！

製造原価はいくつかの視点から分類することができます。

「なにを使って製品を作ったか」という視点から分類すると、**材料費**、**労務費**、**経費**に分けることができます。

夕飯にすき焼きを作ったとしましょう。すき焼きを作るには、牛肉や白菜、豆腐などの材料を使います。これらの材料にかかった金額が材料費です。

また、すき焼きを作る人も必要です。すき焼きを作る人の労働力（賃金や給料）が労務費です。

そのほか、ガス代や電気代も必要です。材料費と労務費以外の費用を経費といいます。

4　製造直接費と製造間接費

「なににいくらかかったか」
が明らかかどうか

次に、「どの製品を作るのにいくらかかったかが明らかかどうか」という視点から分類すると、**製造直接費**と**製造間接費**に分けることができます。

製造直接費はどの製品にいくらかかったかが明らかな原価です。

すき焼きを作るときの牛肉や白菜、豆腐などは、いくら使ったかが明らかなので、これらの材料費は製造直接費です。

一方、製造間接費は、どの製品にいくらかかったかが明らかではない原価です。

ガス代や電気代は、すき焼きを作るのにいくらかかったかが明らかではないので、これらの費用は製造間接費です。

すき焼きの割り下を
作るときに使った
醤油やみりん、酒なども

そのすき焼きにいくら分を
使ったかが明らかではないので、
これらの材料費は
製造間接費です

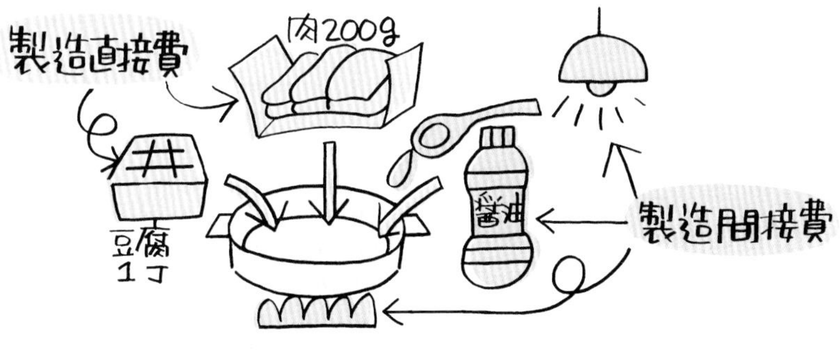

以上の分類をまとめると、このようになります

●製造原価の分類

	製造直接費	製造間接費
材　料　費	直接材料費	間接材料費
労　務　費	直接労務費	間接労務費
経　　　費	直 接 経 費	間 接 経 費

5　変動費と固定費

操業度に比例して発生するか、
操業度に関係なく一定額が発生するか

製造原価は、「**操業度**に比例して発生するかどうか」という視点から分類すると、**変動費**と**固定費**に分けることができます。

操業度とは、業務量(設備の利用度)のことをいい、主な操業度には生産量や作業時間などがあります。

変動費は操業度に比例して発生する原価です。

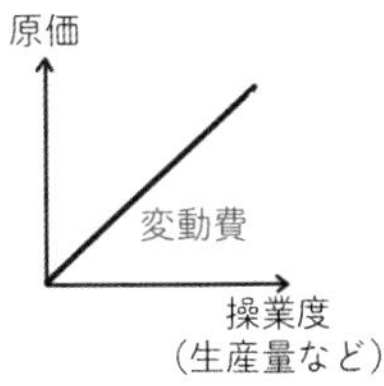

果汁ジュースを作るときの材料であるみかんやりんごは、ジュースの生産量に比例して使うので、みかん代やりんご代は変動費です。

一方、固定費は操業度の増減に関係なく一定額が発生します。

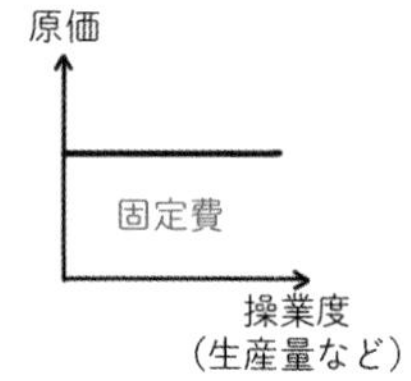

工場で使う機械の減価償却費などは、どれだけ製品を作っても、まったく製品を作らなくても一定額が発生します。このような原価が固定費です。

6　会計期間と原価計算期間

1年か1か月か・・・

前記の原価を集計して計算する期間を**原価計算期間**といいます。

会社の会計期間は通常1年ですが、原価計算期間は1か月です。

原価にムダがあったとき、
早めに対応できるからです

・会計期間…財務諸表を作成する期間。通常1年。
・原価計算期間…原価を集計・計算する期間。1か月。

Lesson

この3ステップで計算する!

3 原価計算の流れ

原価はどうやって計算するんだろう?

原価計算の流れを見ておきましょう

1 原価計算の流れ

3ステップで行う!

製品原価の計算は、次の3ステップで行います。

この3ステップが重要

Step1 費目別計算（材料費、労務費、経費の計算）
Step2 製造間接費の配賦
Step3 製品原価の計算

2　費目別計算(Step1)

材料費、労務費、経費はいくら?

最初に**費目別計算**(ひもくべつけいさん)を行います。

費目別計算とは、原価計算期間における材料費、労務費、経費の消費額を計算することをいいます。

材料費、労務費、経費を支払ったときには、各勘定の借方に記入します。そして、材料費、労務費、経費を消費したときには各勘定から振り替えます(各勘定の貸方に記入します)。

このとき、製造直接費については仕掛品勘定の借方に、製造間接費については製造間接費勘定の借方に振り替えます。

語句

消費額(しょうひがく)
使った金額のこと

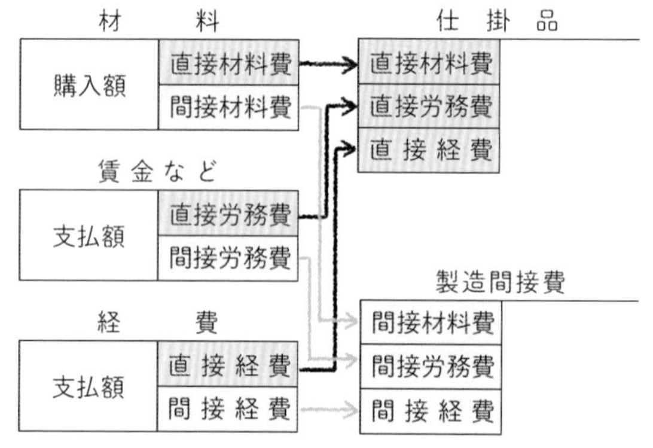

3　製造間接費の配賦(Step2)

「間接費」はいったんまとめたあと振り分ける!

Step1で製造間接費勘定に集計された金額は、作業時間などのなんらかの基準によって、各製品(仕掛品)に振り分けます。これを**製造間接費の配賦**(はいふ)といいます。

製造間接費	
間接材料費	仕掛品
間接労務費	
間接経費	

仕掛品	
直接材料費	
直接労務費	
直接経費	
製造間接費	

3　製品原価の計算(Step3)

完成したら製品勘定に振り替える！

仕掛品勘定に集計された原価のうち、当月に完成した製品に対応するものは、**製品勘定**に振り替えます(製品原価の計算)。

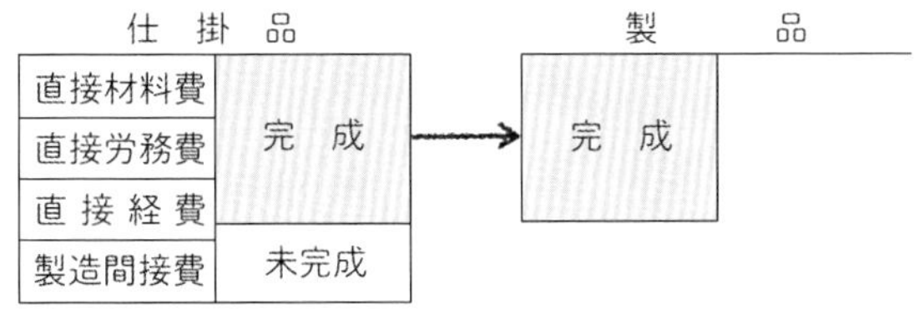

また、製品原価の計算方法には、**個別原価計算**(こべつげんかけいさん)(オーダーメイドの製品の原価の計算方法)と**総合原価計算**(そうごうげんかけいさん)(大量生産品の原価の計算方法)があります。

個別原価計算はステージ3で
総合原価計算はステージ4で学習します

4　売上原価の算定

販売した製品の原価はいくら？

前記3つのStepを経て製品の原価を計算しますが、このあと製品を販売したときは、製品勘定から**売上原価勘定**に振り替えます。

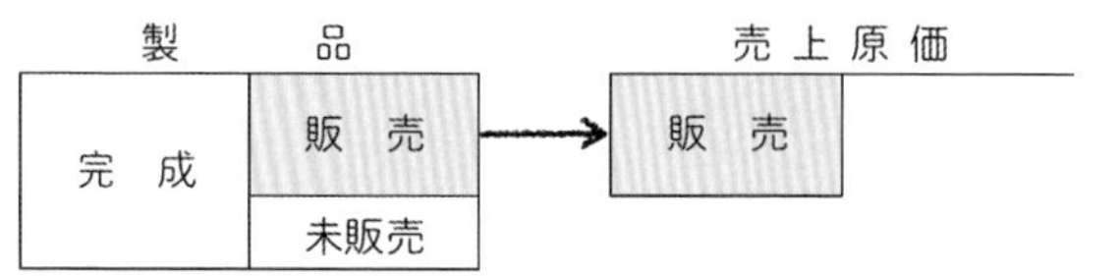

製　品
完　成
販　売
未販売
売上原価
販　売

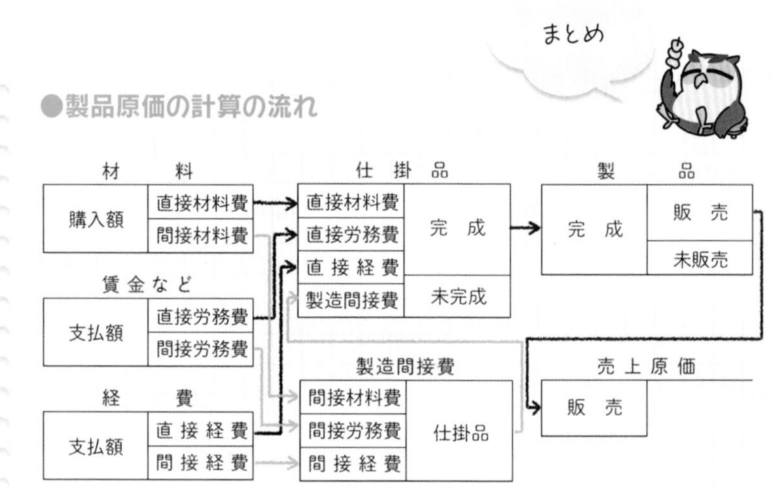

まとめ
●製品原価の計算の流れ
材　料
購入額
直接材料費
間接材料費
賃金など
支払額
直接労務費
間接労務費
経　費
支払額
直接経費
間接経費
仕掛品
直接材料費
直接労務費
直接経費
製造間接費
完　成
未完成
製造間接費
間接材料費
間接労務費
間接経費
仕掛品
製　品
完　成
販　売
未販売
売上原価
販　売

材料さん
仕掛品さん
製品さん

テーマ1の全体像とまとめ

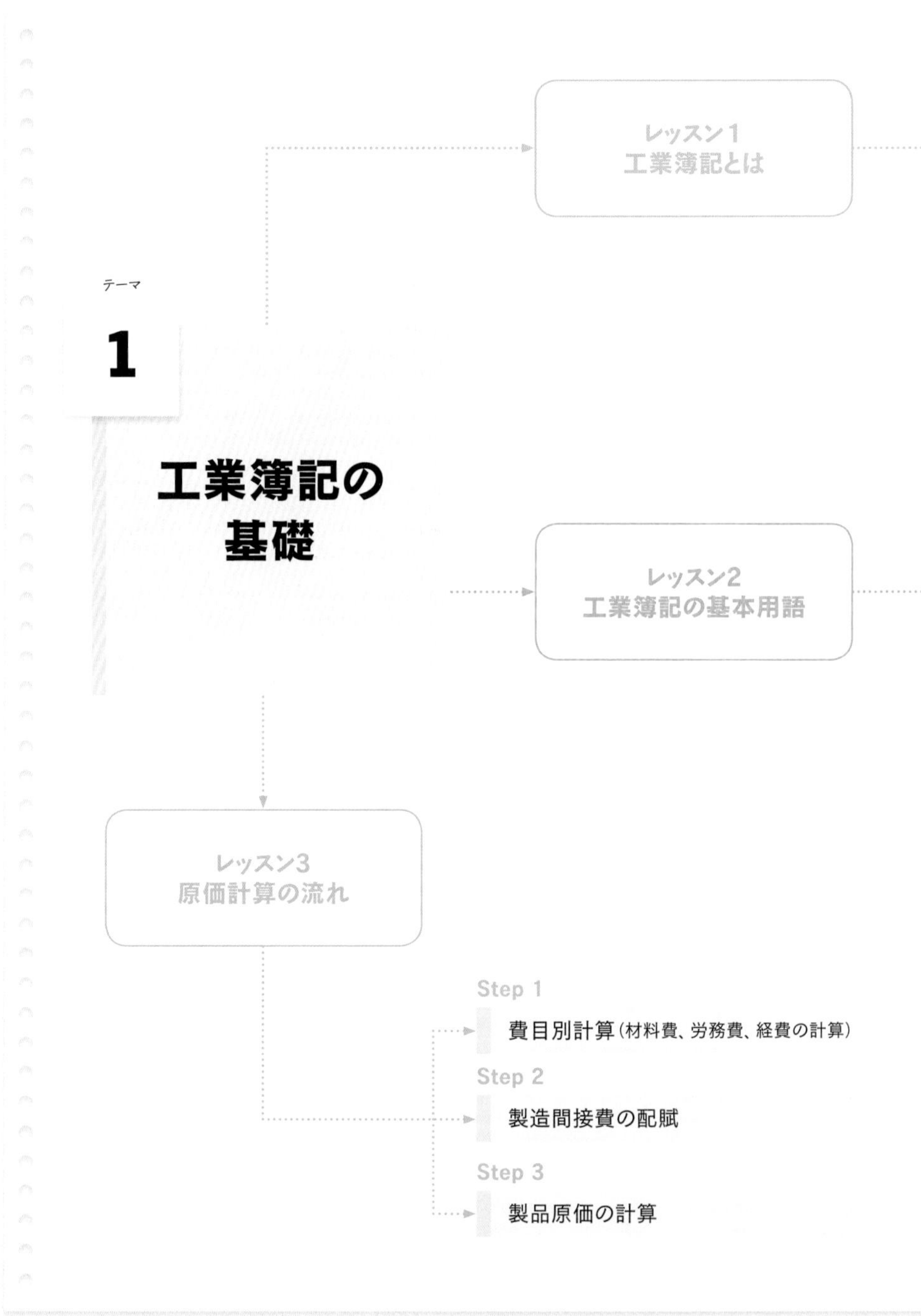

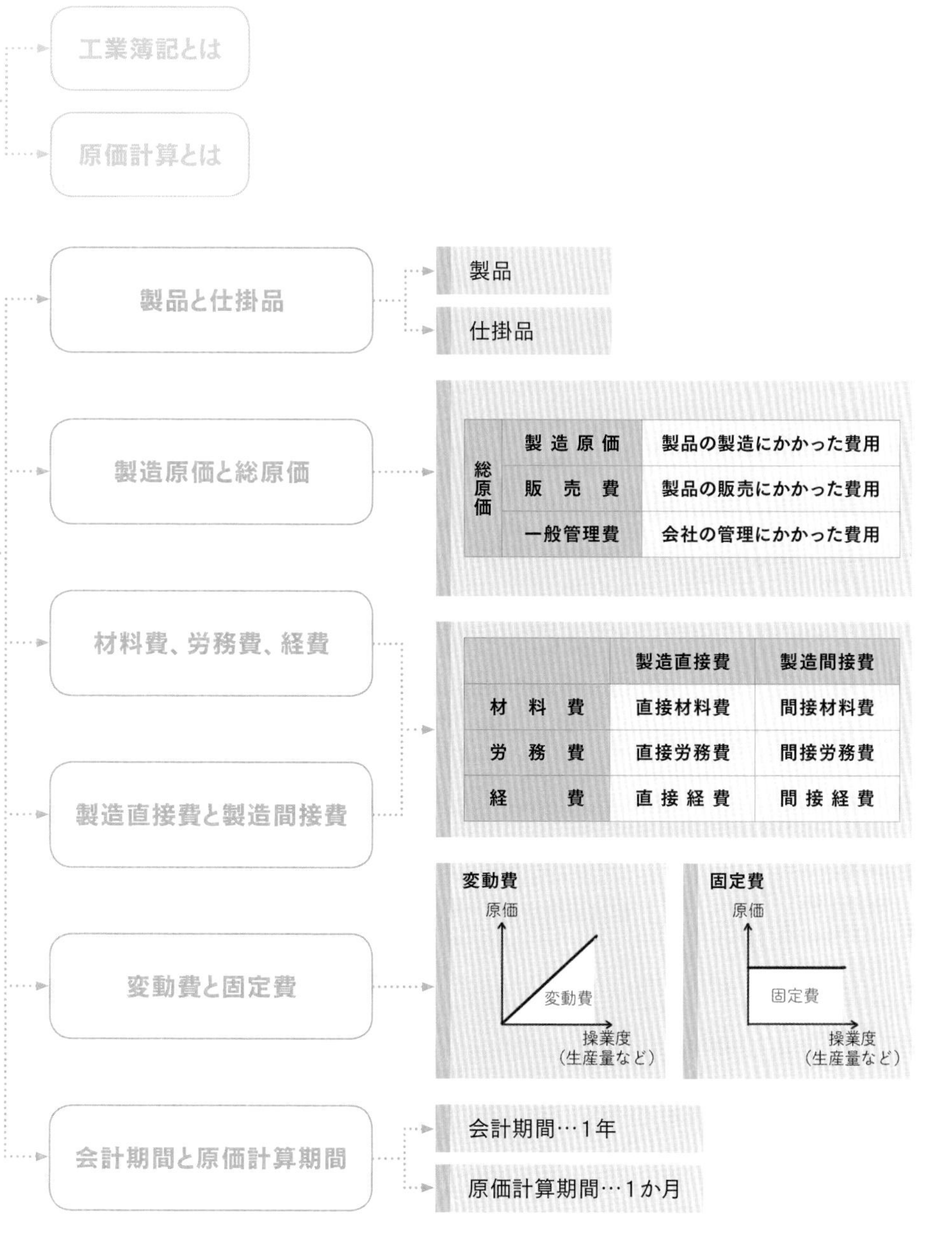
工業簿記とは
原価計算とは
製品と仕掛品
製品
仕掛品
製造原価と総原価
総原価
製造原価
製品の製造にかかった費用
販売費
製品の販売にかかった費用
一般管理費
会社の管理にかかった費用
材料費、労務費、経費
製造直接費と製造間接費
製造直接費
製造間接費
材料費
直接材料費
間接材料費
労務費
直接労務費
間接労務費
経費
直接経費
間接経費
変動費と固定費
変動費
原価
操業度（生産量など）
固定費
会計期間と原価計算期間
会計期間…1年
原価計算期間…1か月

STAGE 2

費目別計算

**ここでは、材料費、労務費、経費の計算
について見ていきます。
製品原価の計算のStep 1ですね！**

まずはStep1
費目別計算です！

STAGE 2

テーマ 2 3 4

テーマ

2 材料費 で学ぶ内容

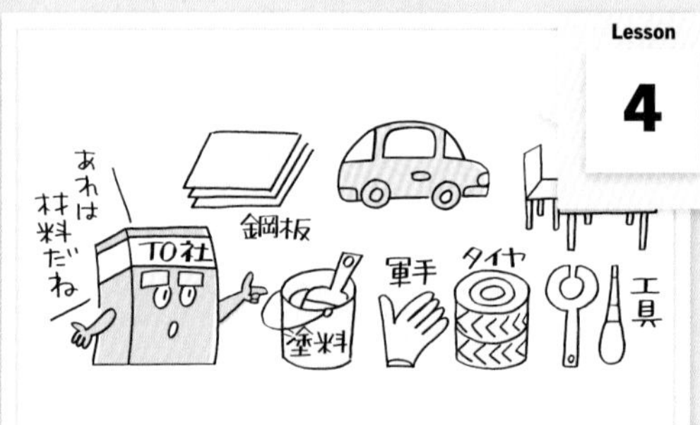

Lesson 4 材料費の分類

ひとことで「材料」といっても、主役的な材料もあれば、わき役的な材料もある!

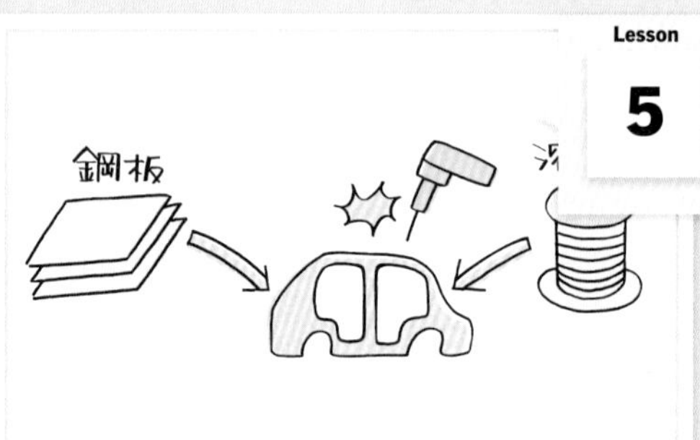

Lesson 5 材料費の処理

主役的な材料を使ったときとわき役的な材料を使ったときの処理は?

Lesson 6 材料費の計算

仕入
4/20 @16円
5/10 @11円
TO社倉庫

商業簿記で学習した先入先出法と平均法って覚えている?

こんな内容を学習します

仕訳と勘定の流れを確認しながら学習しよう！

Lesson

7 材料の棚卸減耗

材料の実際数量が帳簿数量よりも少ない場合は？

Lesson

8 予定消費単価を用いた場合

実際にかかった金額で材料費を計算すると困ることもあるから……。

Lesson

9 材料副費の予定配賦

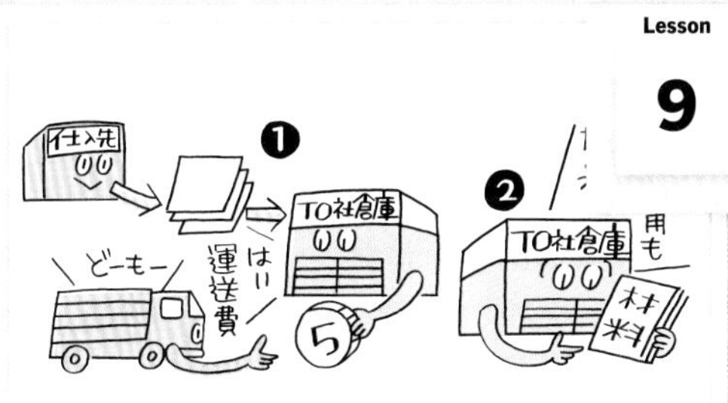

材料の購入から消費までにかかった費用も、あらかじめ決められた率を使って計算することができる！

4 材料費の分類

TO社は自動車製造業である。TO社における材料を探してみた。

1 材料費とは

使った分の材料の金額

すき焼きを作るときの牛肉や豆腐、自動車を作るときの鋼板(薄い鉄の板)やタイヤなど、製品を作るために使うものを**材料**といいます。

そして、製品を作るために使った材料の金額(材料の消費額)を**材料費**といいます。

2 材料費の分類①

「使われ方」で分類!

材料費は使われ方によって、**主要材料費**(しゅようざいりょうひ)、**買入部品費**(かいいれぶひんひ)、**補助材料費**(ほじょざいりょうひ)、**工場消耗品費**(こうじょうしょうもうひんひ)、**消耗工具器具備品費**(しょうもうこうぐきぐびひんひ)に分類することができます。

● 主要材料費

すき焼きを作るときに使う牛肉や、自動車を作るときに使う鋼板など、製品の本体となる材料を**主要材料**とか**素材**といい、その消費額を**主要材料費**とか**素材費**といいます。

主要材料費さま

● 買入部品費

自動車に取り付けるタイヤや、住宅の窓に取り付ける窓ガラスなど、外部から買ってきて、そのままの形で製品の本体に取り付ける材料を**買入部品**（かいいれぶひん）といい、その消費額を**買入部品費**といいます。

買入部品費さん

● 補助材料費

補修用の材料や塗料、接着剤など、製品を作るために補助的に使われる材料を**補助材料**（ほじょざいりょう）といい、その消費額を**補助材料費**といいます。

● 工場消耗品費

機械油や電球、石鹸など、工場で短期的に使用されるもので重要度の低い材料を**工場消耗品**（こうじょうしょうもうひん）といい、その消費額を**工場消耗品費**といいます。

● 消耗工具器具備品費

ドライバーやスパナ、作業用の机やいすなど、工場内で短期的に使われる工具や器具、備品を**消耗工具器具備品**（しょうもうこうぐきぐびひん）といい、その消費額を**消耗工具器具備品費**といいます。

工業簿記では
製品を作るために
使う「モノ」は
すべて材料費
として処理します

3 材料費の分類② この分類を「製品との関連による分類」という！

材料は、製品にどのように使われるかによって、**直接材料費**と**間接材料費**に分類されます。

● 直接材料費

直接材料費は、どの製品にいくらかかったかが明らかな材料費で、前記の主要材料費と買入部品費は直接材料費に分類されます。

自動車1台を作る
のに鋼板を何kg
使って
タイヤを何個使ったかは
把握することが
できますよね？

● 間接材料費

間接材料費は、どの製品にいくらかかったかが明らかではない材料費で、前記の補助材料費、工場消耗品費、消耗工具器具備品費は間接材料費に分類されます。

自動車1台を作る
のに機械油をどのくらい
使ったとか、
手を洗う石鹸の使用量
なんてわかりませんよね？

●材料費の分類

直接材料費

・主要材料費　・買入部品費

間接材料費

・補助材料費　・工場消耗品費　・消耗工具器具備品費

Lesson 主役かわき役かで分けて!

5 材料費の処理

① 材料を購入した。

② 材料のうち、車の本体を構成する鋼板と溶接材を消費した。

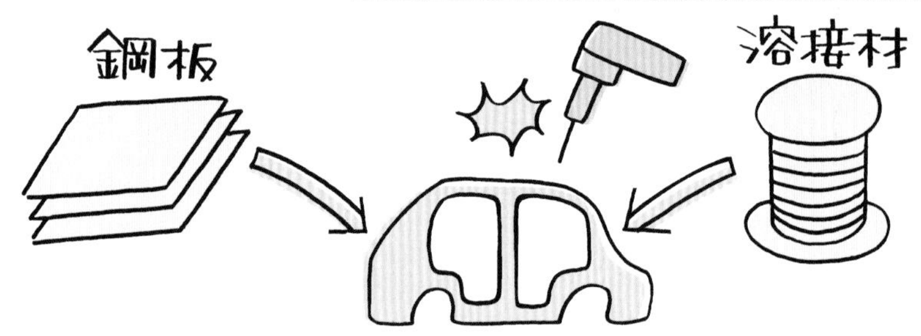
鋼板
溶接材

この場合の処理を
見てみましょう

1 材料を購入したとき

材料[資産]の増加!

材料を購入したときは、**材料[資産]**の増加で処理します。

また、材料の取得原価は、材料自体の価格(購入代価)に引取運賃などの付随費用を含めた金額で処理します。

取得原価＝購入代価＋付随費用

ちょっとやってみましょう

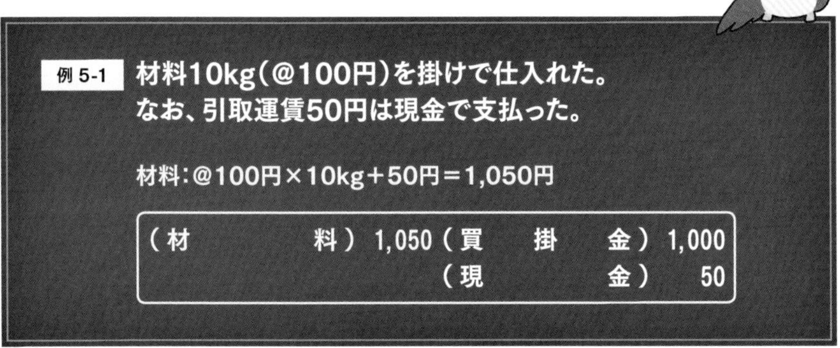

例 5-1 **材料10kg(@100円)を掛けで仕入れた。なお、引取運賃50円は現金で支払った。**

材料:@100円×10kg+50円=1,050円

(材料)	1,050	(買掛金)	1,000
		(現金)	50

2 材料を消費したとき

材料[資産]の減少!

材料を消費したときは、直接材料費については**材料**勘定から**仕掛品**勘定に、間接材料費については**材料**勘定から**製造間接費**勘定に振り替えます。

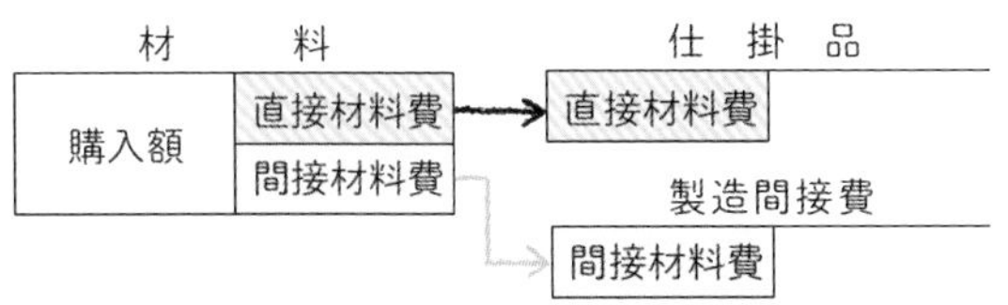

例 5-2 **材料100円を消費した。このうち80円が直接材料費、20円が間接材料費である。**

(仕掛品)	80	(材料)	100
(製造間接費)	20		

Lesson 6 商業簿記で学習した先入先出法と平均法と同じ!

材料費の計算

複数回に分けて仕入れた材料。仕入単価がバラバラだが……。

材料を使ったとき、どの単価で計算すべきだろうか?

1 消費単価の決定

先入先出法と平均法

同じ材料でも、仕入先や仕入時期の違いにより仕入単価が異なります。そこで、材料を使ったとき、どの単価を消費単価とすればいいのかが問題となります。

消費単価の決定方法には、**先入先出法**と**平均法**があります。

語句

消費単価(しょうひたんか)

材料費を計算するときに使う単価

2 先入先出法

先に入れたものから先に出す!

先入先出法は、さきに受け入れた材料からさきに払い出すと仮定して、材料の消費単価を決定する方法です。

例 6-1 **材料の月初有高は160円（@16円、10kg）、当月購入高は440円（@11円、40kg）、当月消費量は35kgである。先入先出法によって、材料の当月消費額を計算しなさい。**

材　　料　（先入先出法）

月初 @16円×10kg ＝160円	当月消費 @16円×10kg ＝160円
当月購入 @11円×40kg ＝440円 （25kg →当月消費、15kg →月末）	@11円×25kg ＝275円
	月末 @11円×15kg ＝165円

35kg消費　（当月消費合計）435円

例 6-1の答え **当月消費額：@16円×10kg＝160円**
@11円×25kg＝275円
435円

なお、さきに受け入れたものからさきに払い出すということは、月末に残っているのは後に受け入れたものなので、❶月末有高を計算してから、ボックス図の貸借差額で❷当月消費額を計算することもできます。

材　　料　（先入先出法）

月初 @16円×10kg ＝160円	当月消費 160円＋440円 －165円＝435円
当月購入 @11円×40kg ＝440円	月末 @11円×15kg ＝165円

15kg

❷差額で計算

❶さきにこちらを計算

3　平均法

総平均法をおさえておこう！

平均法は、平均単価を計算して、平均単価を材料の消費単価を決定する方法です。

なお、平均単価の計算方法には、**移動平均法**と**総平均法**の2つがあります。

● 移動平均法

移動平均法は、材料を受け入れるごとに平均単価を計算する方法です。

● 総平均法

総平均法は一定期間ごとに平均単価を計算する方法です。

工業簿記では
総平均法のほうが
よく使うので

総平均法の
計算を確認して
おきましょう

例 6-2 **材料の月初有高は160円（@16円、10kg）、**
当月購入高は440円（@11円、40kg）、
当月消費量は35kgである。
総平均法によって、当月の材料消費額を計算しなさい。

ボックス図を書くと
こんなカンジに
なります

例 6-2 の答え

平均単価：$\dfrac{160円+440円}{10kg+40kg}$**＝@12円**

当月消費額：@12円×35kg＝<u>420円</u>

参考　消費数量の計算

材料費は「消費単価×消費数量」で計算しますが、この消費数量の計算方法には、**継続記録法**と**棚卸計算法**があります。

継続記録法とは、材料の受け入れや払い出しのつど、帳簿(材料元帳など)に記録して、帳簿の払出欄に記載された数量を消費数量とする方法です。

材　料　元　帳

材　料　A

日	付	摘　要	受入			払出		
			数量	単価	金額	数量	単価	金額
5	1	前月繰越	10	16	160			
	10	購　入	40	11	440			
	15	払　出				35	12	420

払出数量

消費数量＝帳簿の払出欄に記入された数量

一方、棚卸計算法とは、材料の受入時のみ帳簿(材料元帳など)に記録して、材料の払出時には記録せず、受入数量と月末実地棚卸数量との差額で当月の消費数量を計算する方法です。

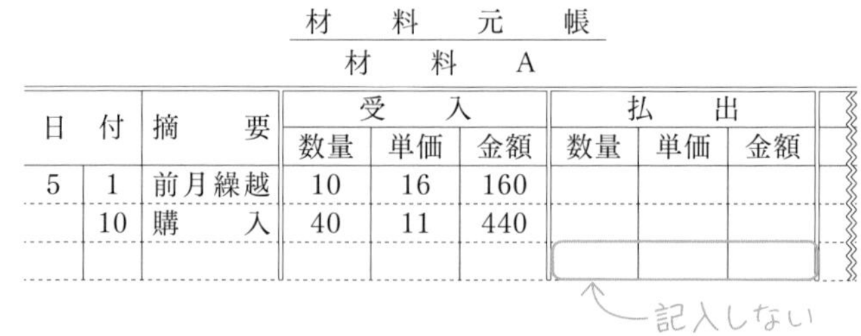

材　料　元　帳

材　料　A

日	付	摘　要	受入			払出		
			数量	単価	金額	数量	単価	金額
5	1	前月繰越	10	16	160			
	10	購　入	40	11	440			

記入しない

消費数量＝月初数量＋当月購入数量－月末実地棚卸数量

Lesson 減少した分は製造間接費で処理！

7 材料の棚卸減耗

材料の棚卸しをしたところ、帳簿数量よりも実際数量が少なかった。

この場合の処理を見てみましょう
少ないね…
材料 15kg
TO社
12kg

1 材料の棚卸減耗

帳簿数量よりも少ないときは…？

材料の実地棚卸しを行った際、材料の実際数量が帳簿数量よりも少ないときは**棚卸減耗費**[**費用**]を計上します。

2 棚卸減耗の処理

間接経費→製造間接費で処理！

棚卸減耗の程度が通常生じる程度の場合には、棚卸減耗費は製造原価として処理します。

なお、材料の棚卸減耗費は間接経費に分類されるため、仕訳では**製造間接費**で処理します。

通常の範囲を
超えて生じた場合
（異常な棚卸減耗）は
製造原価に含めませんが

2級では
異常な棚卸減耗は
出題されません

仕訳を確認して
おきましょう

例 7-1 **月末における材料の帳簿棚卸数量は15kg（消費単価は@12円）であるが、実地棚卸数量は12kgであった。**

棚卸減耗費：@12円×（15kg－12kg）＝36円

（製造間接費）	36	（材料）	36

まとめ

●材料の棚卸減耗

材料の棚卸減耗費…**製造間接費**で処理

8 予定消費単価を用いた場合

当社は総平均法で材料の消費単価を決定しているが、
月末にならないと計算できないのでなにかと不便である……。
で、単価は？
TO社
4/2 ……
4/6 ……
4/10 ……
月末まで待ってよ

なにかいい手はありますかね〜？

1 予定消費単価とは

あらかじめ決められた単価で計算してしまう！

総平均法で材料の消費単価を決定している場合、月末にならないと消費単価の計算ができないので、材料費の計算が遅れてしまいます。

また、材料の仕入価格は毎回同じというわけではないので、材料の消費単価を実際単価で計算している場合、同じ材料を使って、同じ製品を作っても、製品の原価が異なってしまうということが起こります。

そこで、実際単価を用いるのではなく、あらかじめ決めておいた消費単価を用いて材料費を計算することがあります。

このあらかじめ決めておいた消費単価を**予定消費単価**といいます。

語句

実際単価（じっさいたんか）
実際の購入原価を用いて計算した消費単価

2　材料を消費したとき　予定消費単価×実際消費数量

予定消費単価によって材料費を計算する場合、材料を消費したときは、予定消費単価に消費数量（実際に使った数量）を掛けて材料費（予定消費額）を計算します。

予定消費額＝予定消費単価×実際消費数量

仕訳を確認しておきましょう

例 8-1　**直接材料として材料35kgを消費した。なお、予定消費単価は@10円である。**

予定消費額：@10円×35kg＝350円

（仕　掛　品）	350	（材　料）	350

材料		仕掛品	
	予定消費額 350円	予定消費額 350円	

3　月末の処理

差異を把握！

予定消費単価を用いて材料費を計算している場合でも、月末になったら、先入先出法や平均法によって計算した実際単価で実際消費額を計算します。そして、予定消費額と実際消費額との差額を**材料消費価格差異**として処理します。

具体的には、すでに計上されている予定消費額が実際消費額になるように、**材料**の金額を増減させ、相手科目は**材料消費価格差異**で処理します。

具体例で
見てみましょう

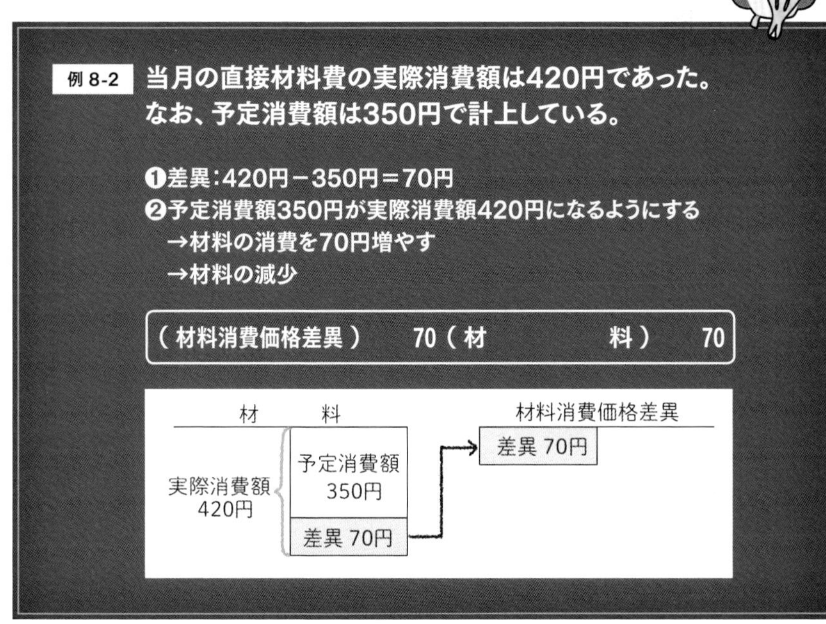

例 8-2
当月の直接材料費の実際消費額は420円であった。
なお、予定消費額は350円で計上している。
❶差異：420円－350円＝70円
❷予定消費額350円が実際消費額420円になるようにする
→材料の消費を70円増やす
→材料の減少
（材料消費価格差異）　70（材　　料）　70
材　料
実際消費額
420円
予定消費額
350円
差異 70円
材料消費価格差異
差異 70円

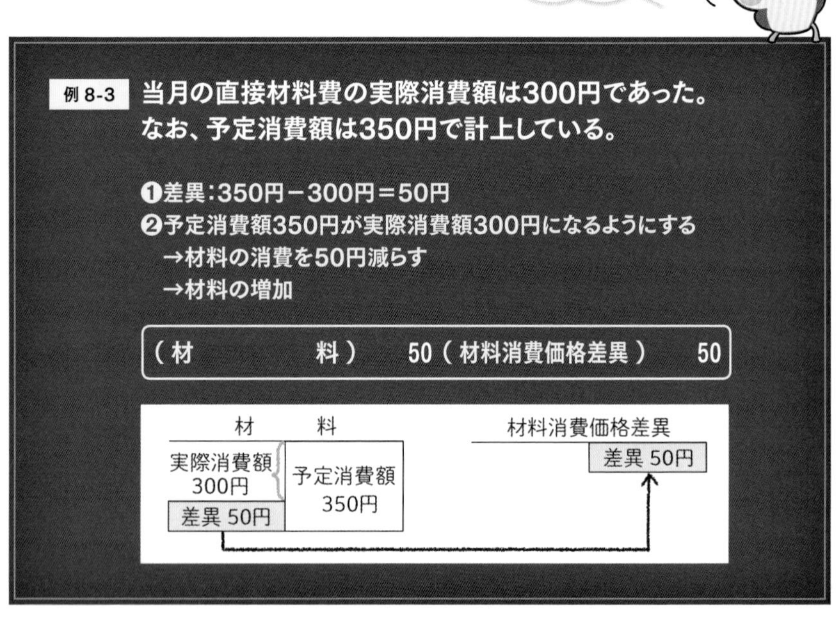

この場合は？
例 8-3 当月の直接材料費の実際消費額は300円であった。なお、予定消費額は350円で計上している。
❶差異：350円－300円＝50円
❷予定消費額350円が実際消費額300円になるようにする
→材料の消費を50円減らす
→材料の増加
（材　　料）　50（材料消費価格差異）　50
材　料
実際消費額 300円
差異 50円
予定消費額 350円
材料消費価格差異
差異 50円

4 借方差異と貸方差異

不利差異と有利差異ともいう！

例 8-2 では、材料消費価格差異が借方に発生しています。

（材料消費価格差異）　70（材　　料）　70

このような差異を**借方差異**（かりかたさい）といいます。

借方差異は実際消費額が予定消費額よりも多かったときに発生します。これは会社が予定していたよりも多くの費用が発生してしまったことを意味するため、会社にとって不利な差異ということで**不利差異**（ふりさい）ともいいます。

借方差異さん

また、**例8-3** では、材料消費価格差異が貸方に発生しています。

（材　　　　料）	50	（材料消費価格差異）	50

このような差異を**貸方差異**（かしかたさい）といいます。

貸方差異は実際消費額が予定消費額よりも少なかったときに発生します。これは会社が予定していたよりも少ない費用ですんだことを意味するため、会社にとって有利な差異ということで**有利差異**（ゆうりさい）ともいいます。

貸方差異さん

●借方差異（不利差異）

…予定消費額＜実際消費額のときの差異

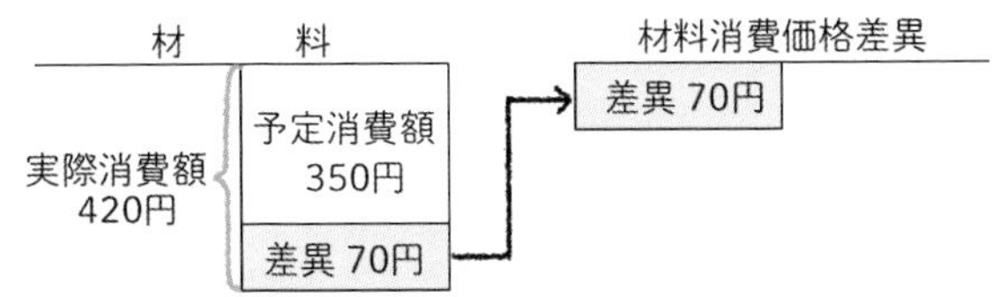

「予定消費額－実際消費額」がマイナスとなったら借方差異
→350円－420円＝△70円…借方差異
☆必ず「予定」から「実際」を引くこと！

まとめ
その②

●**貸方差異**(有利差異)

…予定消費額＞実際消費額のときの差異

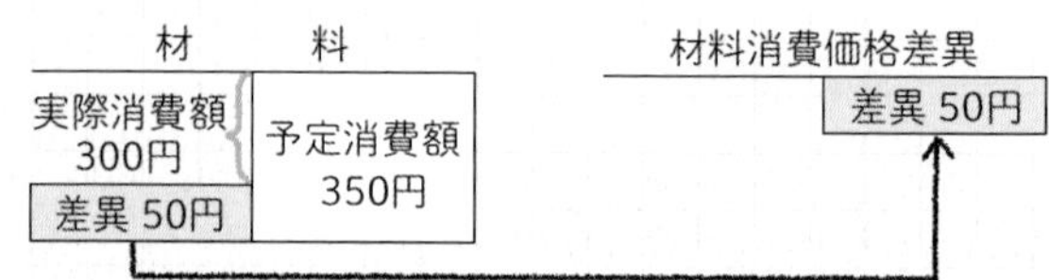

「予定消費額－実際消費額」がプラスとなったら貸方差異
→350円－300円＝50円…貸方差異
☆必ず「予定」から「実際」を引くこと!

この借方差異と
貸方差異の判定方法は
このあともたくさん出てくるので
早いうちに身につけて
くださいね

5　会計年度末の処理　最後は差異を売上原価へ!

会計年度末には、**材料消費価格差異勘定**の残高を**売上原価勘定**に振り替えます。

具体的には、借方差異(不利差異)の場合には、**売上原価勘定**の借方に、貸方差異(有利差異)の場合には、**売上原価勘定**の貸方に振り替えます。

具体例で
見てみましょう

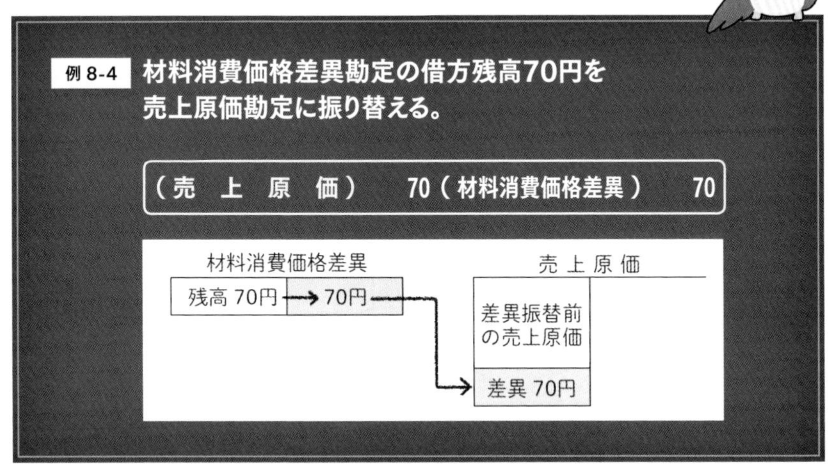

例 8-4
材料消費価格差異勘定の借方残高70円を
売上原価勘定に振り替える。
（売　上　原　価）　70（材料消費価格差異）　70
材料消費価格差異
残高 70円
70円
売 上 原 価
差異振替前
の売上原価
差異 70円

貸方差異の
振り替えは？

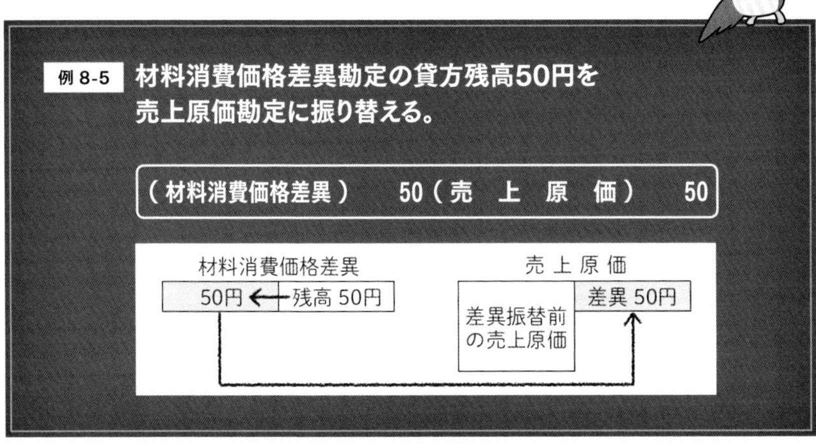

例 8-5
材料消費価格差異勘定の貸方残高50円を
売上原価勘定に振り替える。
（材料消費価格差異）　50（売　上　原　価）　50
材料消費価格差異
50円
残高 50円
売 上 原 価
差異振替前
の売上原価
差異 50円

Lesson 9 付随費用も予定配賦できる!

材料副費の予定配賦

① 材料を仕入れるとき引取運賃がかかる。

② 材料を保管するため倉庫費用がかかる。

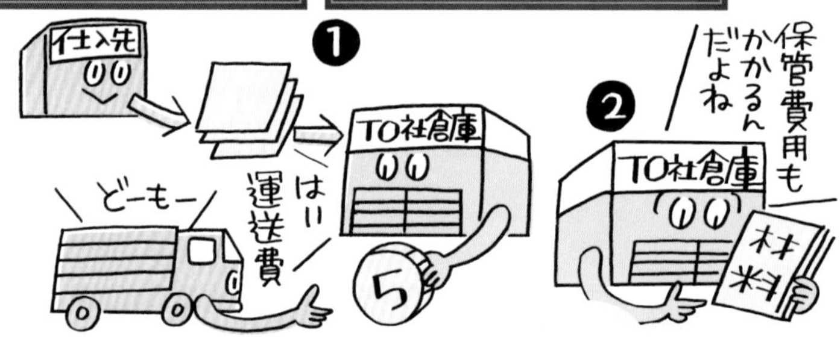

こういった費用の処理を見ていきます

1 材料副費とは

付随費用のこと!

材料の購入から消費までにかかった付随費用を**材料副費**（ざいりょうふくひ）といいます。材料副費には、引取運賃など、材料が工場の倉庫に届くまでにかかる**外部副費**（がいぶふくひ）と、材料を保管するための保管費用など、工場の倉庫に届いたあとでかかる**内部副費**（ないぶふくひ）があります。

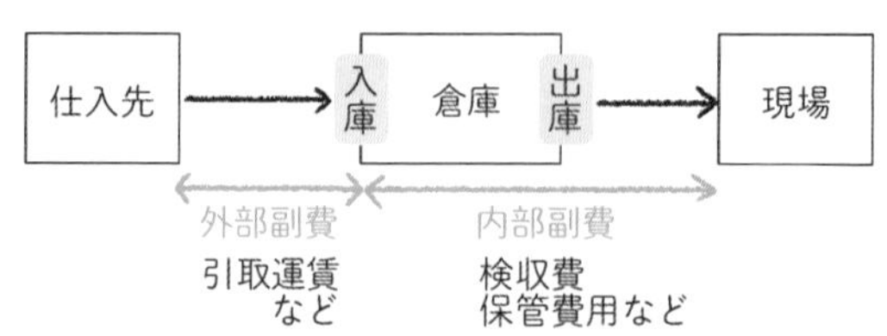

2　材料副費の予定配賦　予定配賦率を使って計算する！

材料副費は材料の購入原価に含めますが、このとき、**予定配賦率**（よていはいふりつ）を使って計算した金額を材料副費の金額とすることがあります。

3　材料を購入したとき　材料副費の予定配賦額を取得原価に含める！

材料を購入したときは、予定配賦率を使って求めた材料副費を材料の購入代価に加算して取得原価とします。

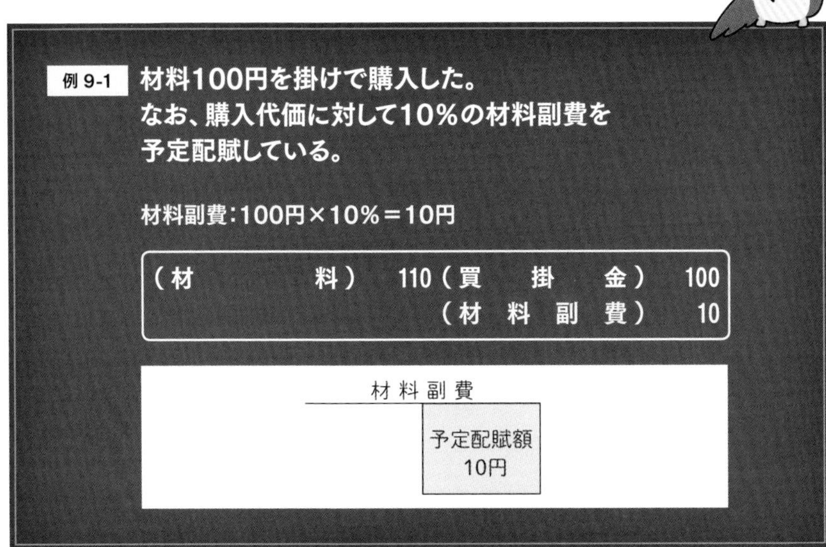

例 9-1　**材料100円を掛けで購入した。なお、購入代価に対して10%の材料副費を予定配賦している。**

材料副費：100円×10%＝10円

（材　　　料）	110	（買　掛　金）	100
		（材 料 副 費）	10

4　月末の処理

実際発生額との差額を計算する！

月末になったら、材料副費の実際発生額を計算します。そして、予定配賦額と実際発生額との差額を**材料副費**勘定から**材料副費差異**勘定に振り替えます。

材料消費価格差異を
求めるのと同じように

「予定」から「実際」を
引いて差異を
計算します

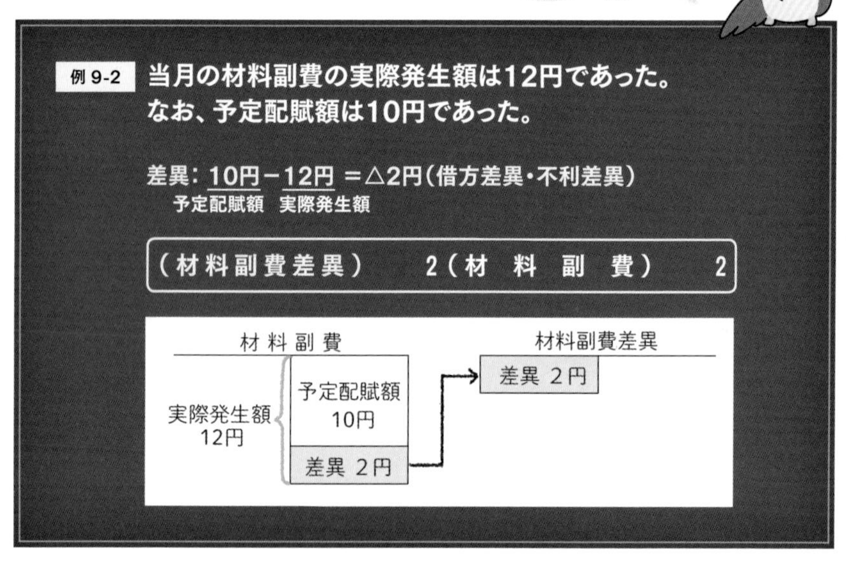

例 9-2　当月の材料副費の実際発生額は12円であった。なお、予定配賦額は10円であった。

差異：10円（予定配賦額）－12円（実際発生額）＝△2円（借方差異・不利差異）

（材料副費差異）　2（材　料　副　費）　2

5　会計年度末の処理

最後は売上原価に振り替える！

会計年度末には、**材料副費差異**勘定の残高を**売上原価**勘定に振り替えます。

具体的には、借方差異（不利差異）の場合には、**売上原価**勘定の借方に、貸方差異（有利差異）の場合には、売上原価**勘定**の貸方に振り替えます。

これも材料消費価格差異の
振り替えと同様です

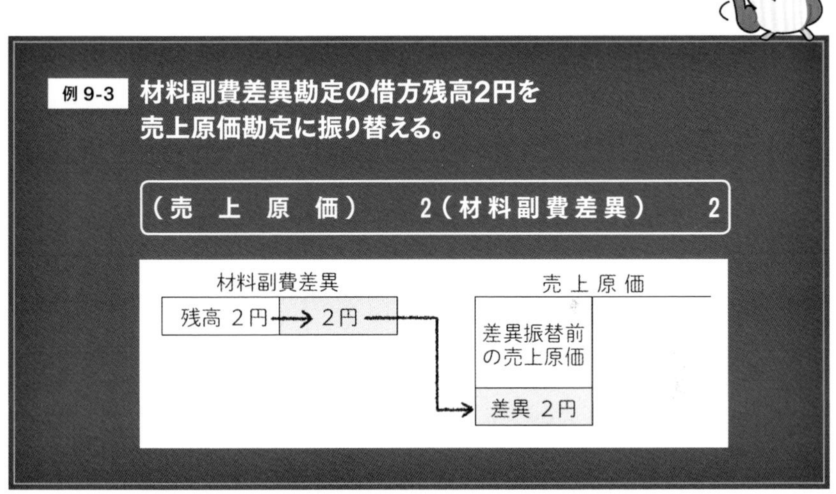

例 9-3 **材料副費差異勘定の借方残高2円を売上原価勘定に振り替える。**

（売　上　原　価）	2	（材料副費差異）	2

ここでは借方差異の
場合のみ見ましたが

貸方差異の場合も
同様の処理となります

テーマ2の全体像とまとめ

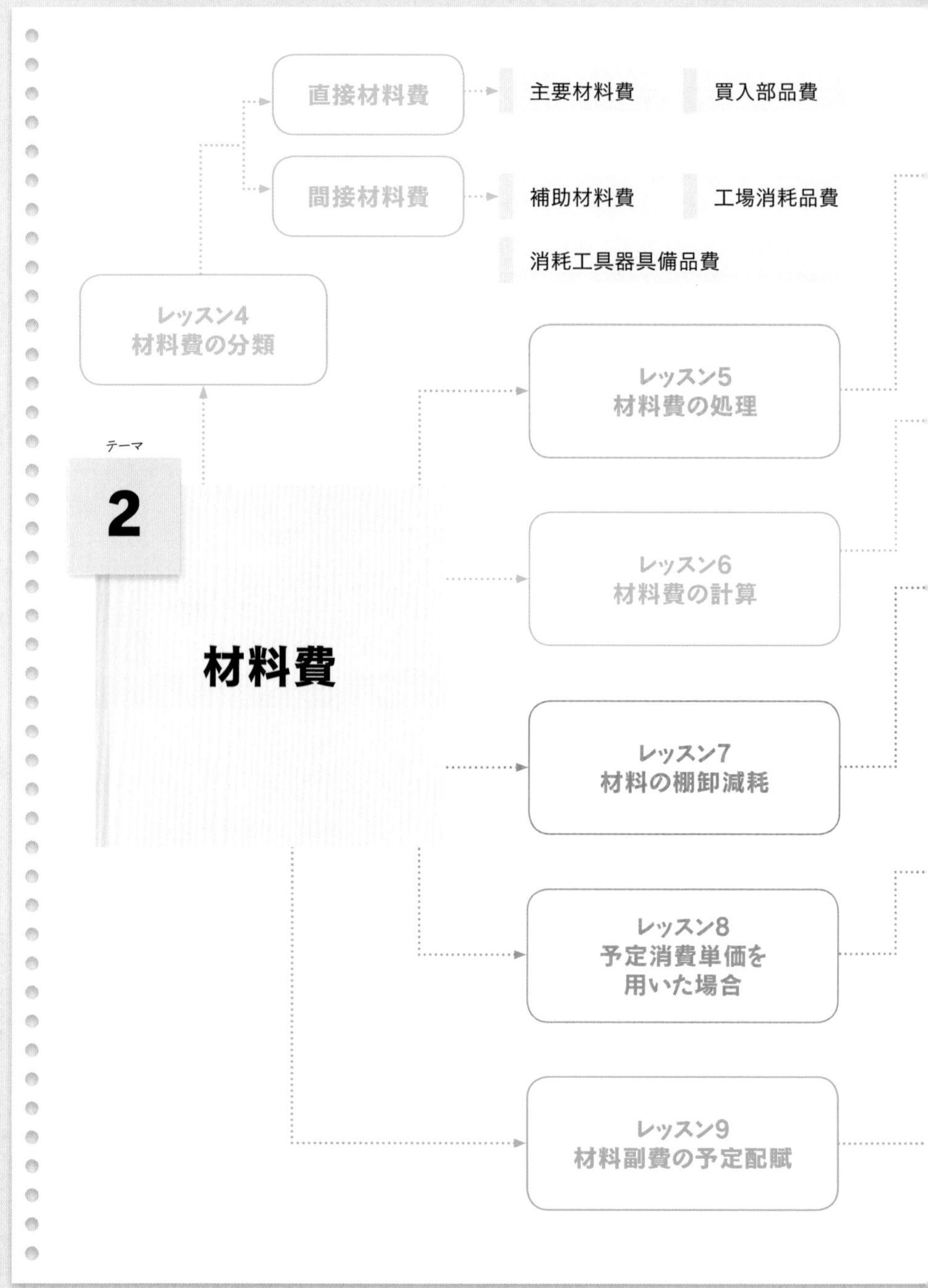
直接材料費
主要材料費
買入部品費
間接材料費
補助材料費
工場消耗品費
消耗工具器具備品費
レッスン4
材料費の分類
テーマ
2
材料費
レッスン5
材料費の処理
レッスン6
材料費の計算
レッスン7
材料の棚卸減耗
レッスン8
予定消費単価を
用いた場合
レッスン9
材料副費の予定配賦

購入時

(材　料)	1,050	(買掛金)	1,000
		(現　金)	50

消費時

(仕掛品)	80	(材　料)	100
(製造間接費)	20		

では問題編で
お待ちしております

主要材料費さま

先入先出法

平均法
- 移動平均法
- 総平均法

買入部品費さん

棚卸減耗の発生時

(製造間接費)	36	(材　料)	36

材料の消費時

(仕掛品)	350	(材　料)	350

月末の処理❶（借方差異の場合）

(材料消費価格差異)	70	(材　料)	70

月末の処理❷（貸方差異の場合）

(材　料)	50	(材料消費価格差異)	50

会計年度末の処理❶（借方差異の場合）

(売上原価)	70	(材料消費価格差異)	70

会計年度末の処理❷（貸方差異の場合）

(材料消費価格差異)	50	(売上原価)	50

材料の購入時

(材　料)	110	(買掛金)	100
		(材料副費)	10

月末の処理❶（借方差異の場合）

(材料副費差異)	2	(材料副費)	2

月末の処理❷（貸方差異の場合）

(材料副費)	××	(材料副費差異)	××

会計年度末の処理❶（借方差異の場合）

(売上原価)	2	(材料副費差異)	2

会計年度末の処理❷（貸方差異の場合）

(材料副費差異)	××	(売上原価)	××

STAGE 2

テーマ 2 3 4

テーマ
3 労務費 で学ぶ内容

Lesson
10 労務費の分類

「人」にかかる費用には、
どんなものがあるか見ておこう!

Lesson
11 労務費の処理

直接工でも工場の清掃など、
製品の製造にかかわらない作業を
することもある!
その場合の労務費の処理は?

こんな内容を
学習します

処理方法と勘定の流れは材料費と似ている!

Lesson

12 予定賃率を用いた場合

直接工の賃金は実際消費額ではなく、あらかじめ決められた賃金で計算することもある!

Lesson 10

これもやっぱり「直接」と「間接」

労務費の分類

Aさんは組立作業をする。

Bさんは材料や製品の運搬作業をする。

Cさんは工場内の事務担当である。

これらの「人」にかかる費用の処理を見ていきましょう

1 労務費とは

「人」にかかる費用！

労務費とは、賃金や給料など、工場で働く人にかかる費用をいいます。

2 労務費の分類①

職種に注目!!

労務費は職種や支給形態によって、次のように分類することができます。

●賃　金

製品の製造にかかわる人を**工員**(こういん)といい、工員に支払う給与を**賃金**(ちんぎん)といいます。

工員のうち、製品の製造に直接かかわる人を**直接**(ちょくせつ)

賃金さん

工といい、製品の製造に直接かかわらない人を**間接工**といいます。

● 給　料

現場監督者や工場で事務作業を行う人（工場事務員）に支払う給与を**給料**といいます。

給料さん

● 従業員賞与手当

従業員に支給される賞与や、家族手当、住宅手当などの手当を**従業員賞与手当**といいます。

● 退職給付費用

従業員の退職に備えて引き当てた（費用計上した）金額を**退職給付費用**といいます。

● 法定福利費

健康保険料や雇用保険料などの社会保険料のうち、会社負担分を**法定福利費**といいます。

3　労務費の分類②

「直接」と「間接」に分けると…？

労務費は、製品にどのように使われるかによって、**直接労務費**と**間接労務費**に分類されます。

● 直接労務費

直接労務費は、どの製品にいくらかかったかが明らかな労務費です。

直接工は製品の製造に直接かかわる人なので、直接工の賃金は直接労務費に分類されます。

しかし、直接工が製造現場の清掃や製品の運搬など、製品の製造に直接かかわらない作業をすることもあります。

製品の製造に直接かかわる作業を**直接作業**、製品の製造に直接かかわらない作業を**間接作業**といい、直接工の賃金のうち直接作業分(直接工の直接作業賃金)のみが直接労務費に分類されます。

● 間接労務費

間接労務費は、どの製品にいくらかかったかが明らかではない労務費で、直接工の直接作業賃金以外の労務費はすべて間接労務費に分類されます。

まとめ

●労務費の分類

直接労務費

・直接工の直接作業賃金

間接労務費

・直接工の間接作業賃金　・間接工賃金　・給　料

・従業員賞与手当　・退職給付費用　・法定福利費

Lesson　賃金・給料の消費額の計算に注目!

11 労務費の処理

直接工が製品の製造を10時間した。

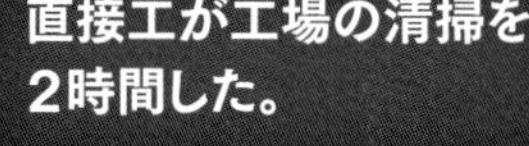
直接工が工場の清掃を
2時間した。

10時間

2時間
Aさん

同じ直接工でも
作業が違うと…?

1 賃金や給料を支払ったとき

賃金［費用］や
給料［費用］で処理!

従業員に賃金や給料を支払ったときは、**賃金［費用］**や**給料［費用］**で処理します。

また、賃金や給料から源泉所得税や社会保険料を控除したときは、控除額を**預り金［負債］**で処理します。

商業簿記と
同じですね!

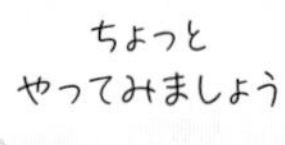

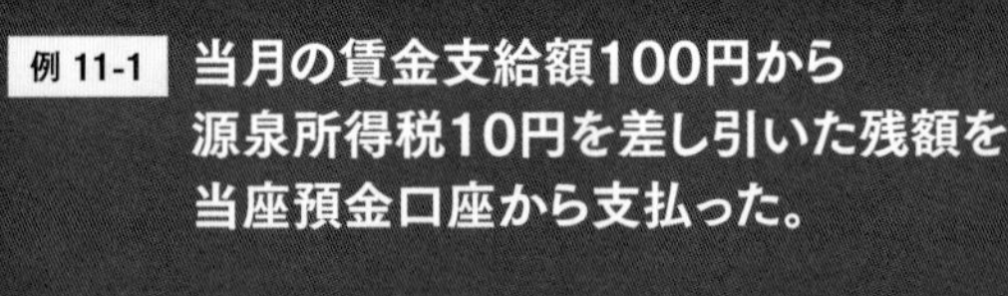

例 11-1 当月の賃金支給額100円から源泉所得税10円を差し引いた残額を当座預金口座から支払った。

支払額：100円－10円＝90円

借方	金額	貸方	金額
（賃　　金）	100	（預　り　金）	10
		（当 座 預 金）	90

2 賃金・給料の消費額の計算

当月未払額は足し、前月未払額は引く

たとえば、賃金や給料の支払いについて、「20日締めの25日払い」という会社では、賃金や給料の計算期間は前月の21日から当月の20日までで、その支払いは25日となります。

このように、1日から月末までを計算期間とする原価計算期間と賃金・給料の計算期間はズレることがあります。

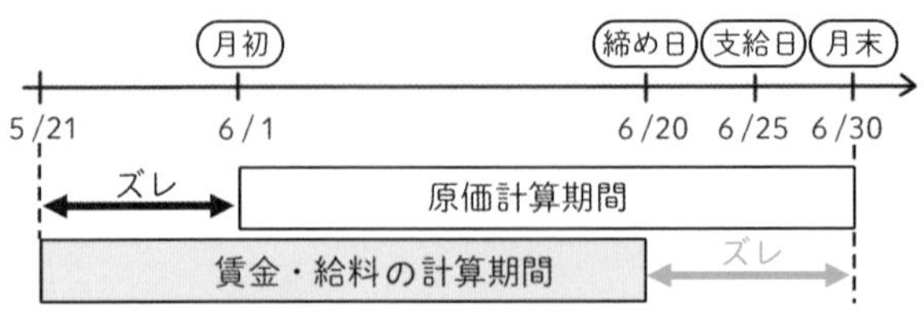

そこで、製品の原価を計算する際に、賃金・給料の計算期間に対応する金額を原価計算期間に対応する金額に修正する必要があります。この原価計算期間に対応する金額が賃金・給料の当月消費額となり

ます。

具体的には、❶当月の賃金支給額に❷当月未払額を足して、❸前月未払額を差し引いた金額が当月消費額となります。

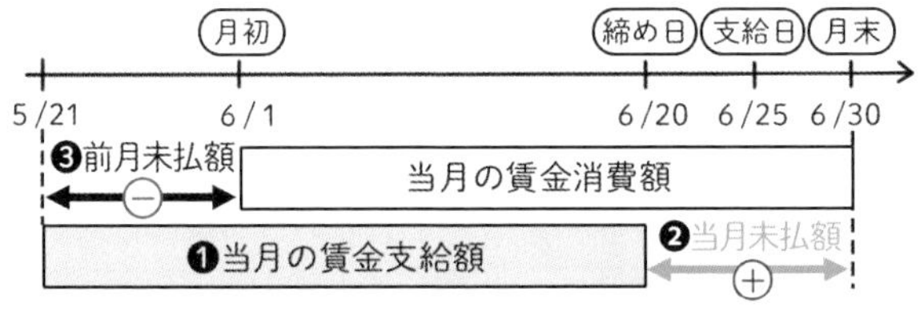

$$\text{当月消費額} = \text{❶当月支給額} + \text{❷当月未払額} - \text{❸前月未払額}$$

例 11-2 **当月の賃金支払額は500円、当月未払額は200円、前月未払額は100円である。当月の賃金消費額を計算しなさい。**

賃金消費額:500円+200円−100円=600円

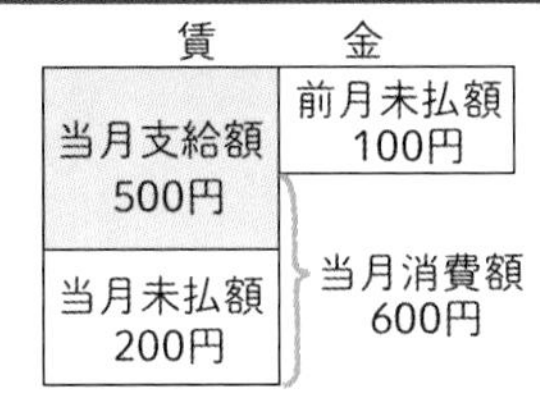

3　労務費を消費したとき

「仕掛品」か「製造間接費」へ！

労務費の消費額のうち、直接労務費（直接工の直接作業賃金）については**賃金勘定**から**仕掛品勘定**に、間接労務費（直接工の直接作業賃金以外）については**賃金勘定**、**給料勘定**、**賞与勘定**などから**製造間接費勘定**に振り替えます。

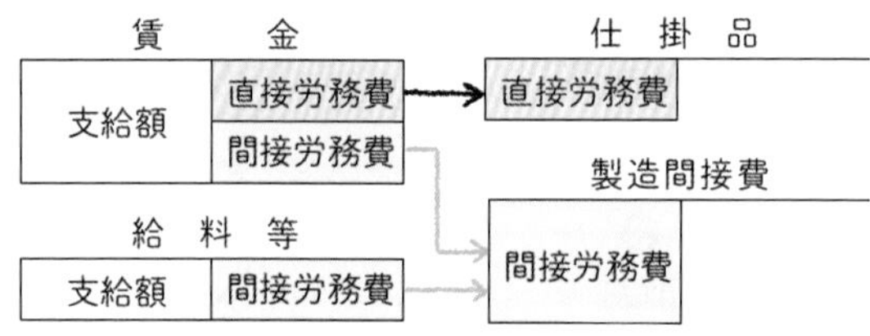

なお、直接工の賃金消費額は、**消費賃率**（しょうひちんりつ）（1時間あたりの賃金）に実際作業時間を掛けて計算します。

消費賃率 ＝ 直接工の賃金消費額 ÷ 直接工の総作業時間

例 11-3　**当月の直接工の賃金消費額は132円、作業時間は12時間（直接作業時間10時間、間接作業時間2時間）であった。なお、間接工の賃金消費額は30円であった。**

例 11-3
の答え

❶消費賃率：132円÷（10時間＋2時間）＝@11円
❷直接工の直接作業賃金：@11円×10時間＝110円
❸直接工の間接作業賃金：@11円×2時間＝22円
❹間接労務費：22円＋30円＝52円

（仕　掛　品）	110	（賃　　　金）	162
（製造間接費）	52		

Lesson 12

「予定」を使う、ということは差異が出る！

予定賃率を用いた場合

① 直接工の賃金はあらかじめ決められた賃率で計算している。

② 月末になり、直接工賃金の実際消費額が判明した。

この場合の処理を見てみましょう

1 予定賃率とは

あらかじめ決められた賃率で計算してしまう！

材料費を予定消費単価で計算したように、賃金についてもあらかじめ決めておいた賃率を用いて計算することがあります。

このあらかじめ決めておいた賃率を**予定賃率**といいます。

2 賃金を消費したとき

予定賃率×実際作業時間

予定賃率によって賃金を計算する場合、予定賃率に実際作業時間を掛けて賃金消費額(予定消費額)を計算します。

予定消費額＝予定賃率×実際作業時間

では確認してみましょう

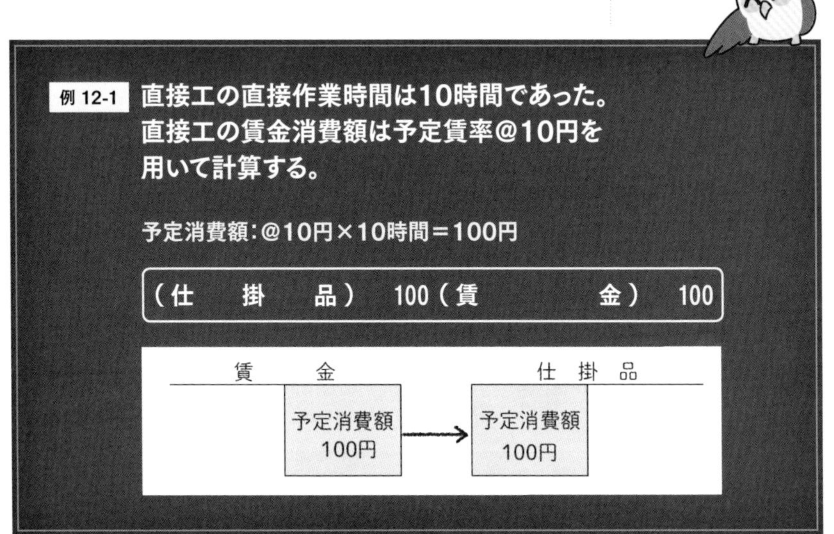

例 12-1 **直接工の直接作業時間は10時間であった。直接工の賃金消費額は予定賃率@10円を用いて計算する。**

予定消費額：@10円×10時間＝100円

（仕　掛　品）	100	（賃　　金）	100

3 月末の処理

差異が出たら？

予定賃率を用いて賃金を計算している場合でも、月末になったら、賃金の実際消費額を計算します。そして、予定消費額と実際消費額との差額を**賃率差異**(ちんりつさい)として処理します。

具体的には、すでに計上されている予定消費額が実際消費額になるように、**賃金**の金額を増減させ、相手科目は**賃率差異**で処理します。

差異の把握や借方差異と貸方差異の判定方法は

材料消費価格差異のときと同様です

差異は必ず
「予定」から「実際」を
差し引きますよ!

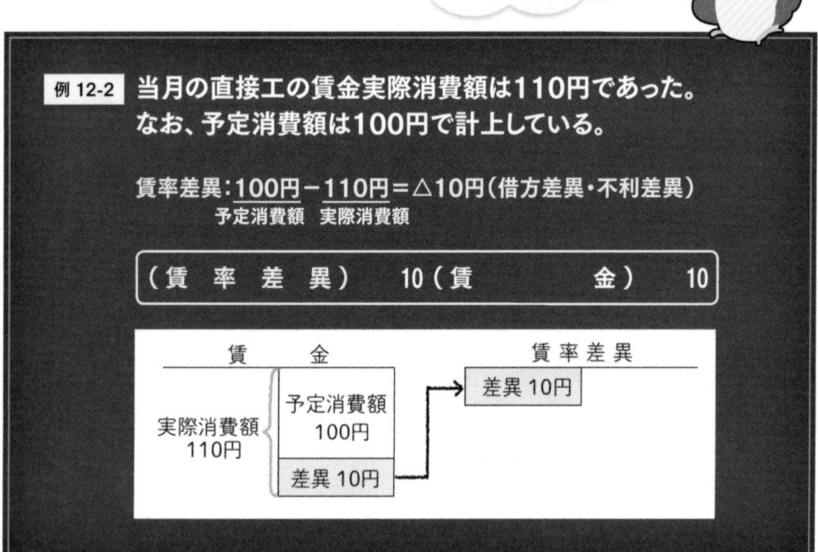

例 12-2 当月の直接工の賃金実際消費額は110円であった。
なお、予定消費額は100円で計上している。
賃率差異:100円－110円＝△10円(借方差異・不利差異)
予定消費額 実際消費額
(賃 率 差 異) 10 (賃 金) 10
賃 金
実際消費額
110円
予定消費額
100円
差異 10円
賃 率 差 異
差異 10円

これはどう?

例 12-3 当月の直接工の賃金実際消費額は95円であった。
なお、予定消費額は100円で計上している。

賃率差異:100円(予定消費額)－95円(実際消費額)＝5円(貸方差異・有利差異)

(賃 金)	5	(賃 率 差 異)	5

賃 金

実際消費額
95円

差異 5円

予定消費額
100円

賃 率 差 異

差異 5円

4　会計年度末の処理

最後は売上原価へ!

会計年度末には、**賃率差異勘定**の残高を**売上原価勘定**に振り替えます。

具体的には、借方差異(不利差異)の場合には、**売上原価勘定**の借方に、貸方差異(有利差異)の場合には、**売上原価勘定**の貸方に振り替えます。

これも材料消費価格差異と同じですね

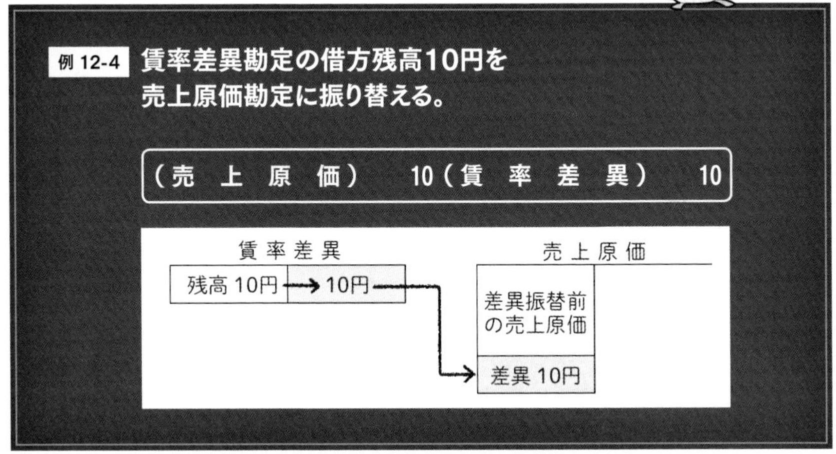

例 12-4　**賃率差異勘定の借方残高10円を売上原価勘定に振り替える。**

(売上原価)	10	(賃率差異)	10

借方差異さん

貸方差異の
振り替えは?

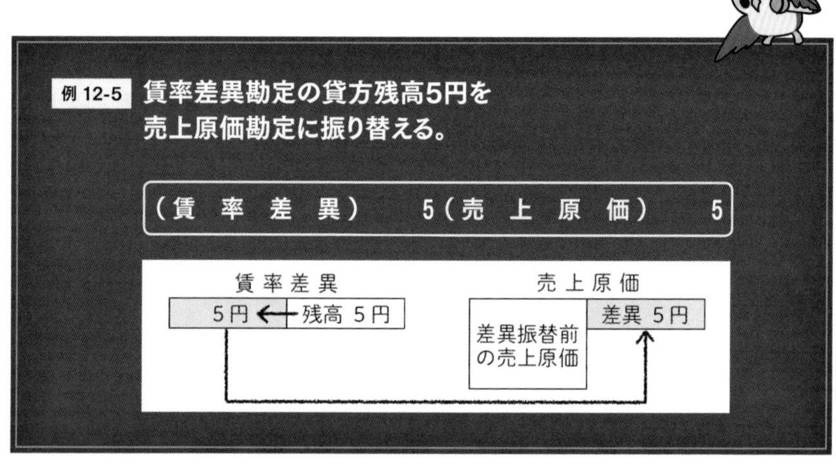
例 12-5
賃率差異勘定の貸方残高5円を
売上原価勘定に振り替える。
(賃 率 差 異) 5 (売 上 原 価) 5
賃率差異
5円
残高 5円
売上原価
差異振替前
の売上原価
差異 5円

見よ!この
ムダのない走りを
貸
貸方差異 さん

テーマ3の全体像とまとめ

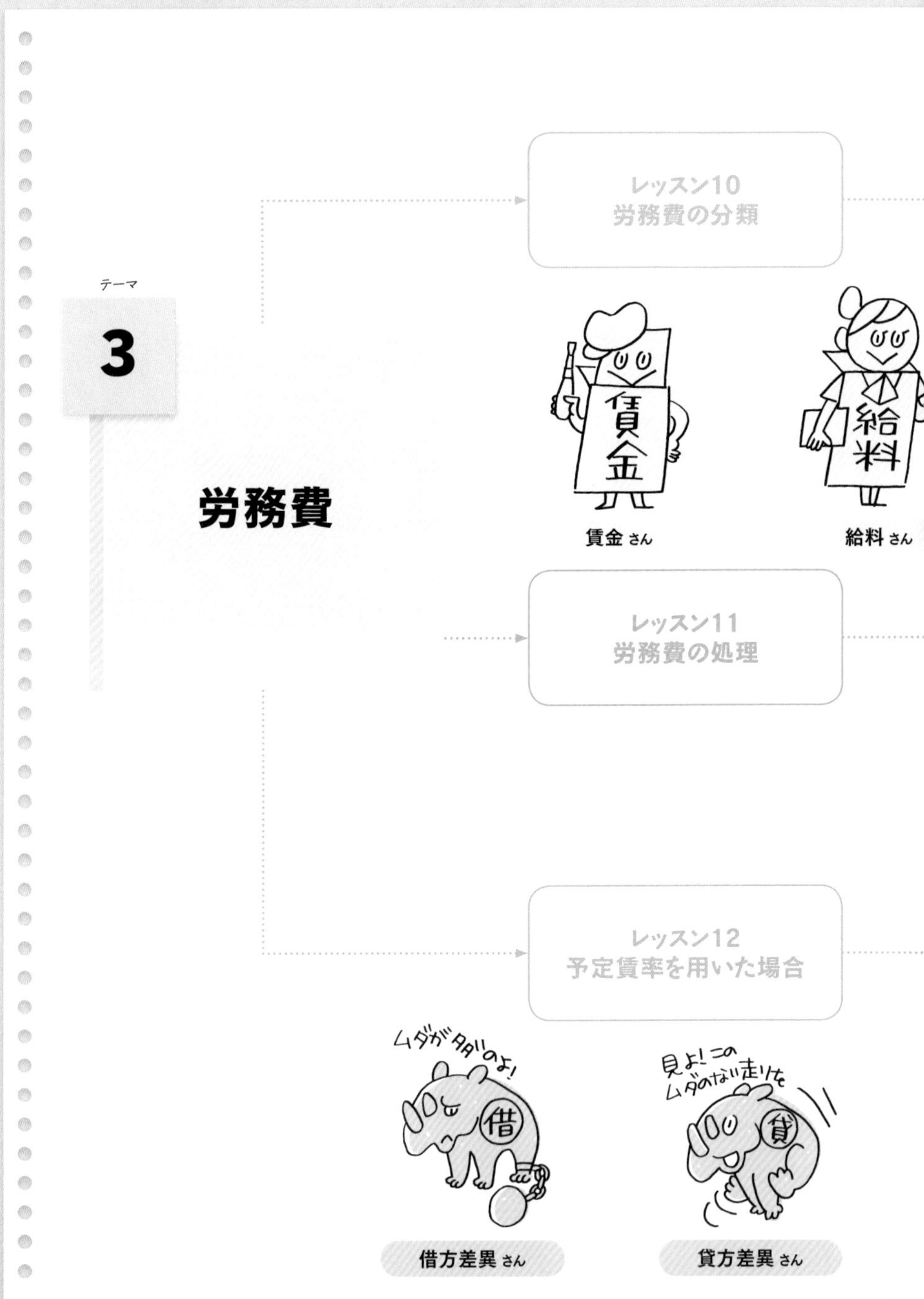

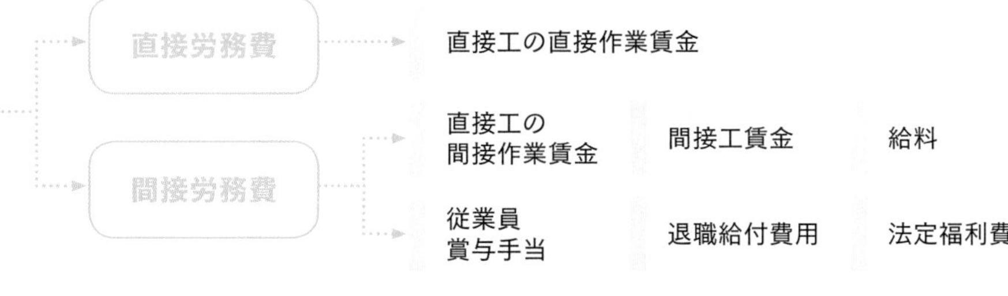

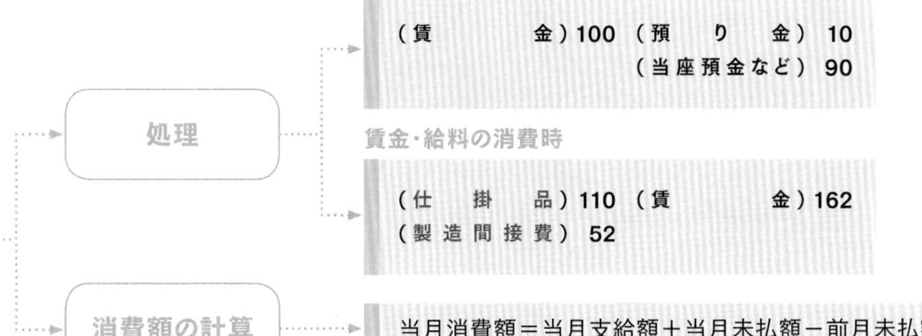

消費額の計算

当月消費額＝当月支給額＋当月未払額－前月未払額

賃金の消費時

（仕掛品）100（賃　金）100

月末の処理❶（借方差異の場合）

（賃率差異）10（賃　金）10

月末の処理❷（貸方差異の場合）

（賃　金）5（賃率差異）5

会計年度末の処理❶（借方差異の場合）

（売上原価）10（賃率差異）10

会計年度末の処理❷（貸方差異の場合）

（賃率差異）5（売上原価）5

STAGE 2

テーマ 2 3 4

テーマ 4 経　費 で学ぶ内容

Lesson 13 経費の分類

「もの」と「人」以外の原価には、どんなものがあるか見ておこう！

こんな内容を
学習します

ボリュームが少ないからサクッと学習して!

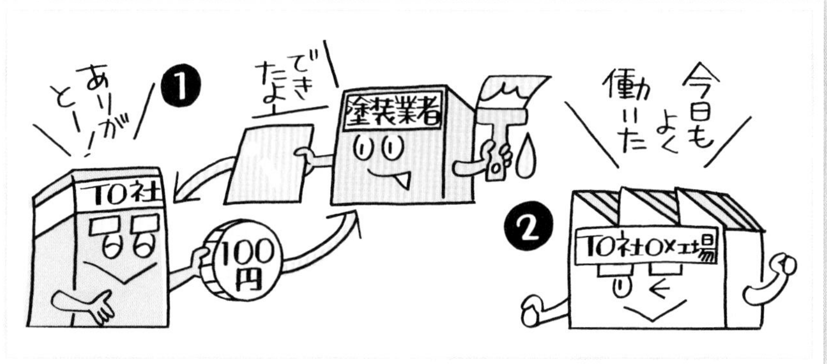

Lesson

14 経費の処理

**塗装業者に塗装を依頼したときの
作業代や工場建物の
減価償却費の計上など
経費の処理について見ておこう!**

Lesson

またまた「直接」と「間接」に分ける！

13 経費の分類

「もの」と「人」以外にかかわる原価ってどんなのがあるのだろう？

どのようなものが
経費なのか
見ていきましょう

1 経費とは

「もの」「人」以外の費用！

経費とは、材料費と労務費以外の原価をいいます。

2 経費の分類①

経費はさまざまなものがある！

経費にはさまざまなものがありますが、そのうち代表的なものには次のものがあります。

● 外注加工賃

製品の塗装を外部の塗装会社に依頼したときの支払額など、製品の加工の一部を外部の業者に頼んだときの支払額を**外注加工賃**（がいちゅうかこうちん）といいます。

外注加工賃さん

● 特許権使用料

他者の特許を使用して製品を製造する場合の、特許権の使用料を**特許権使用料**といいます。

● 減価償却費

工場の建物や機械の減価償却費は経費に分類されます。

● 水道光熱費

工場で使用する水道、ガス、電気の料金は経費に分類されます。

● 材料棚卸減耗費

材料の帳簿残高と実際有高との差額(材料棚卸減耗費)は経費に分類されます。

これは
レッスン7で
学習済み!

これ以外にも
保管料、福利施設負担額、
通信費、旅費交通費など
たくさんあります

3 経費の分類②

「直接」と「間接」に分けると…？

経費は、製品にどのようにかかわれるかによって、**直接経費**と**間接経費**に分類されます。

● 直接経費

直接経費は、どの製品にいくらかかったかが明らかな経費で、外注加工賃と特許権使用料は直接経費に分類されます。

● 間接経費

間接経費は、どの製品にいくらかかったかが明らかではない経費で、外注加工賃と特許権使用料以外の経費は間接経費に分類されます。

まとめ

●経費の分類

直接経費

・外注加工賃　・特許権使用料

間接経費

・減価償却費　・水道光熱費　・材料棚卸減耗費　・保管料
・福利施設負担額　・通信費　・旅費交通費　など

14 経費の処理

① 塗装業者に依頼していた塗装作業が完了し、その支払いをした。

② 工場建物の減価償却費を計上した。

1 経費の消費額の計算方法

なんとなくイメージでつかんで!

経費は、消費額の計算方法の違いによって、次のように分類できます。

● 支払経費

外注加工賃や雑費など、その月の支払額を消費額とする経費を**支払経費**（しはらいけいひ）といいます。

● 月割経費

工場の建物や機械の減価償却費、賃借料など、一定期間の発生額を月割りで計上する経費を**月割経費**（つきわりけいひ）といいます。

測定経費

電気代や水道代など、メーターで測定した消費量をもとに計算した金額を消費額とする経費を**測定経費**（そくていけいひ）といいます。

発生経費

材料棚卸減耗費など、その月に発生した金額を消費額とする経費を**発生経費**（はっせいけいひ）といいます。

2　経費を消費したとき

「仕掛品」か「製造間接費」へ！

経費を消費したときの処理には、どんな勘定で処理するかによっていくつかの方法がありますが、ここでは一番メジャーな方法（経費の諸勘定を用いない方法）で説明します。

経費を消費したときは、直接経費については**仕掛品勘定**で、間接経費については**製造間接費勘定**で処理します。

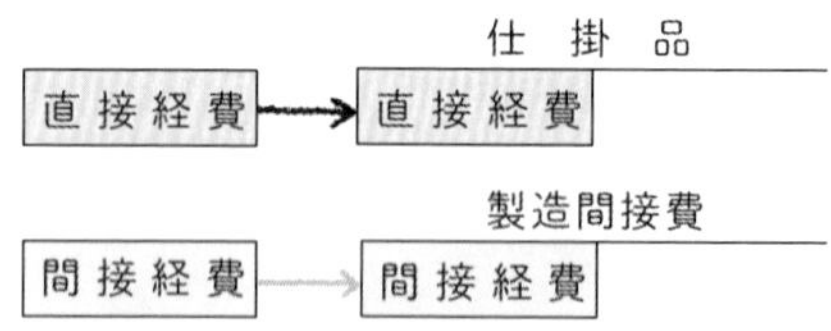

かるく仕訳を
確認しておきましょう

例 14-1 ① 当月の外注加工賃100円を現金で支払った。

(仕　掛　品)	100	(現　　　金)	100

② 当月の工場建物減価償却費を計上する。
1年間の減価償却費は120円である。

1か月分：120円÷12か月＝10円

(製造間接費)	10	(建物減価償却累計額)	10

③ 材料棚卸減耗費20円が発生した。

(製造間接費)	20	(材　　　料)	20

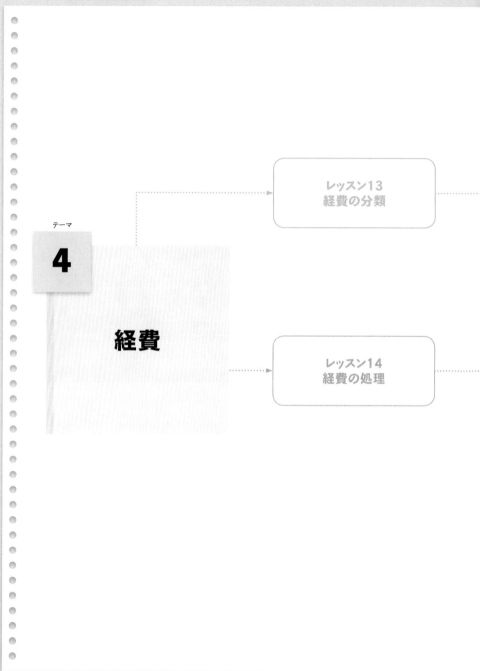

テーマ4の全体像とまとめ

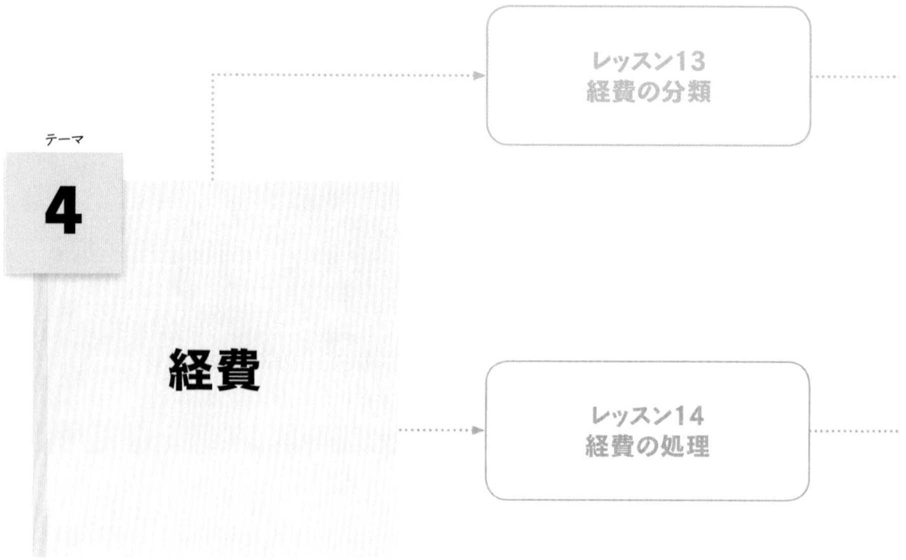

テーマ
4

経費

レッスン13
経費の分類

レッスン14
経費の処理

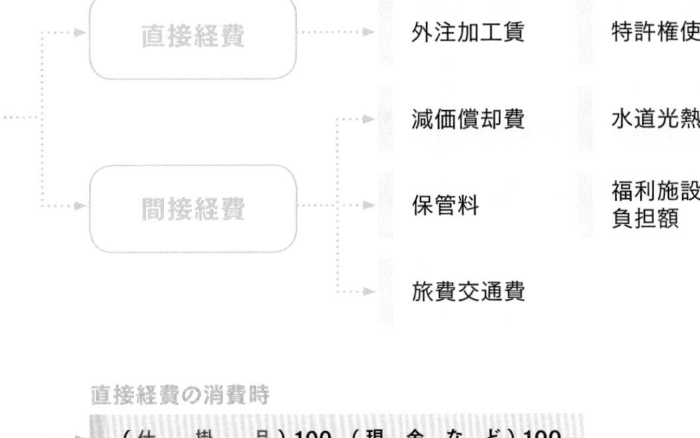

直接経費の消費時

（仕　　掛　　品）100（現　金　な　ど）100

間接経費の消費時（建物の減価償却費の場合）

（製造間接費）10（建物減価償却累計額）10

これで費目別計算は
おしまい!

STAGE 3

個別原価計算

ここでは原価計算の流れの
Step2製造間接費の配賦と
Step3製品原価の計算のうち、
個別原価計算について見ていきます。

STAGE 3

テーマ 5 6

テーマ 5 個別原価計算と製造間接費の配賦 で学ぶ内容

Lesson 15 個別原価計算とは

D社はオーダードレスの専門店である。ドレス1着の原価はどのような方法で計算するのだろう?

Lesson 16 原価の集計

このドレスにいくら使ったかが明らかな原価と、それが明らかではない原価がある
どのように原価を集計していくのだろう?

Lesson 17 製品の完成と引き渡し

ドレス(製品)が完成したときと、それをお客さんに渡したときの処理を見てみよう!

こんな内容を
学習します

個別原価計算では
月末の製品の状態に注目!

Lesson
18 製造間接費の予定配賦

製造間接費もあらかじめ決めておいた配賦率で計算できるんだって!

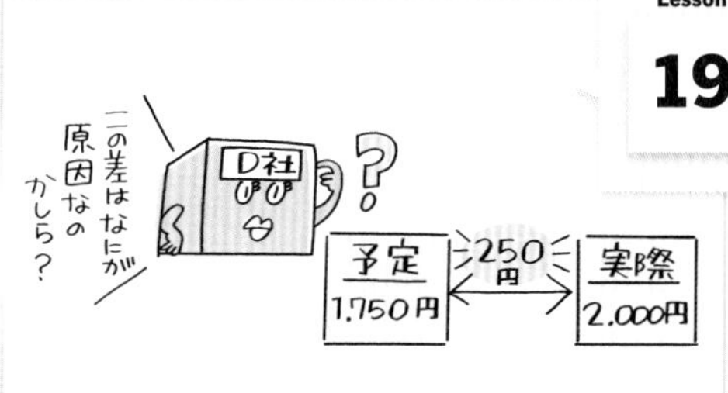

Lesson
19 製造間接費配賦差異の分析

製造間接費配賦差異の発生原因を見てみよう!

15 個別原価計算とは

D社はオーダードレスの専門店である。
D社
これらの原価はどうやって計算するんですかねぇ？
?
ウェディングドレス、カクテルドレス、ステージドレスの注文が入った。

1 個別原価計算とは　オーダーメイド品の原価の計算方法

お客さんの注文に応じて製品を製造する生産形態を**受注生産**（オーダーメイド）といい、受注生産形態で採用される製品原価の計算方法を**個別原価計算**といいます。

一匹（個）ずつにゃ
個別原価計算 さん

2 製造指図書と原価計算表　注文内容と原価の集計表

受注生産を行う会社では、お客さんから注文内容を聞き、その注文に応じた指示書が作成されます。この指示書を**製造指図書**といい、現場では製造指図書にもとづいて製品を作っていきます。

このとおりにつくりたまえ
J/O
製造指図書 大佐

また、製造指図書が発行されると、原価計算の担当者は、製品ごと(製造指図書ごと)に原価を計算するための、**原価計算表**を作成します。

原価計算表　(単位:円)

費目	No.101	No.102	No.103	合計
直接材料費				
直接労務費				
直接経費				
製造間接費				
合計				

この原価計算表に原価を集計して、製品原価を計算します。

16 原価の集計

原価が発生した。
それぞれの製品に個別で発生したもの
もあれば、共通で発生したものもある。

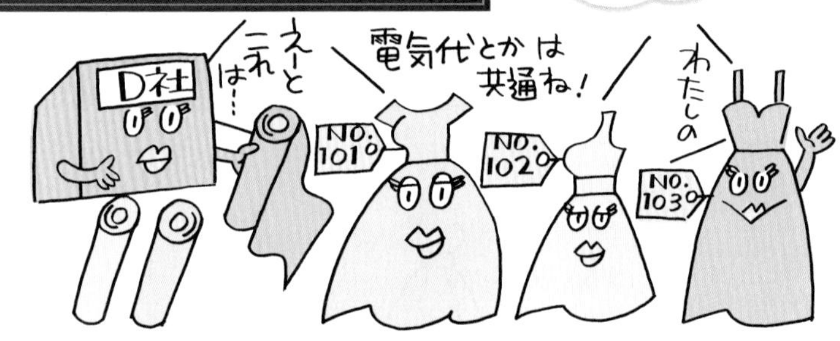

1 製造直接費の賦課

そのまま製品に！

製造直接費（直接材料費、直接労務費、直接経費）は、どの製品にいくらかかったかが明らかな原価なので、製造指図書ごとに個別に集計します。これを**賦課**（ふか）とか**直課**（ちょっか）といいます。

例 16-1 **製造指図書No.101、No.102、No.103の直接材料費と直接労務費、直接経費は次のとおりであった。原価計算表に記入しなさい。**

費　目	No.101	No.102	No.103
直接材料費	2,000円	3,000円	600円
直接労務費	1,000円	1,400円	400円
直 接 経 費	300円	400円	100円

例 16-1の答え

原　価　計　算　表　　　　(単位:円)

費　目	No.101	No.102	No.103	合　計
直接材料費	2,000	3,000	600	5,600
直接労務費	1,000	1,400	400	2,800
直 接 経 費	300	400	100	800

2　製造間接費の配賦　ある基準によって割り当てていく

製造間接費(間接材料費、間接労務費、間接経費)は、どの製品にいくらかかったかが明らかではないので、そのままでは各製造指図書に集計できません。

そこで、作業時間や材料消費量など、なんらかの基準にもとづいて、各製造指図書に割り当てます。これを製造間接費の**配賦**(はいふ)といい、このときに用いる「なんらかの基準」を**配賦基準**(はいふきじゅん)といいます。

製造間接費を配賦するときは、当月の製造間接費

（実際発生額）を配賦基準値の合計で割って**配賦率**を計算します。

そして、配賦率に各製造指図書の配賦基準値を掛けて、各製造指図書の配賦額を計算します。

語句

配賦基準（はいふきじゅん）

製造間接費を各製造指図書に配賦するときのもととなる基準。直接作業時間や直接材料費などがある

例 16-2 当月の製造間接費の実際発生額は2,000円であった。製造間接費は次の直接作業時間をもとに各製造指図書に配賦する。

	No.101	No.102	No.103
直接作業時間	20時間	25時間	5時間

$$配賦率：\frac{2,000円}{20時間+25時間+5時間}=@40円$$

No.101：@40円×20時間＝　800円
No.102：@40円×25時間＝1,000円
No.103：@40円×　5時間＝　200円

例 16-2の答え

原価計算表　（単位：円）

費目	No.101	No.102	No.103	合計
直接材料費	2,000	3,000	600	5,600
直接労務費	1,000	1,400	400	2,800
直接経費	300	400	100	800
製造間接費	**800**	**1,000**	**200**	**2,000**
合計	**4,100**	**5,800**	**1,300**	**11,200**

No.101の原価　No.102の原価　No.103の原価

製造間接費を
配賦したときの
仕訳と勘定記入は
次のようになります

（仕　　掛　　品）2,000（製 造 間 接 費）2,000

製造間接費

実際発生額	配賦額
2,000円	No.101　800円
	No.102　1,000円
	No.103　200円

仕　掛　品

借方	貸方
直接材料費	
No.101　2,000円	
No.102　3,000円	
No.103　600円	
直接労務費	
No.101　1,000円	
No.102　1,400円	
No.103　400円	
直 接 経 費	
No.101　300円	
No.102　400円	
No.103　100円	
製造間接費	
No.101　800円	
No.102　1,000円	
No.103　200円	

まとめ

●製造直接費と製造間接費

- 製造直接費→各製造指図書に**賦課**する
- 製造間接費→配賦基準を用いて各製造指図書に**配賦**する

Lesson 仕掛品→製品→売上原価!

17 製品の完成と引き渡し

① No.101とNo.102が完成した。

② No.101をお客さんに引き渡した。

1 製品が完成したとき　仕掛品→製品

製品が完成したときは、完成した製品の原価を**仕掛品勘定**から**製品勘定**に振り替えます。

仮にNo.101(原価4,100円)とNo.102(5,800円)が完成したとすると、仕訳と勘定の流れは次のようになります。

(製　品)	9,900	(仕　掛　品)	9,900

4,100円＋5,800円

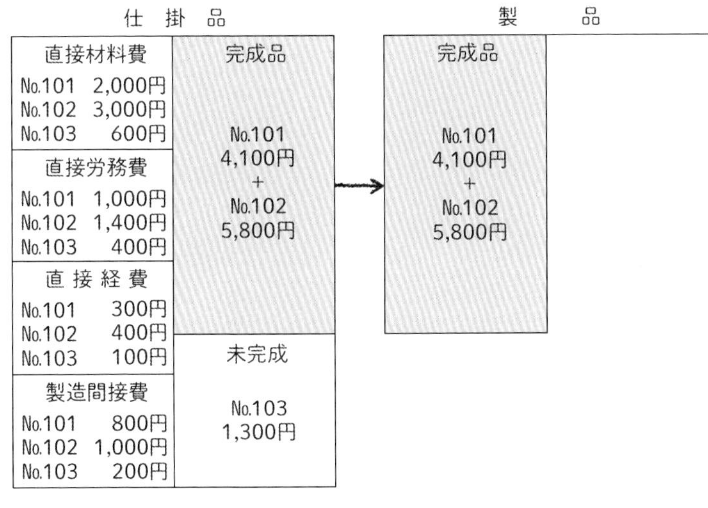

2 製品を引き渡したとき

製品→売上原価

製品が完成してお客さんに引き渡したときは、**売上**[収益]を計上するとともに、引き渡した製品の原価を**製品**勘定から**売上原価**勘定に振り替えます。

仮にNo.101(原価4,100円)を引き渡して、代金5,000円を現金で受け取ったときの仕訳と勘定の流れは次のようになります。

(現　　　金)	5,000	(売　　　上)	5,000

(売上原価)	4,100	(製　　　品)	4,100

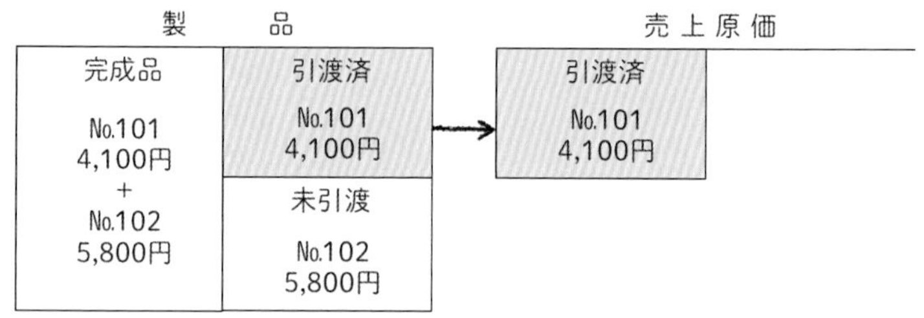

3　原価計算表の備考欄

月末の製品の状態を書く!

原価計算表の備考欄には、月末における製品の状態を次のように記入します。

こう!

●原価計算表の備考欄

- ・完成して引き渡しも済んでいる → **完成・引渡済**
- ・完成しているがまだ引き渡しは済んでいない → **完成・未引渡**
- ・完成していない → **未完成**

原　価　計　算　表　　（単位：円）

費　目	No.101	No.102	No.103	合　計
直接材料費	2,000	3,000	600	5,600
直接労務費	1,000	1,400	400	2,800
直接経費	300	400	100	800
製造間接費	800	1,000	200	2,000
合　計	4,100	5,800	1,300	11,200
備　考	**完成・引渡済**	**完成・未引渡**	**未完成**	—

以上より、原価計算表と勘定の関係を示すと、次のようになります。

No.101は前月から
作り始めたと仮定
します

原　価　計　算　表　　　　(単位:円)

費　目	No.101	No.102	No.103	合　計
前月繰越	200	0	0	200
直接材料費	2,000	3,000	600	5,600
直接労務費	1,000	1,400	400	2,800
直接経費	300	400	100	800
製造間接費	800	1,000	200	2,000
合　計	4,300	5,800	1,300	11,400
備　考	完成・引渡済	完成・未引渡	未完成	－

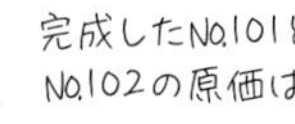

完成したNo.101と
No.102の原価は
製品勘定に
振り替えます

仕　掛　品

前月繰越	200	製　品	10,100
直接材料費	5,600	次月繰越	1,300
直接労務費	2,800		
直接経費	800		
製造間接費	2,000		
	11,400		11,400

引渡済みの
No.101の原価は
売上原価
勘定に!

製　品

前月繰越	0	売上原価	4,300
仕掛品	10,100	次月繰越	5,800
	10,100		10,100

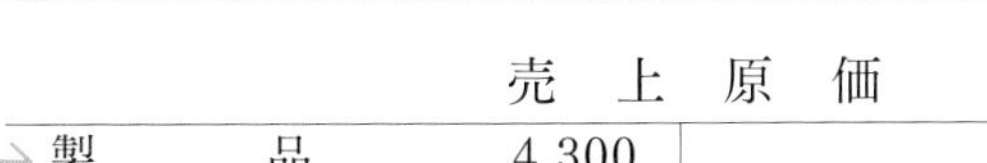

売　上　原　価

製　品	4,300		

参考　個別原価計算における仕損

仕損とは、製造過程で失敗が生じ、一定の品質を満たさない不合格品が生じることをいいます。

不合格品は補修して合格品として完成させます。そのとき生じる原価を**仕損費**といいます。

● 仕損費の処理

仕損が発生し、合格品とするために**補修指図書**を発行します。この補修指図書に集計された原価が仕損費となります。

受注生産形態においては、どの製品が仕損となったかが明らかなので、仕損費は**直接経費**として、仕損が発生した製造指図書の原価に加算します。

原　価　計　算　表

費　目	№101	№101-1（補修指図書）
直接材料費	2,000	100
直接労務費	1,000	150
直接経費	300	0
製造間接費	800	50
小　計	4,100	300
仕損費	300	△300
合　計	4,400	0
備　考	完成・引渡済	№101へ賦課

18 製造間接費の予定配賦

製造間接費の実際発生額の集計を待ってから製造間接費を配賦すると計算が遅れてしまう……。

そのためには「アレ」を使うんですよ!

1　製造間接費の予定配賦　予定配賦率を使う!

当月の製造間接費の実際発生額の集計を待ってから、製造間接費を各製造指図書に配賦すると、製品原価の計算が遅くなってしまいます。

そこで、材料費や労務費を予定消費単価や予定賃率で計算したように、製造間接費についても**予定配賦率**(よていはいふりつ)を用いて計算することがあります。これを製造間接費の**予定配賦**(よていはいふ)といいます。

語句

予定配賦率(よていはいふりつ)
あらかじめ決められた配賦率

2　予定配賦率の計算　製造間接費予算額÷基準操業度

予定配賦率は、期首に1年間の製造間接費の予算額を見積もり、これを**基準操業度**(きじゅんそうぎょうど)で割って求めます。

語句

基準操業度(きじゅんそうぎょうど)
1年間の予定配賦基準値。直接作業時間や機械稼働時間などがある

$$予定配賦率 = \frac{1年間の製造間接費予算額}{1年間の基準操業度}$$

例 18-1 当社は製造間接費について
直接作業時間を配賦基準として予定配賦している。
年間の製造間接費予算額は23,100円、
年間の基準操業度は660時間である。
製造間接費の予定配賦率を計算しなさい。

$$予定配賦率:\frac{23,100円}{660時間} = @35円$$

3 予定配賦をしたとき

予定配賦率×実際操業度

製造間接費の予定配賦額は、予定配賦率に各製造指図書の実際操業度を掛けて求めます。

予定配賦額 ＝ 予定配賦率 × 各製造指図書の実際操業度

例 18-2 **製造間接費は直接作業時間を配賦基準として予定配賦率@35円で各製造指図書に予定配賦する。当月の直接作業時間は次のとおりであった。**

	No.101	No.102	No.103
直接作業時間	20時間	25時間	5時間

各製造指図書の予定配賦額を計算し、仕訳を示しなさい。

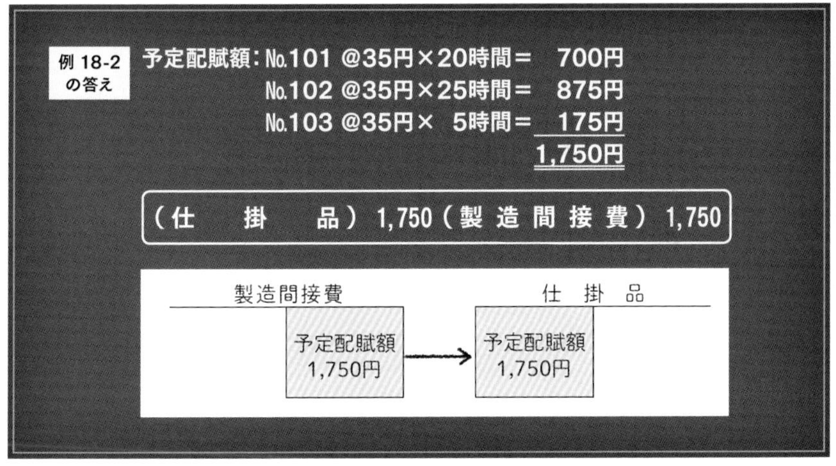

例 18-2の答え
予定配賦額：No.101 @35円×20時間＝ 700円
No.102 @35円×25時間＝ 875円
No.103 @35円× 5時間＝ 175円
1,750円
（仕 掛 品）1,750（製 造 間 接 費）1,750
製造間接費
仕 掛 品
予定配賦額
1,750円
予定配賦額
1,750円

4 月末の処理

差異を把握する！

予定配賦率を用いて製造間接費を配賦している場合でも、月末になったら、製造間接費の実際発生額を計算します。

そして、予定配賦額と実際発生額との差額を**製造間接費配賦差異**として処理します。

具体的には、すでに計上されている予定配賦額が実際発生額になるように**製造間接費**の金額を増減させ、相手科目は**製造間接費配賦差異**で処理します。

差異の把握や借方差異と
貸方差異の判定方法は
材料消費価格差異や
賃率差異のときと同様!

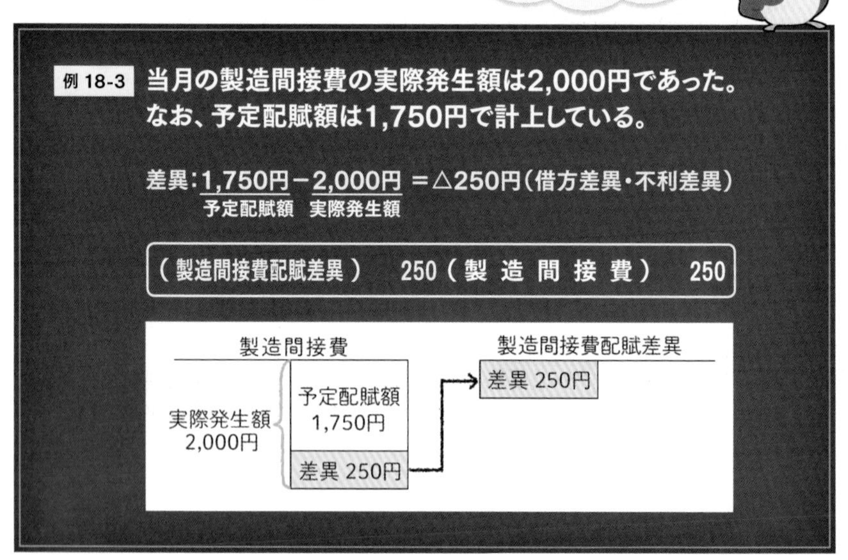

例 18-3 **当月の製造間接費の実際発生額は2,000円であった。なお、予定配賦額は1,750円で計上している。**

差異:1,750円(予定配賦額)－2,000円(実際発生額)＝△250円(借方差異・不利差異)

借方	金額	貸方	金額
(製造間接費配賦差異)	250	(製　造　間　接　費)	250

この場合は?

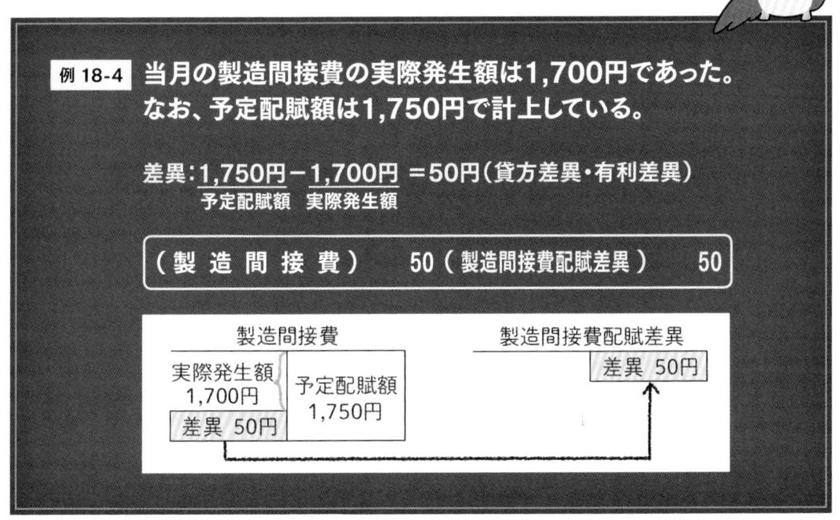

5 会計年度末の処理

最後は売上原価へ!

会計年度末には、**製造間接費配賦差異勘定**の残高を**売上原価勘定**に振り替えます。

具体的には、借方差異(不利差異)の場合には、**売上原価勘定**の借方に、貸方差異(有利差異)の場合には、**売上原価勘定**の貸方に振り替えます。

これも材料消費価格差異や
賃率差異と同じですね

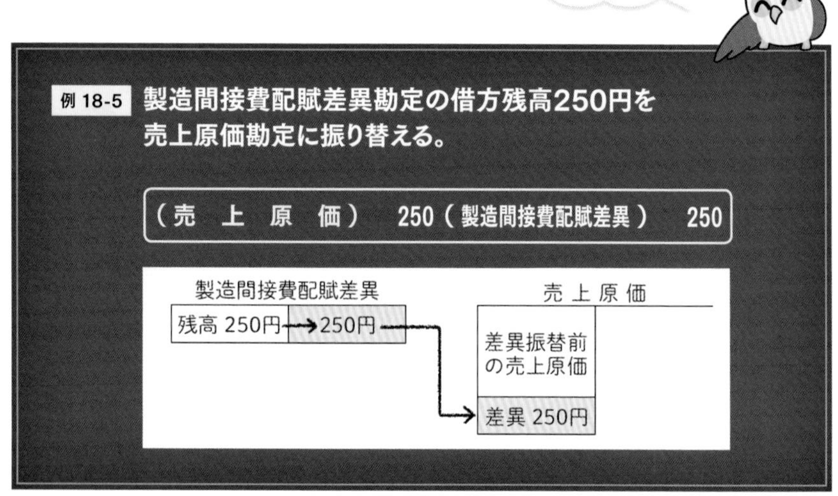
まずは借方差異
の振り替え
例 18-5 製造間接費配賦差異勘定の借方残高250円を
売上原価勘定に振り替える。
（売　上　原　価）　250（製造間接費配賦差異）　250
製造間接費配賦差異
残高 250円
250円
売 上 原 価
差異振替前
の売上原価
差異 250円

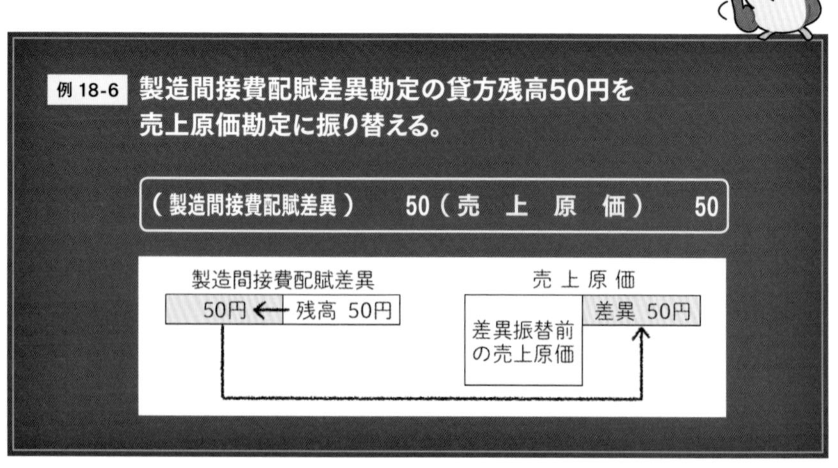
貸方差異の
振り替えは?
例 18-6 製造間接費配賦差異勘定の貸方残高50円を
売上原価勘定に振り替える。
（製造間接費配賦差異）　50（売　上　原　価）　50
製造間接費配賦差異
50円
残高 50円
売 上 原 価
差異振替前
の売上原価
差異 50円

Lesson 予算オーバー？　設備は効率的に使っていた？

19 製造間接費配賦差異の分析

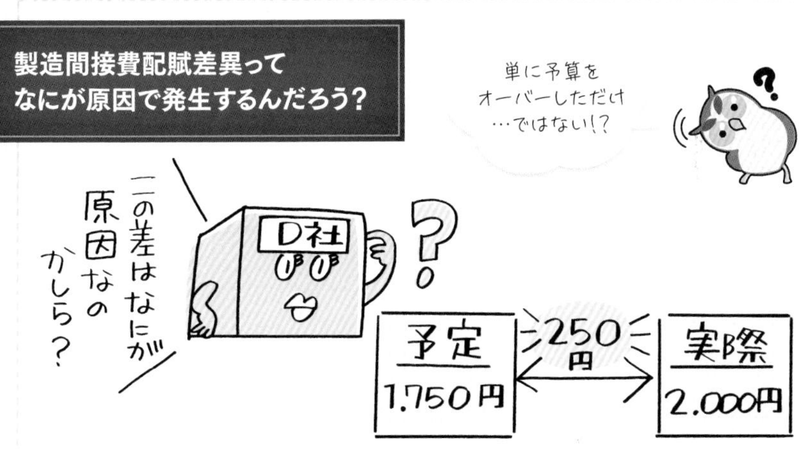

1 製造間接費の予算額の設定 予算額の立て方

レッスン18で学習したように、製造間接費の予定配賦額は、1年間の製造間接費予算額を見積もり、これを1年間の基準操業度で割って求めます。

このときの1年間の製造間接費予算額の設定方法には、**固定予算**と**変動予算**があります。

● 固定予算

固定予算とは、実際操業度（作業時間など）がどれだけだったとしても、基準操業度のときの予算額を製造間接費の予算額とする方法をいいます。

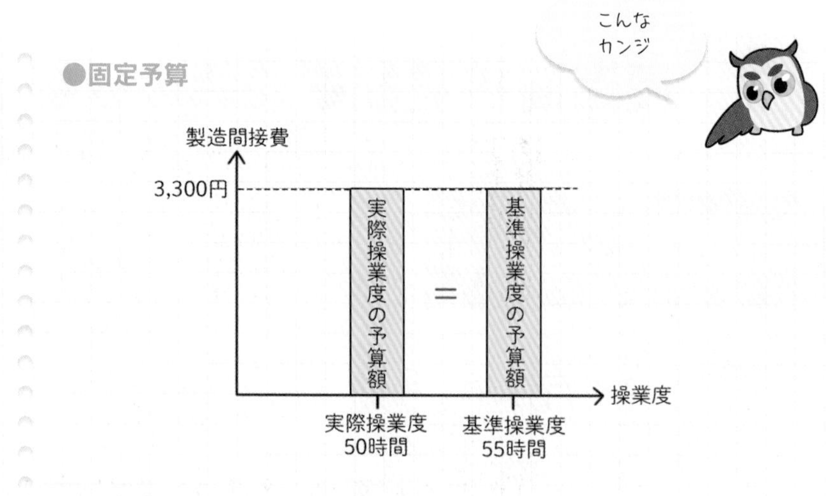

● 変動予算

変動予算とは、いろいろな操業度(作業時間など)に対して設定した予算額を製造間接費の予算額とする方法をいいます。

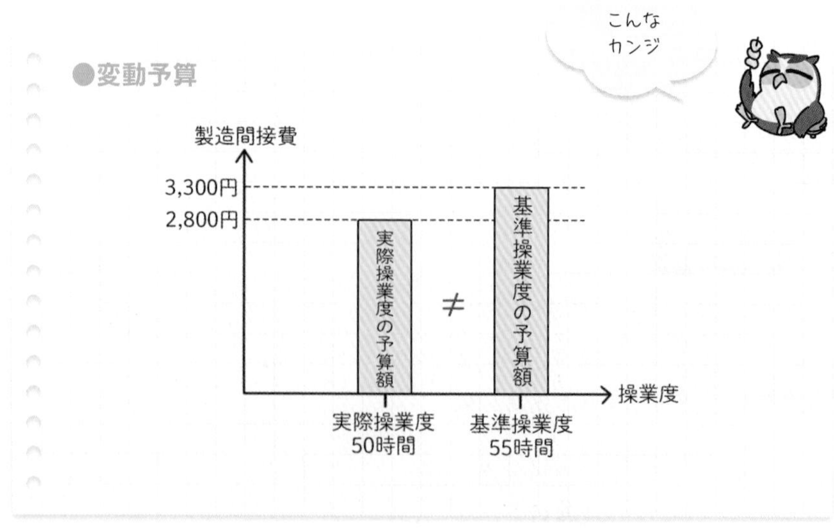

● 公式法変動予算

変動予算のうち、製造間接費を変動費と固定費に分け、比例の公式を用いて予算額を設定する方法を**公式法変動予算**（こうしきほうへんどうよさん）といいます。

公式法変動予算では、**変動費率**に実際操業度を掛けた金額を変動費の予算額とし、変動費の予算額と固定費の予算額を合計した金額を実際操業度における予算額とする方法です。

なお、実際操業度における予算額を**予算許容額**（よさんきょようがく）といいます。

語句

変動費率（へんどうひりつ）

操業度1単位あたりの変動費

予算許容額

＝変動費率×実際操業度＋固定費予算額

（変動費率×実際操業度：変動費予算額）

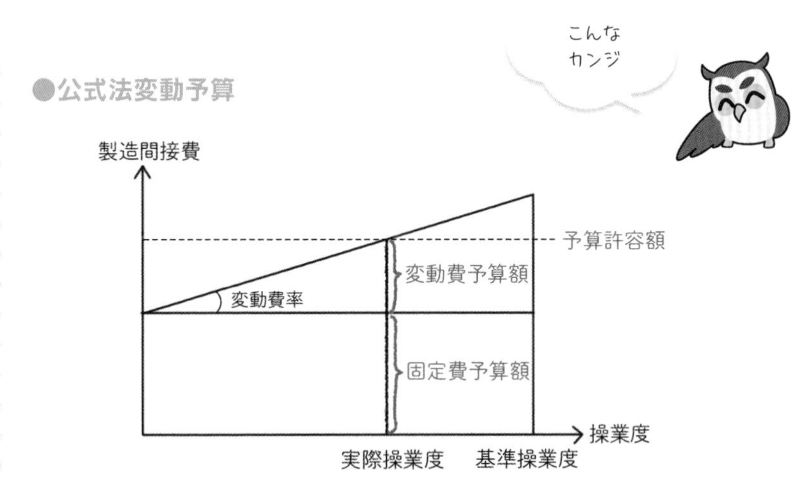

試験でよく出るのは
これなので、

ここからは
公式法変動予算を
前提として説明していきます

2　製造間接費配賦差異の分析

予算差異と操業度差異に分解できる！

製造間接費配賦差異は、**予算差異**と**操業度差異**に分けることができます。

● 予算差異

予算差異は、予算どおりに製造間接費が発生しなかったときに生じる差異をいいます。

公式法変動予算を前提とした場合の予算差異は、製造間接費の**予算許容額**と実際発生額の差額となります。

予算差異＝予算許容額－実際発生額

この計算結果が
マイナスなら借方差異
（不利差異）

プラスなら貸方
差異（有利差異）
です

● 操業度差異

操業度差異は、生産設備の利用状況の良し悪しによって生じる固定費部分の差異をいいます。

たとえば月間100時間稼働できる機械を80時間しか稼働しなかったらもったいないじゃないですか？

その「20時間分」の差異が操業度差異です

操業度差異＝固定費率×（実際操業度－基準操業度）

語句

固定費率（こていひりつ）
操業度1単位あたりの固定費

この計算結果がマイナスなら借方差異（不利差異）

プラスなら貸方差異（有利差異）です

図で表すとこんなカンジ

●製造間接費配賦差異の分析

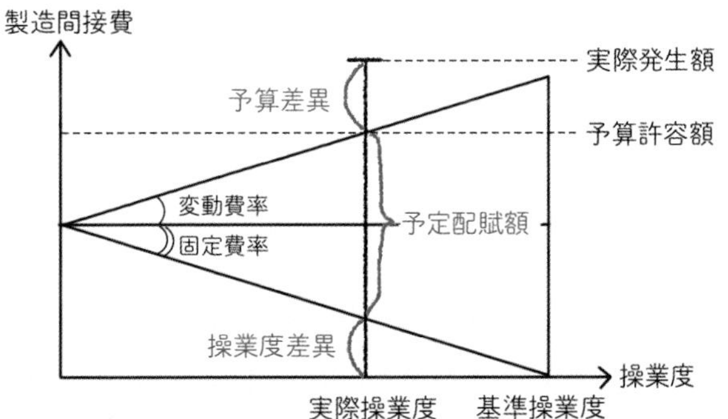

この分析図をシュラッター図といいますが、名称は覚えなくていいです

ちょっと
やってみましょう

例 19-1 **次の資料にもとづいて、当月の製造間接費配賦差異を計算し、予算差異と操業度差異に分析しなさい。製造間接費は直接作業時間を配賦基準としている。**

［ 資料 ］

(1) 予算データ(年間)
　① 年間基準操業度　660時間
　② 年間製造間接費予算(公式法変動予算)
　　変動費率：@15円　年間固定費：13,200円
(2) 実際データ(当月)
　① 実際直接作業時間：50時間
　② 製造間接費実際発生額：2,000円

例 19-1 の［資料］(1)予算データから❶月間基準操業度、❷固定費率、❸月間固定費予算額を計算します。

また、変動費率と固定費率を足して❹予定配賦率を計算しておきましょう。

予算データは
「年間」の
数字です

例 19-1 つづき

❶月間基準操業度：660時間÷12か月＝55時間

❷固定費率：$\frac{13{,}200円}{660時間}$＝@20円

❸月間固定費予算額：13,200円÷12か月＝1,100円
または
@20円×55時間＝1,100円

❹予定配賦率：@15円＋@20円＝@35円

ここまでの資料から
差異分析図に
記入するとこうなります

［ 資料 ］

(1)　予算データ（年間）
　①　年間基準操業度　660時間 ⟶ 月間55時間
　②　年間製造間接費予算（公式法変動予算）
　　変動費率：@15円　年間固定費：13,200円 ⟶ 月間1,100円
　　固定費率：@20円　予定配賦率：@35円

(2)　実際データ（当月）
　①　実際直接作業時間：50時間
　②　製造間接費実際発生額：2,000円

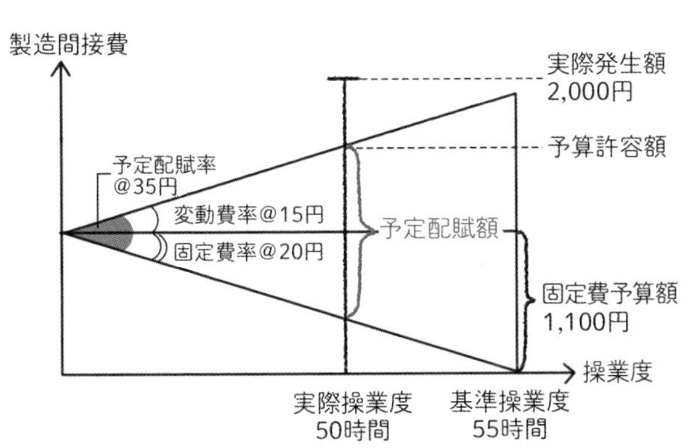

つづいて、❺予算許容額と❻予定配賦額を計算します。

例 19-1
つづき

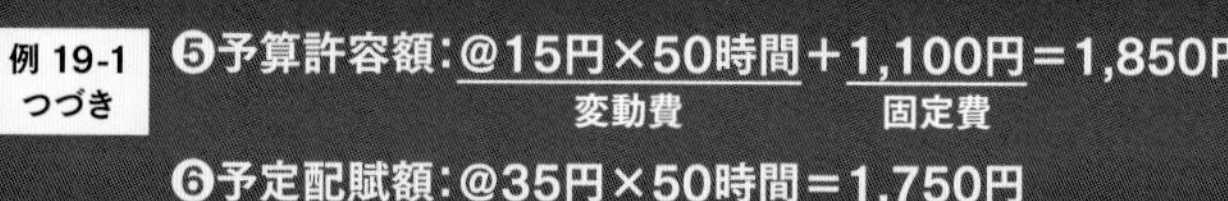
❺予算許容額：@15円×50時間＋1,100円＝1,850円
（変動費：@15円×50時間、固定費：1,100円）

❻予定配賦額：@35円×50時間＝1,750円

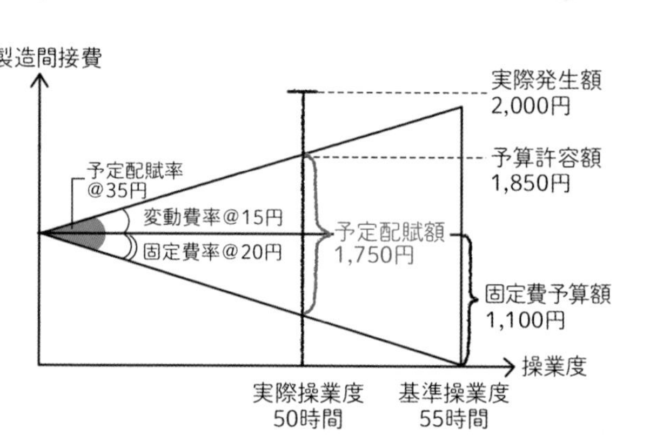

最後に、❼予算差異と❽操業度差異を計算します。

例 19-1
の答え

❼予 算 差 異：1,850円－2,000円
（予算許容額：1,850円、実際発生額：2,000円）
＝△150円（借方差異・不利差異）

❽操業度差異：@20円×（50時間－55時間）
（実際操業度：50時間、基準操業度：55時間）
＝△100円（借方差異・不利差異）

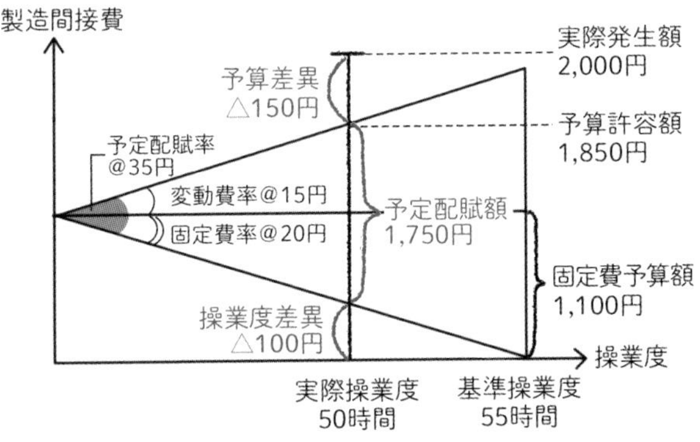

差異分析では、必ず分析図の内側(下または左)のデータから外側(上または右)のデータを差し引いて計算しましょう。そして、その計算結果がマイナスなら借方差異(不利差異)、プラスなら貸方差異(有利差異)と判定します。

●差異分析をするときの注意点

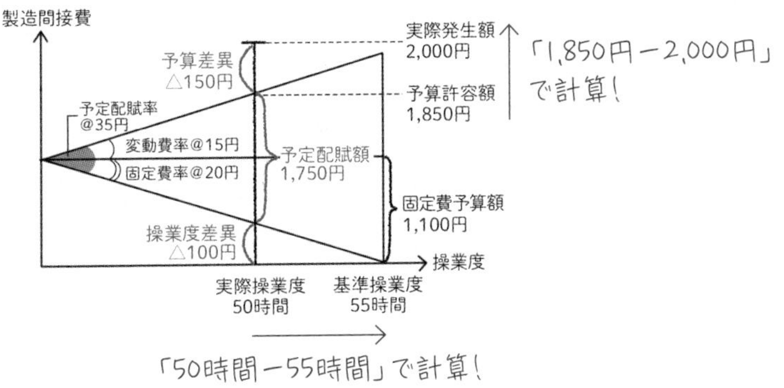

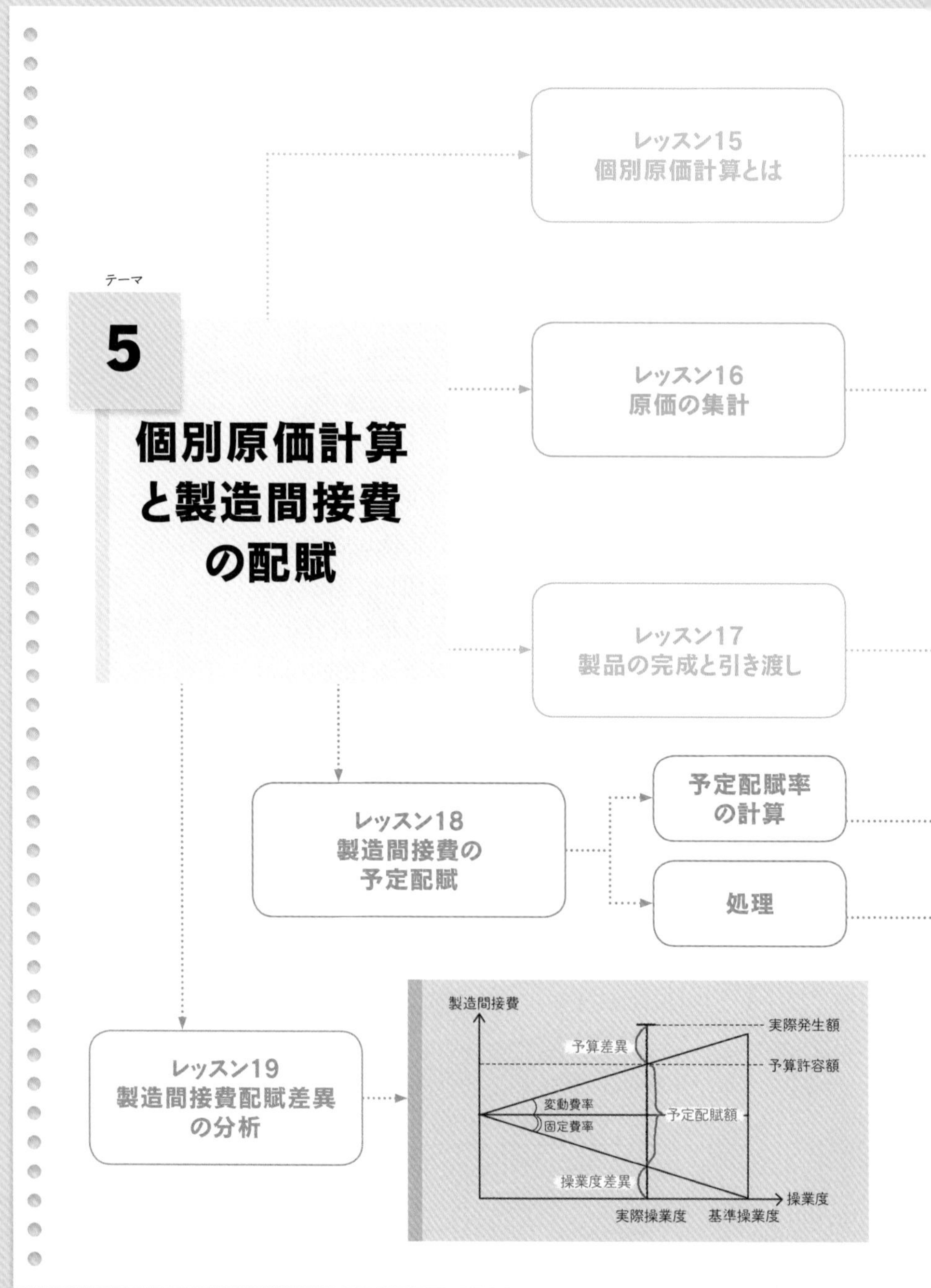

テーマ
5
個別原価計算と製造間接費の配賦
レッスン15
個別原価計算とは
レッスン16
原価の集計
レッスン17
製品の完成と引き渡し
レッスン18
製造間接費の予定配賦
予定配賦率の計算
処理
レッスン19
製造間接費配賦差異の分析
製造間接費
実際発生額
予算差異
予算許容額
変動費率
予定配賦額
固定費率
操業度差異
操業度
実際操業度
基準操業度

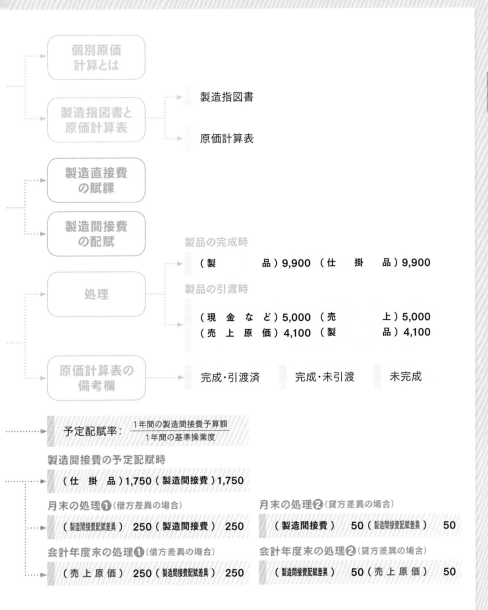

個別原価計算とは

製造指図書と原価計算表
- 製造指図書
- 原価計算表

製造直接費の賦課

製造間接費の配賦

処理

製品の完成時

(製　　　　品) 9,900 (仕　　掛　　品) 9,900

製品の引渡時

(現　金　な　ど) 5,000 (売　　　　上) 5,000
(売　上　原　価) 4,100 (製　　　　品) 4,100

原価計算表の備考欄
- 完成・引渡済
- 完成・未引渡
- 未完成

予定配賦率: $\frac{1年間の製造間接費予算額}{1年間の基準操業度}$

製造間接費の予定配賦時

(仕　掛　品) 1,750 (製造間接費) 1,750

月末の処理❶(借方差異の場合)

(製造間接費配賦差異) 250 (製造間接費) 250

月末の処理❷(貸方差異の場合)

(製造間接費) 50 (製造間接費配賦差異) 50

会計年度末の処理❶(借方差異の場合)

(売上原価) 250 (製造間接費配賦差異) 250

会計年度末の処理❷(貸方差異の場合)

(製造間接費配賦差異) 50 (売上原価) 50

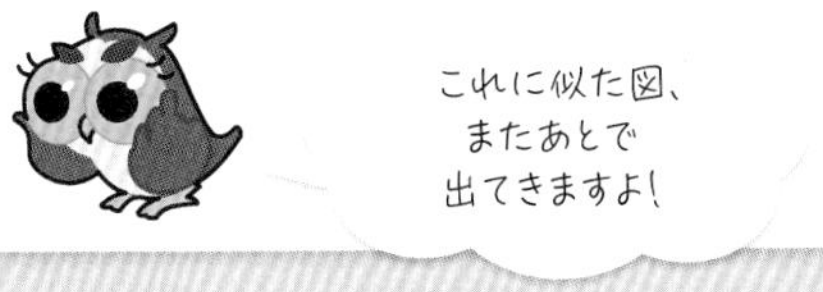

これに似た図、
またあとで
出てきますよ!

STAGE 3

テーマ 5 6

テーマ

6 部門別個別原価計算 で学ぶ内容

Lesson

20 部門別個別原価計算とは

工場の規模が大きくなると
作業を部門単位で行うようになるから
部門別に原価を集計したほうが
いいんじゃないの？……という話。

Lesson

21 部門別個別原価計算の手続き

製造間接費を部門別に配賦する！
……ってどうやって？

計算がややこしくなるよ～
問題をしっかり解こう！

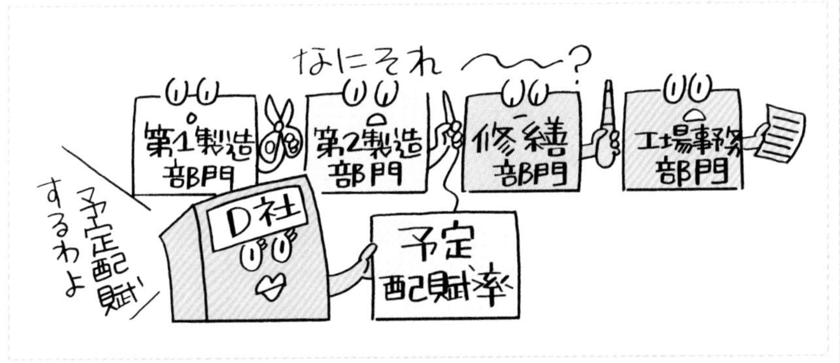

Lesson 22

製造部門費の予定配賦

製造部門費の予定配賦
……ということは、「予定配賦率」が出てくるよね！

Lesson 20

部門＝部署のこと！

部門別個別原価計算とは

D社には第1製造部門、第2製造部門、修繕部門、工場事務部門がある。

こういう会社で行われる原価計算の仕方を見ていきましょう

製造間接費を適切に配賦するため部門別計算を導入した。

1 単純個別原価計算 製造間接費の配賦基準が1つ

テーマ5で見てきた製造間接費の配賦は、実際配賦でも、予定配賦でも、製造間接費の総額を1つの配賦基準（直接作業時間など）によって計算した配賦率を用いていました。

このような個別原価計算を**単純個別原価計算**（たんじゅんこべつげんかけいさん）といいます。

2 部門別個別原価計算 製造間接費の配賦基準が複数

工場の規模が大きくなると、作業ごとに**部門**（ぶもん）が設けられます。複数の部門がある場合、製造間接費を部門ごとに把握し、それぞれの部門にあった配賦率を用いて各製品（各製造指図書）に配賦したほうが、製造間接費をより正確に配賦することができます。

　このような、複数の配賦基準によって製造間接費を配賦する個別原価計算を**部門別個別原価計算**といいます。

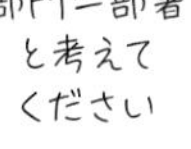

●**単純個別原価計算**

製造間接費を1つの配賦基準で各製造指図書に配賦する

●**部門別個別原価計算**

製造間接費を部門ごとに集計し、各部門に適した配賦基準（複数の配賦基準）で各製造指図書に配賦する

3　製造部門と補助部門　製品の製造を行う部門かどうか

　部門には、**製造部門**と**補助部門**があります。

● 製造部門

　製造部門とは、材料を切る、組み立てる、縫う、色を塗るなど、製品の製造に直接かかわる部門をいいます。

切削部門、組立部門、
仕上部門、塗装部門
などが製造部門です

補助部門

補助部門とは、資材の運搬、機械等の修繕、工場全体の事務作業など、製造部門をサポートする部門（製品の製造に直接かかわらない部門）をいいます。

運搬部門、修繕部門、
工場事務部門などが
補助部門です

修繕部門

工場事務部門

Lesson 21 Step2が特に重要！

部門別個別原価計算の手続き

補助部門は製造部門だけでなく、他の補助部門にもサービスを提供している。

計算の手続きを見てみましょう

1 部門別個別原価計算の流れ

3ステップでやる！

部門別個別原価計算は次の3ステップで行います。

この3ステップでやっていきます

●部門別個別原価計算の流れ

Step1 製造間接費を各部門に割り当てる
Step2 補助部門費を製造部門に配賦する
Step3 製造部門費を各製品に配賦する

2 製造間接費の割り当て（Step1） 各部門に割り当て！

製造間接費は、どの部門で発生したものかが明らかかどうかで**部門個別費**（ぶもんこべつひ）と**部門共通費**（ぶもんきょうつうひ）に分類されます。

● 部門個別費

たとえば、工場事務員の給料は、どの製品にいくらかかったかが明らかではないので製造間接費ですが、工場事務部門で発生したことは明らかです。

このように、どの部門で発生したものかが明らかな製造間接費を部門個別費といい、部門個別費は各部門にそのまま割り当てます。

● 部門共通費

一方、工場の減価償却費も、どの製品にいくらかかったかが明らかではないので、製造間接費ですが、減価償却費は工場全体で生じているので、どの部門で発生したものか明らかではありません。

このように、どの部門で発生したものかが明らかではない製造間接費を部門共通費といい、部門共通費は適切な配賦基準によって、各部門に割り当てます。

例 21-1 **D社の工場には、製造部門として第1製造部門と第2製造部門、補助部門として修繕部門と工場事務部門がある。次の資料にもとづいて、部門費配賦表（部門費まで）を完成させなさい。**

［資料］

(1)　部門個別費

第1製造部門	第2製造部門	修 繕 部 門	工場事務部門
4,870円	6,095円	1,150円	475円

(2)　部門共通費
電力料　90円　　工場減価償却費　320円

(3)　部門共通費のうち、電力料は電力消費量によって、工場減価償却費は専有面積によって各部門に配賦する。

	第1製造部門	第2製造部門	修繕部門	工場事務部門	合計
電力消費量	80kwh	70kwh	20kwh	10kwh	180kwh
専有面積	30㎡	35㎡	10㎡	5㎡	80㎡

部門個別費はそのまま各部門に賦課します。

また、部門共通費は、電力料(90円)は電力消費量を基準にして配賦し、工場減価償却費(320円)は専有面積を基準にして配賦します。

例 21-1 つづき

電力料の配賦

第1製造部門：
第2製造部門：
修　繕　部　門：
工場事務部門：

$$\frac{90円}{180kwh} \times \begin{cases} 80kwh = 40円 \\ 70kwh = 35円 \\ 20kwh = 10円 \\ 10kwh = \ \ 5円 \end{cases}$$

工場減価償却費の配賦

第1製造部門：
第2製造部門：
修　繕　部　門：
工場事務部門：

$$\frac{320円}{80m^2} \times \begin{cases} 30m^2 = 120円 \\ 35m^2 = 140円 \\ 10m^2 = \ \ 40円 \\ 5m^2 = \ \ 20円 \end{cases}$$

例 21-1 の答え

部　門　費　配　賦　表　　　　（単位：円）

摘　　要	合　　計	製造部門		補助部門	
		第1製造部　門	第2製造部　門	修繕部門	工場事務部　門
部門個別費	12,590	4,870	6,095	1,150	475
部門共通費					
電　力　料	90	40	35	10	5
工場減価償却費	320	120	140	40	20
部　門　費	13,000	5,030	6,270	1,200	500

なお、例21-1 の仕訳と勘定の流れは次のようになります。

（第1製造部門費）5,030（製　造　間　接　費）13,000
（第2製造部門費）6,270
（修　繕　部　門　費）1,200
（工場事務部門費）　500

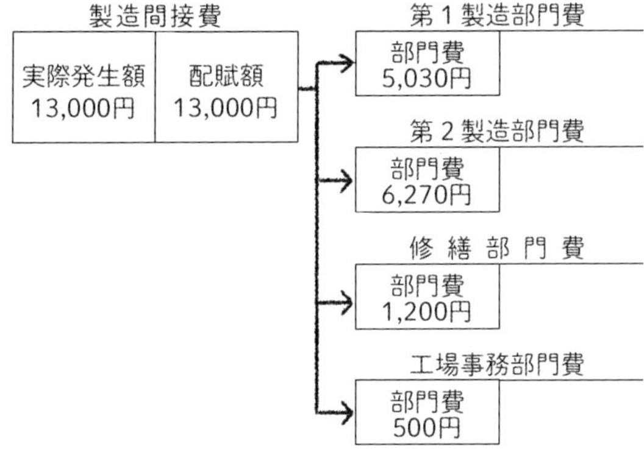

3　補助部門費の配賦（Step2）　補助部門費→製造部門へ！

つづいて、補助部門に集計された金額（補助部門費）を製造部門に配賦します。

補助部門費の配賦方法には、**直接配賦法**と**相互配賦法**があります。

● 直接配賦法

直接配賦法は、補助部門間のサービスのやり取りを無視して、補助部門費を製造部門にのみ配賦する方法です。

例 21-2 次の資料にもとづいて、直接配賦法によって補助部門費を製造部門に配賦しなさい。

［資料］

(1) 当月の各部門費

部門費配賦表 （単位：円）

摘要	合計	製造部門		補助部門	
		第1製造部門	第2製造部門	修繕部門	工場事務部門
部門費	13,000	5,030	6,270	1,200	500
修繕部門費	1,200				
工場事務部門費	500				
製造部門費	13,000				

①これを…

(2) 補助部門費の配賦基準

	配賦基準	第1製造部門	第2製造部門	修繕部門	工場事務部門
修繕部門	修繕回数	3回	2回	−	1回
工場事務部門	従業員数	10人	10人	5人	2人

②これで配賦する

修繕部門費(1,200円)は修繕回数で第1製造部門と第2製造部門に配賦します。

また、工場事務部門費(500円)は従業員数で第1製造部門と第2製造部門に配賦します。

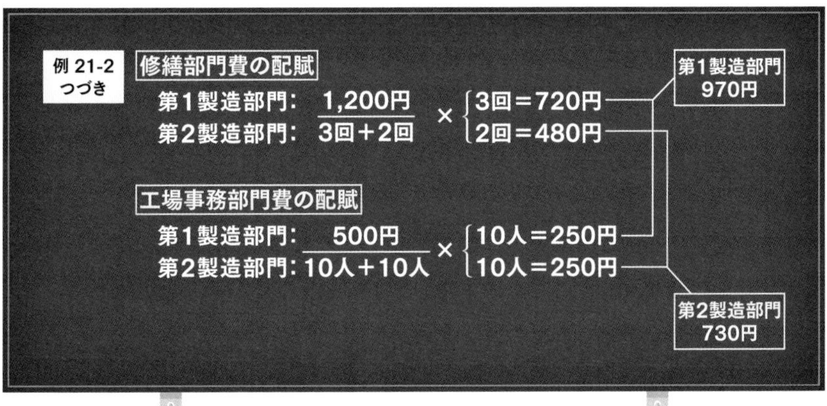

例 21-2 つづき
修繕部門費の配賦
第1製造部門: 1,200円 / 3回＋2回 × 3回＝720円
第2製造部門: 2回＝480円
工場事務部門費の配賦
第1製造部門: 500円 / 10人＋10人 × 10人＝250円
第2製造部門: 10人＝250円
第1製造部門 970円
第2製造部門 730円

例 21-2 の答え

部 門 費 配 賦 表　　　（単位：円）

摘要	合計	製造部門		補助部門	
		第1製造部門	第2製造部門	修繕部門	工場事務部門
部門費	13,000	5,030	6,270	1,200	500
修繕部門費	1,200	**720**	**480**		
工場事務部門費	500	**250**	**250**		
製造部門費	13,000	**6,000**	**7,000**		

これが答え

なお、**例21-2** の仕訳と勘定の流れは次のようになります。

（第1製造部門費）	970	（修　繕　部　門　費）	1,200
（第2製造部門費）	730	（工場事務部門費）	500

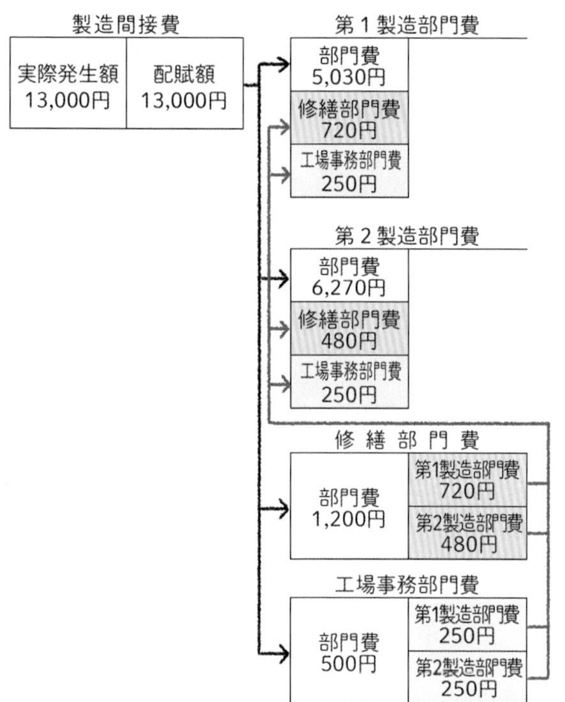

● 相互配賦法

相互配賦法は、補助部門間のサービスのやり取りを考慮して補助部門費を配賦する方法です。

2級で学習する相互配賦法は、配賦作業を2段階に分けて行います。

第1次配賦では、補助部門費を製造部門のほか、他の補助部門にも配賦します。

第2次配賦では、第1次配賦で他の補助部門から配賦された金額を製造部門のみに配賦します。

具体例を使って
説明します

例 21-3 次の資料にもとづいて、相互配賦法によって補助部門費を製造部門に配賦しなさい。

［資料］

(1) 当月の各部門費

部門費配賦表　(単位:円)

摘要	合計	製造部門		補助部門	
		第1製造部門	第2製造部門	修繕部門	工場事務部門
部門費	13,000	5,030	6,270	1,200	500

①1段階目はこれを…

(2) 補助部門費の配賦基準

	配賦基準	第1製造部門	第2製造部門	修繕部門	工場事務部門
修繕部門	修繕回数	3回	2回	−	1回
工場事務部門	従業員数	10人	10人	5人	2人

②これで配賦する

第1次配賦では、修繕部門費(1,200円)を修繕回数で第1製造部門、第2製造部門、工場事務部門に配賦します。

また、工場事務部門費(500円)を従業員数で第1製造部門、第2製造部門、修繕部門に配賦します。

例 21-3 つづき

修繕部門費の配賦

第1製造部門：
第2製造部門：
工場事務部門：

$$\frac{1{,}200円}{3回+2回+1回} \times \begin{cases} 3回=600円 \\ 2回=400円 \\ 1回=200円 \end{cases}$$

工場事務部門費の配賦

第1製造部門：
第2製造部門：
修　繕　部　門：

$$\frac{500円}{10人+10人+5人} \times \begin{cases} 10人=200円 \\ 10人=200円 \\ 5人=100円 \end{cases}$$

部　門　費　配　賦　表　　　（単位：円）

摘　　要	合　計	製造部門		補助部門	
		第1製造部門	第2製造部門	修繕部門	工場事務部門
部　門　費	13,000	5,030	6,270	1,200	500
第1次配賦					
修繕部門費	1,200	**600**	**400**	−	**200**
工場事務部門費	500	**200**	**200**	**100**	−
第2次配賦				**100**	**200**

次はこれを製造部門のみに配賦する！

第2次配賦では、第1次配賦で他の補助部門から配賦された金額を製造部門のみに配賦します。

第2次配賦はこうやります

例 21-3 つづき

修繕部門費の配賦

第1製造部門：
第2製造部門：
$$\frac{100円}{3回+2回} \times \begin{cases} 3回=60円 \\ 2回=40円 \end{cases}$$

工場事務部門費の配賦

第1製造部門：
第2製造部門：
$$\frac{200円}{10人+10人} \times \begin{cases} 10人=100円 \\ 10人=100円 \end{cases}$$

例 21-3 の答え

部門費配賦表 （単位：円）

摘要	合計	製造部門		補助部門	
		第1製造部門	第2製造部門	修繕部門	工場事務部門
部門費	13,000	5,030	6,270	1,200	500
第1次配賦					
修繕部門費	1,200	600	400	–	200
工場事務部門費	500	200	200	100	–
第2次配賦				100	200
修繕部門費	100	**60**	**40**		
工場事務部門費	200	**100**	**100**		
製造部門費	13,000	**5,990**	**7,010**		

4 製造部門費を製品へ配賦(Step3) これは簡単！

最後に、各製造部門に集計された製造部門費を作業時間など、適切な配賦基準で各製品(各製造指図書)に配賦します。

では
やってみましょう

例 21-4 次の資料にもとづいて、直接配賦法によって計算した製造部門費を各製造指図書に配賦しなさい。
なお、配賦基準は直接作業時間である。

［資料］

(1) 直接配賦法によって計算した製造部門費

部門費配賦表 (単位：円)

摘要	合計	製造部門		補助部門	
		第1製造部門	第2製造部門	修繕部門	工場事務部門
部門費	13,000	5,030	6,270	1,200	500
修繕部門費	1,200	720	480		
工場事務部門費	500	250	250		
製造部門費	13,000	6,000	7,000		

(2) 当月の直接作業時間

	製品No.101	製品No.102
第1製造部門	18時間	12時間
第2製造部門	20時間	30時間

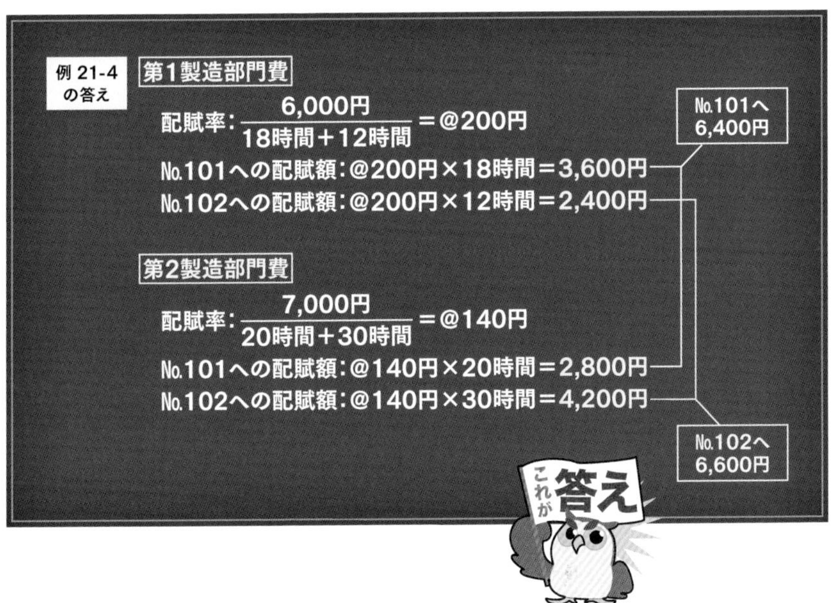

なお、例21-4 の仕訳と勘定の流れは次のようになります。

（仕　　掛　　品）	13,000	（第1製造部門費）	6,000
		（第2製造部門費）	7,000

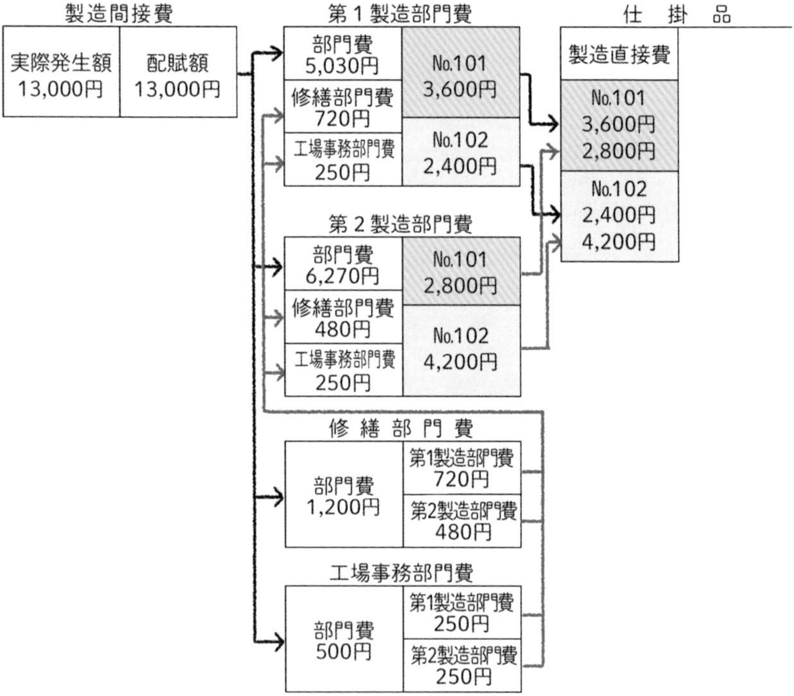

製造間接費

実際発生額 13,000円	配賦額 13,000円

第１製造部門費

部門費 5,030円	No.101 3,600円
修繕部門費 720円	
工場事務部門費 250円	No.102 2,400円

第２製造部門費

部門費 6,270円	No.101 2,800円
修繕部門費 480円	No.102 4,200円
工場事務部門費 250円	

修繕部門費

部門費 1,200円	第1製造部門費 720円
	第2製造部門費 480円

工場事務部門費

部門費 500円	第1製造部門費 250円
	第2製造部門費 250円

仕　掛　品

製造直接費	
No.101 3,600円 2,800円	
No.102 2,400円 4,200円	

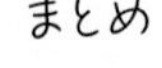

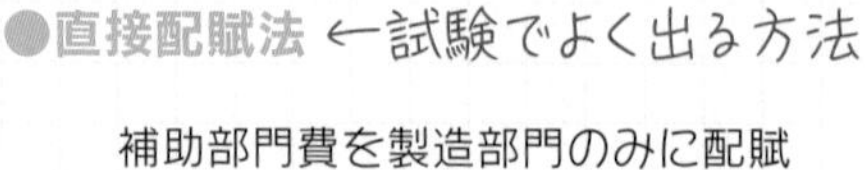

補助部門費を製造部門のみに配賦

●相互配賦法

・第１次配賦…補助部門費を製造部門のほか、他の補助部門に配賦

・第２次配賦…第１次配賦で他の補助部門から配賦された金額を製造部門のみに配賦

Lesson **22** 予定配賦率を使って予定配賦したときは……

製造部門費の予定配賦

製造部門費について、予定配賦をした。

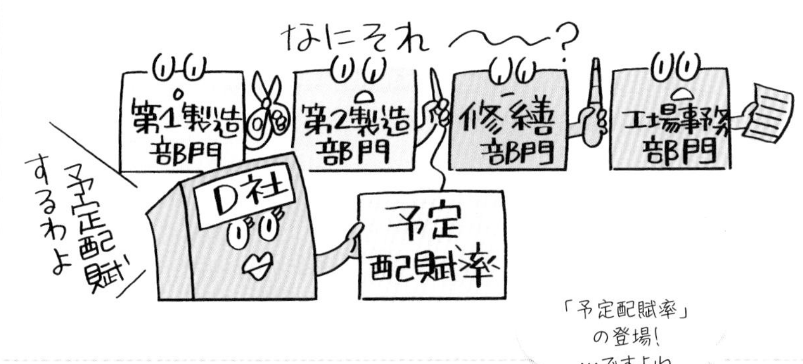

「予定配賦率」の登場!…ですよね

1 製造部門費の予定配賦　予定配賦率を使う!

レッスン21では、製造部門費の実際発生額を配賦(実際配賦)しましたが、製造間接費を予定配賦したように、製造部門費についても予定配賦率を用いて計算することがあります。

やり方は製造間接費の予定配賦と同様です

2 予定配賦率の計算　各製造部門費予算額÷基準操業度

予定配賦率は、期首に部門ごとの1年間の製造部門費の予算額を見積もり、これを基準操業度で割って求めます。

$$\text{部門別予定配賦率} = \frac{\text{1年間の各製造部門費予算額}}{\text{1年間の各製造部門の基準操業度}}$$

3　予定配賦をしたとき　予定配賦率×実際操業度

製造部門費の予定配賦額は、予定配賦率に各製造指図書の実際操業度を掛けて求めます。

$$\text{部門別予定配賦額} = \text{部門別予定配賦率} \times \text{各製造指図書の実際操業度}$$

例 22-1 当社は製造部門費について予定配賦している。
次の資料にもとづいて、
製造部門費の予定配賦額を計算しなさい。
なお、配賦基準は直接作業時間である。

［資料］

(1)　直接配賦法によって計算した年間製造部門費予算額
第1製造部門：56,160円　第2製造部門：93,600円
(2)　年間基準操業度(直接作業時間)
第1製造部門：312時間　第2製造部門：624時間
(3)　当月の直接作業時間

	製品No.101	製品No.102
第1製造部門	18時間	12時間
第2製造部門	20時間	30時間

なお、**例22-1** の仕訳と勘定の流れは次のようになります。

（仕　掛　品）	12,900	（第1製造部門費）	5,400
		（第2製造部門費）	7,500

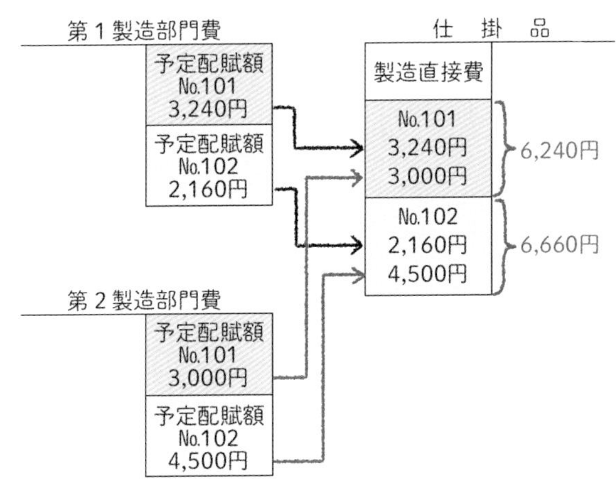

4　月末の処理

差異を把握する！

部門別予定配賦率を用いて製造部門費を配賦している場合でも、月末になったら、製造部門費の実際発生額を計算します。

そして、予定配賦額と実際発生額との差額を**製造部門費配賦差異**として処理します。

差異の把握や借方差異と貸方差異の判定方法は　これまで出てきた差異と同様！

例 22-2　**当月の製造部門費の実際発生額は第1製造部門が6,000円、第2製造部門が7,000円であった。なお、予定配賦額は第1製造部門が5,400円**（No.101：3,240円、No.102：2,160円）、**第2製造部門が7,500円**（No.101：3,000円、No.102：4,500円）**であった。**

第1製造部門費配賦差異：
5,400円（予定配賦額）－6,000円（実際発生額）＝△600円（借方差異・不利差異）

第2製造部門費配賦差異：
7,500円（予定配賦額）－7,000円（実際発生額）＝　500円（貸方差異・有利差異）

（製造部門費配賦差異）	600	（第1製造部門費）	600
（第2製造部門費）	500	（製造部門費配賦差異）	500

なお、**例22-2** の勘定の流れは次のようになります。

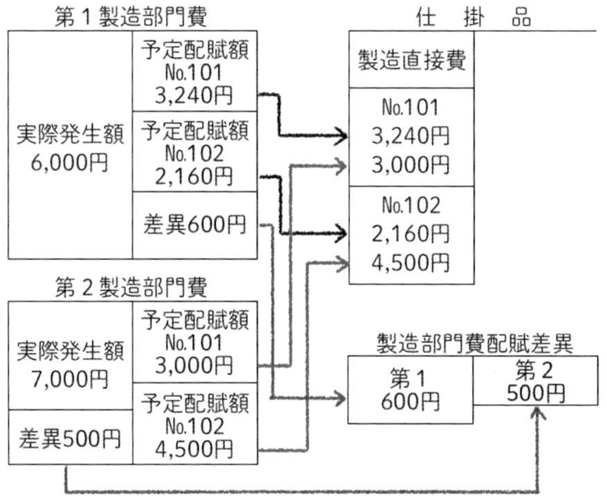

なお、会計年度末には
製造部門費配賦
差異を売上原価に
振り替えます

テーマ6の全体像とまとめ

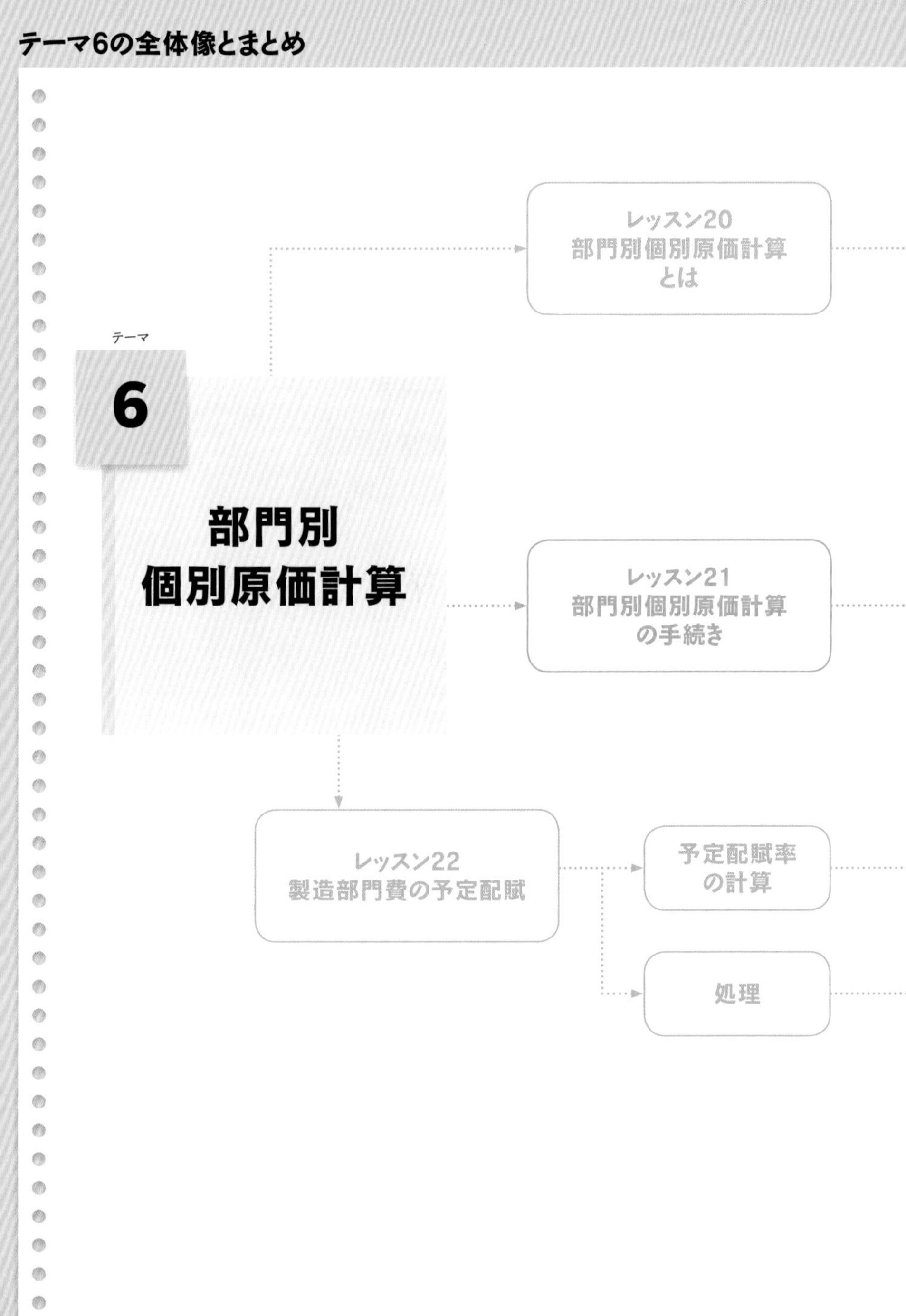

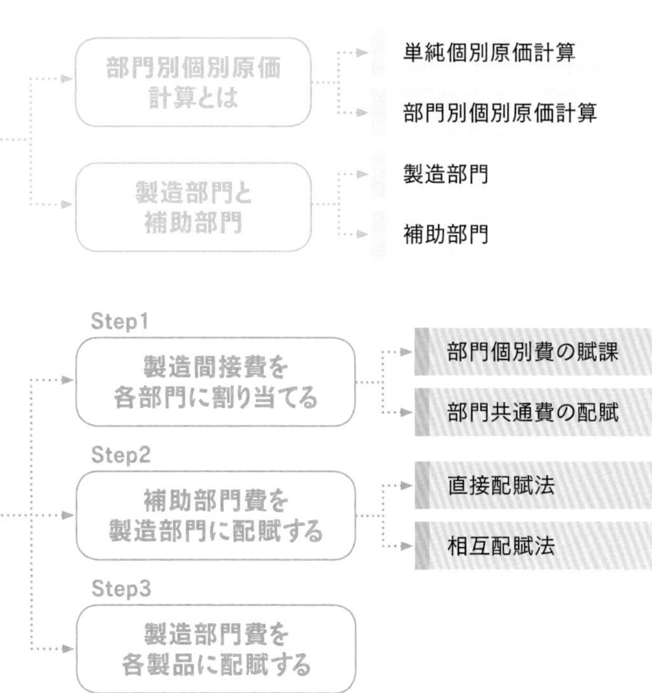

$$部門別予定配賦率 = \frac{1年間の各製造部門費予算額}{1年間の各製造部門の基準操業度}$$

製造部門費の予定配賦時

借方	金額	貸方	金額
（仕　　掛　　品）	12,900	（第1製造部門費）	5,400
		（第2製造部門費）	7,500

月末の処理❶（借方差異の場合）

借方	金額	貸方	金額
（製造部門費配賦差異）	600	（第1製造部門費）	600

月末の処理❷（貸方差異の場合）

借方	金額	貸方	金額
（第2製造部門費）	500	（製造部門費配賦差異）	500

「直接配賦法」は
試験でよく出るから
問題をしっかり
解いておいて！

STAGE 4

総合原価計算

STAGE3では、受注生産形態で採用される
原価計算の方法を見てきましたが、
ここでは、大量生産形態で採用される
原価計算の方法を見ていきます。

STAGE 4

テーマ 7 8 9

テーマ

7 総合原価計算❶で学ぶ内容

Lesson
23 総合原価計算とは

F社はぬいぐるみを大量生産している。
1か月に1,000個作ったりするから
1個1個製品原価を計算するのは
無理があるよね……。

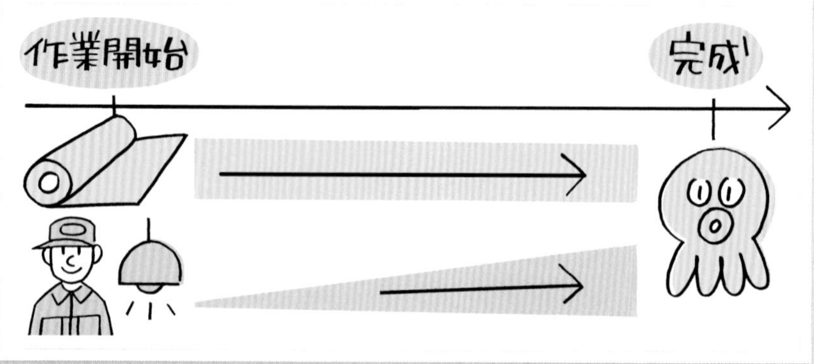

Lesson
24 単純総合原価計算❶

総合原価計算は原価を発生の仕方
の違いによって2種類に分けて
計算していく!

こんな内容を
学習します

大量生産形態で採用される原価計算のうち、
基本的なものを見ていこう！

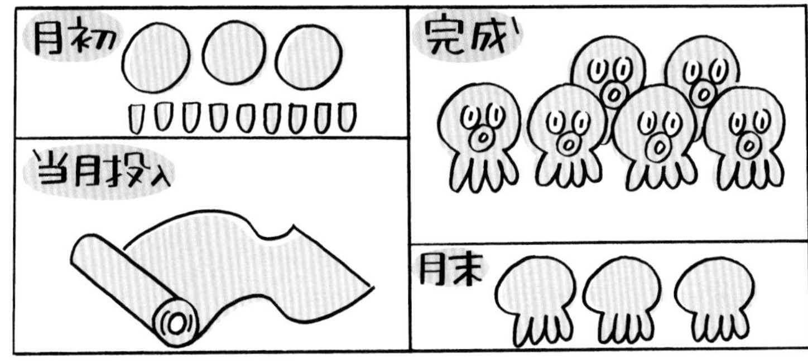

Lesson
25

単純総合原価計算❷

月初仕掛品がある場合の
完成品と月末仕掛品の原価の
計算方法を見ていこう！

Lesson 大量生産形態で活躍!

23 総合原価計算とは

F社はぬいぐるみを大量生産している。

1 総合原価計算とは　大量生産形態で適用する計算方法

ステージ3で学習した個別原価計算は、受注生産形態に適した原価計算方法でした。

それに対して、これから見ていく**総合原価計算**は同じ規格の製品を毎月大量に生産している形態(**大量生産形態**)に適した原価計算方法です。

総合原価計算さん

2 総合原価計算の計算方法　完成品原価÷数量

総合原価計算では、1か月間でかかった製造原価をまとめて集計し、1か月間で完成した製品の原価(**完成品総合原価**)を計算したあと、完成品総合原価を完成品の数量で割って、1個あたりの完成品の原価(**完成品単位原価**)を計算します。

完成品単位原価＝完成品総合原価÷完成品数量

こんなカンジです

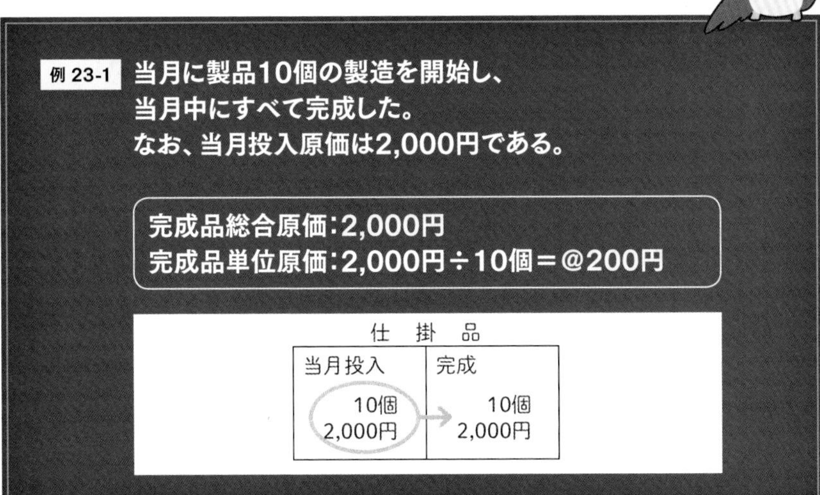

例 23-1
当月に製品10個の製造を開始し、
当月中にすべて完成した。
なお、当月投入原価は2,000円である。
完成品総合原価：2,000円
完成品単位原価：2,000円÷10個＝@200円
仕　掛　品
当月投入
10個
2,000円
完成
10個
2,000円

まとめ

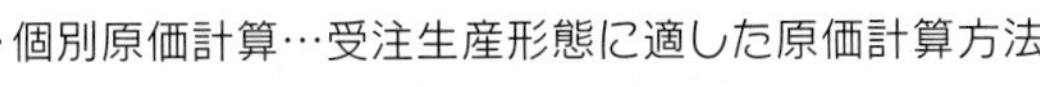

●個別原価計算と総合原価計算

・個別原価計算…受注生産形態に適した原価計算方法
→製品ごとに原価を集計

・総合原価計算…同一規格の製品を連続して大量生産する形態に適した原価計算方法
→まとめて原価を集計

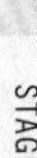

Lesson

原価を直接材料費と加工費に分けて計算!

24 単純総合原価計算❶

ぬいぐるみの素材となる布は最初から全量投入するが、

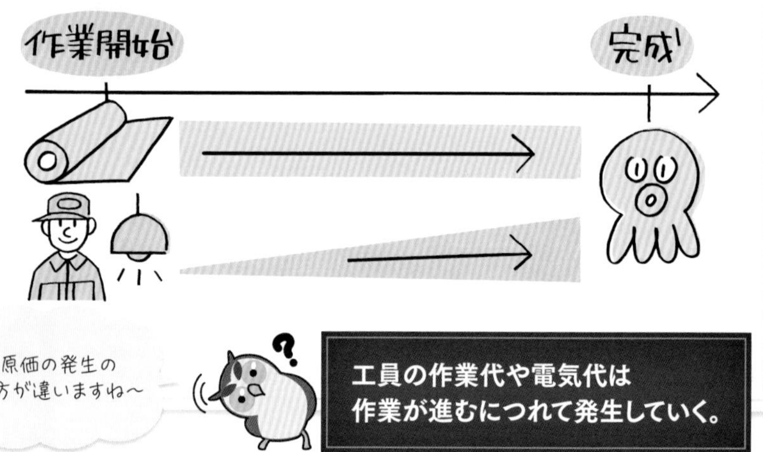

原価の発生の仕方が違いますね〜

工員の作業代や電気代は作業が進むにつれて発生していく。

1 単純総合原価計算とは

1種類だけ作っている!

ここでは、総合原価計算のなかでも、1つの工程で1種類の製品を連続して大量生産する場合に適用される原価計算方法について見ていきます。

なお、この原価計算方法を**単純総合原価計算**(たんじゅんそうごうげんかけいさん)といいます。

これが総合原価計算のベースです

2 総合原価計算の原価の分類

「直接材料費」と「加工費」

総合原価計算では、原価を**直接材料費**(ちょくせつざいりょうひ)と**加工費**(かこうひ)に分類して計算します。

直接材料費は、どの製品にいくらかかったかが明らかな材料費で、加工費は直接材料費以外の原価をいいます。

まとめ

●総合原価計算の原価の分類

・直接材料費…どの製品にいくらかかったかが明らかな材料費
→「素材費」とか「原料費」ともいう

・加　工　費…直接材料費以外の原価
→直接労務費、直接経費、製造間接費

● 直接材料費

製品の本体となる材料(素材)に切る、組み立てるなどの加工をほどこして、製品が完成していきます。

そのため、直接材料(素材)は通常、製品を作り始めるときに(**工程**(こうてい)の始点で)完成までに必要な量がすべて投入されます。

語句

工程(こうてい)
作業段階のこと

試験では「(直接)材料は工程の始点ですべて投入している」という指示がつきます

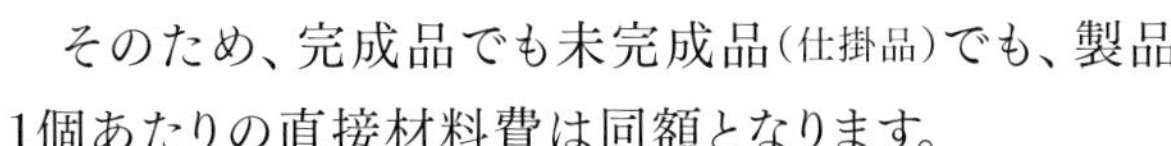

そのため、完成品でも未完成品(仕掛品)でも、製品1個あたりの直接材料費は同額となります。

まとめ

●直接材料費

工程の始点で必要量がすべて投入される

→完成品も仕掛品も1個あたりの直接材料費は同じ

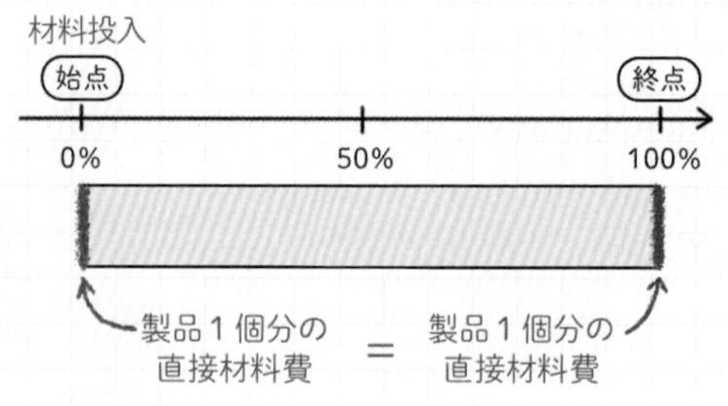

● 加工費

加工費は、製品の加工度合いが進むにつれて、だんだん発生していく原価です。

そのため、完成品と未完成品(仕掛品)では、製品1個あたりの加工費は異なります。

そこで、仕掛品が完成品の何個分に相当するかを計算し、その数量(**完成品換算量**)で加工費の計算をする必要があります。

完成品換算量は、仕掛品に**加工進捗度**(作業の進み具合)を掛けて求めます。

> **完成品換算量＝仕掛品数量×加工進捗度**

▷語句

完成品換算量(かんせいひんかんざんりょう)

仕掛品の数量を完成品の数量に換算したときの数量

▷語句

加工進捗度(かこうしんちょくど)

作業の進み具合

加工進捗度さん

●加工費

加工度合いが進むにつれて、だんだん発生していく原価
→完成品と仕掛品では1個あたりの加工費は異なる
→完成品換算量を用いて計算

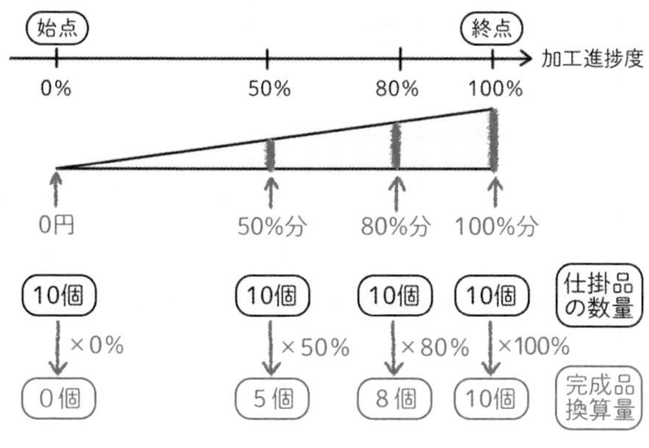

3 総合原価計算とボックス図

ボックス図が書けるように！

総合原価計算では、基本的に月末仕掛品の原価を計算してから差額で完成品の原価を計算します。

また、問題を解くときはボックス図を用いると便利です。

ボックス図は人によって
書き方が異なりますが、
本書では次の
ボックス図で説明します

例 24-1 **次の資料にもとづいて、月末仕掛品原価、完成品総合原価、完成品単位原価を計算しなさい。**

［資料］

［生産データ］

月初仕掛品	0個	
当月投入	10	
合　計	10個	
月末仕掛品	2	(50%)
完成品	8個	

［原価データ］

月初仕掛品原価	
直接材料費	0円
加工費	0円
当月製造費用	
直接材料費	400円
加工費	180円

(注)　1. 材料はすべて工程の始点で投入している。
　　　2. (　　)内の数値は加工進捗度を示す。

まず、下記のボックス図を作ります。

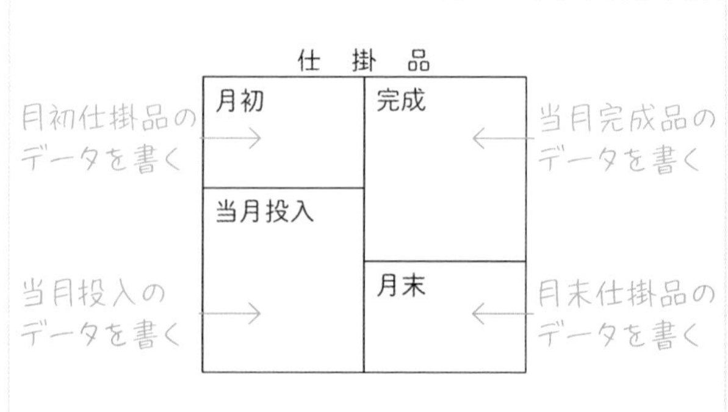

このボックスの内側には生産データ、外側には原価データを記入します。

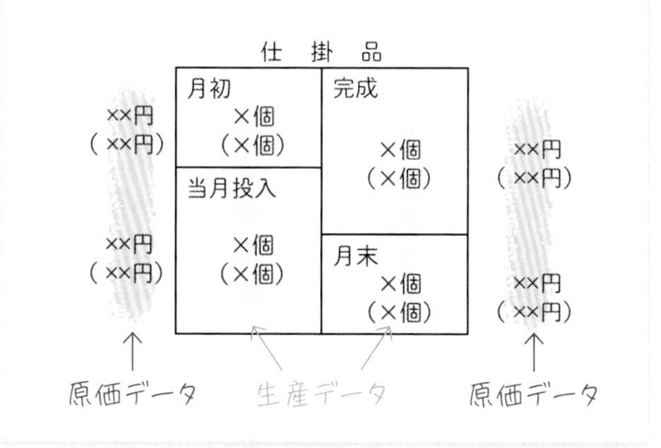

また、直接材料費と加工費は原価の発生の仕方が異なるので分けて書きます。

上段に直接材料費のデータ、下段にカッコをつけて加工費のデータを書くようにしましょう。

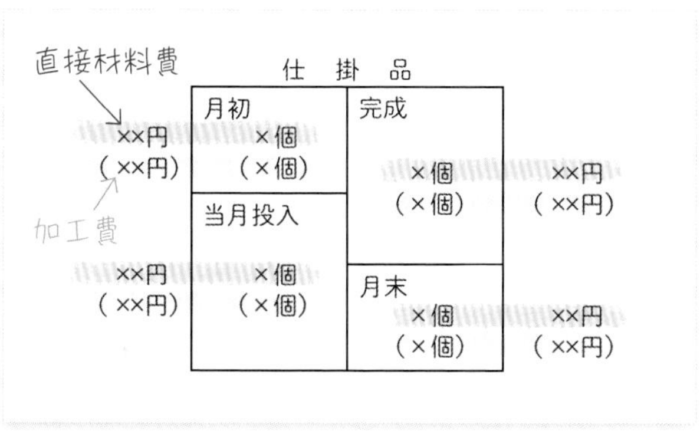

では具体的に数字を書いていきましょう。

まずは[資料]から直接材料費のデータを記入します。

［ 資料 ］

［生産データ］

月初仕掛品	0個	
当 月 投 入	10	
合　　計	10個	
月末仕掛品	2	（50％）
完　成　品	8個	

［原価データ］

月初仕掛品原価	
直接材料費	0円
加　工　費	0円
当 月 製 造 費 用	
直接材料費	400円
加　工　費	180円

（注）　1. 材料はすべて工程の始点で投入している。
　　　　2.（　　）内の数値は加工進捗度を示す。

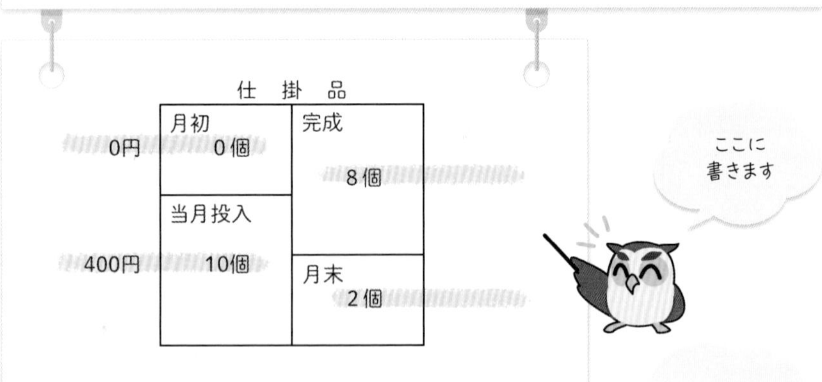

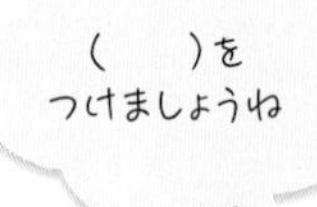

つづいて、加工費のデータです。

加工費については、完成品換算量で計算するので、ボックスには完成品換算量で記入します。

なお、当月投入の完成品換算量はボックスの貸借差引で計算します。

［資料］

［生産データ］

月初仕掛品	0個	
当月投入	10	
合　計	10個	
月末仕掛品	2	(50%)
完成品	8個	

［原価データ］

月初仕掛品原価	
直接材料費	0円
加工費	0円
当月製造費用	
直接材料費	400円
加工費	180円

（注）1. 材料はすべて工程の始点で投入している。
2.（　）内の数値は加工進捗度を示す。

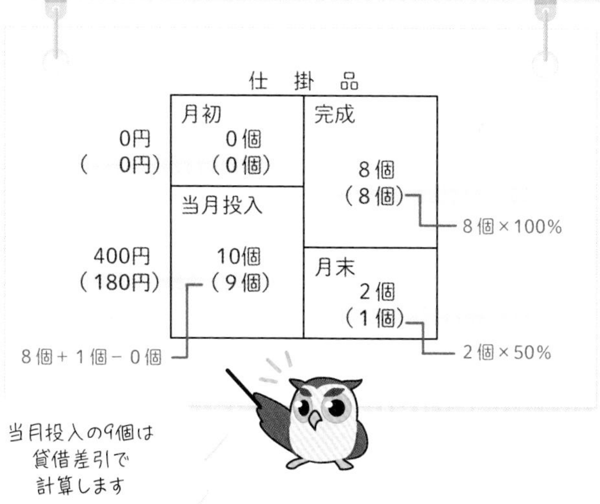

これで［資料］のデータをボックス図に書き終わりました。

仕　掛　品

	借方	貸方	
0円 (　0円)	月初 0個 (0個)	完成 8個 (8個)	
400円 (180円)	当月投入 10個 (9個)	月末 2個 (1個)	

データを記入したら、直接材料費と加工費について、月末仕掛品の金額を計算したあと、貸借差額で完成品の金額を計算します。

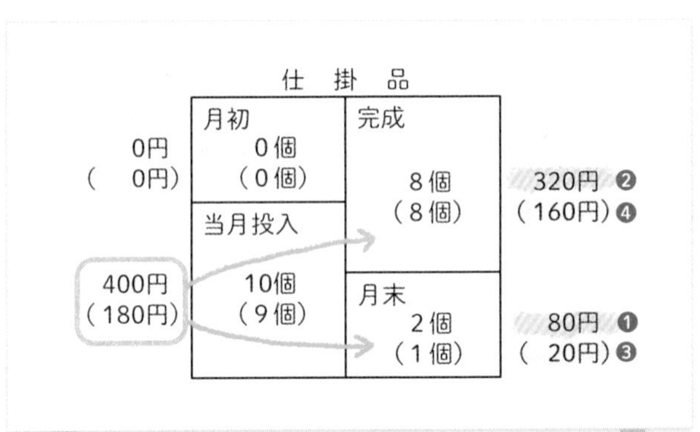

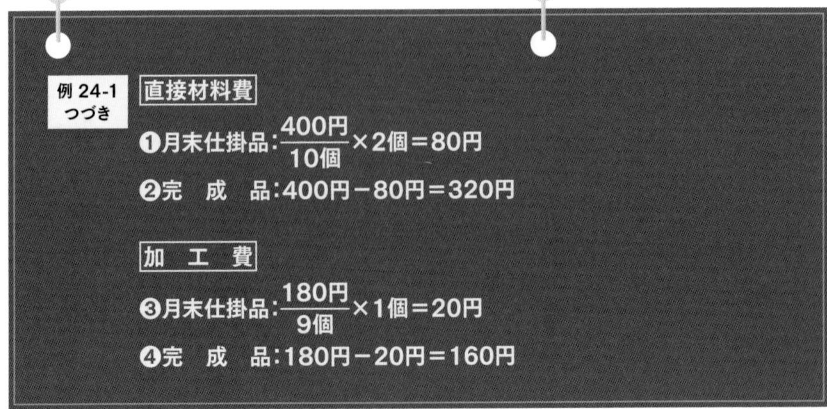
例 24-1 つづき

直接材料費

❶月末仕掛品：$\frac{400円}{10個}$×2個＝80円

❷完　成　品：400円－80円＝320円

加　工　費

❸月末仕掛品：$\frac{180円}{9個}$×1個＝20円

❹完　成　品：180円－20円＝160円

以上より、**例24-1** の答えは次のようになります。

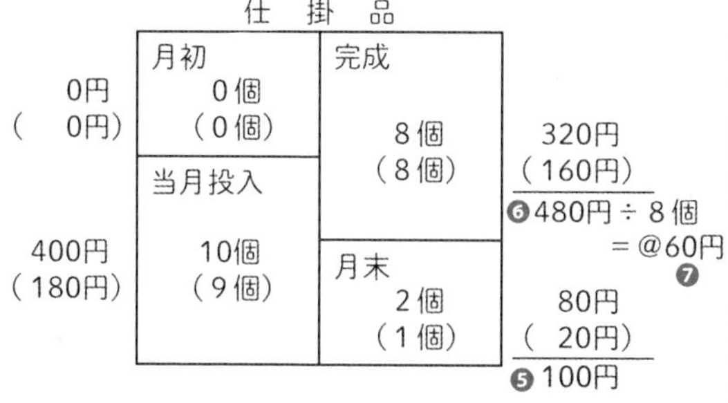

例 24-1 の答え

月末仕掛品原価：80円＋20円＝100円 ……………… ❺
完成品総合原価：320円＋160円＝480円 …………… ❻
完成品単位原価：480円÷8個＝@60円 ……………… ❼

●総合原価計算のボックス図

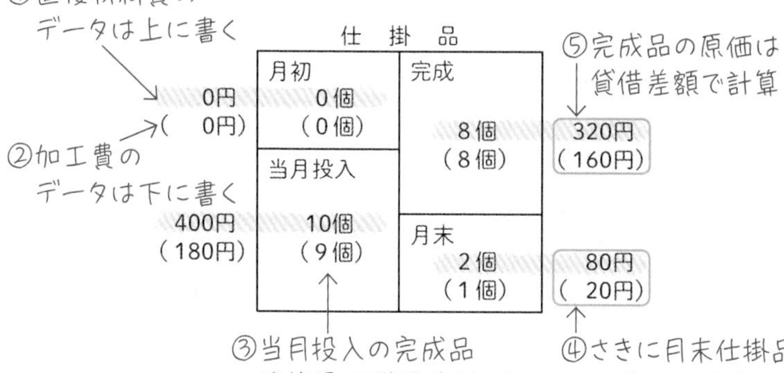

4 総合原価計算表と仕掛品勘定 試験でも出る!

個別原価計算と同様に、総合原価計算でも、総合原価計算表が作成され、仕掛品勘定に記入されます。

例24-1 について、総合原価計算表と仕掛品勘定の記入を示すと、次のとおりです。

総合原価計算表 (単位:円)

	直接材料費	加工費	合計
月初仕掛品原価	0	0	0
当月製造費用	400	180	580
合計	400	180	580
月末仕掛品原価	**80**	**20**	**100**
完成品総合原価	**320**	**160**	**480**
完成品単位原価	−	−	**@60**

仕掛品

借方	金額	貸方	金額
前月繰越	0	製品	**480**
直接材料費	400	次月繰越	**100**
加工費	180		
	580		580

月初仕掛品がある場合の2つの計算方法

25 単純総合原価計算❷

月初にも仕掛品があった場合、

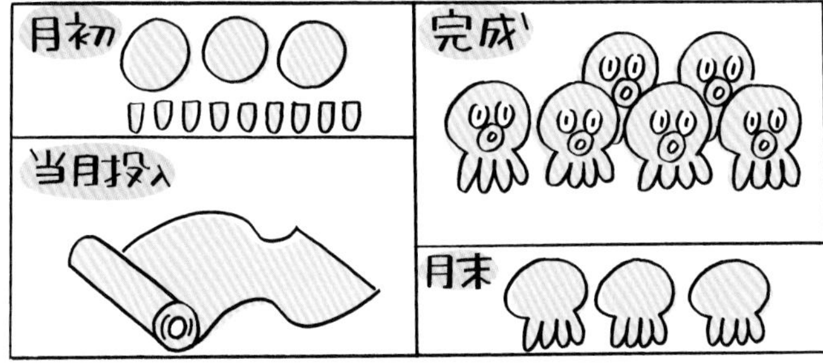

この場合の
計算を見て
いきましょう

どのように完成品と月末仕掛品の原価を計算するのだろう……。

1 月初仕掛品がある場合

「先入先出法」か
「平均法」で計算!

レッスン24では、月初仕掛品がない場合の単純総合原価計算の計算手順を見ましたが、ここでは月初仕掛品がある場合の単純総合原価計算の計算手順を見ていきます。

月初仕掛品がある場合、月初仕掛品原価と当月製造費用をどのようにして完成品と月末仕掛品に配分するかが問題となります。

月初仕掛品原価と当月製造費用を完成品と月末仕掛品に配分する方法には、**先入先出法**（さきいれさきだしほう）と**平均法**（へいきんほう）があります。

● 先入先出法(Fifo)

先入先出法は、先に投入したもの(月初仕掛品)から先に完成させ、月末仕掛品は後から投入したもの(当月投入分)が残っていると仮定して、完成品と月末仕掛品の原価を計算する方法です。

> 語句
>
> **Fifo** (First in first out)
> 先入先出法の略語。読み方は「ファイフォ」

まとめ

●先入先出法(Fifo)

- ・先に投入したものから先に完成
- ・月末仕掛品は当月投入分から発生

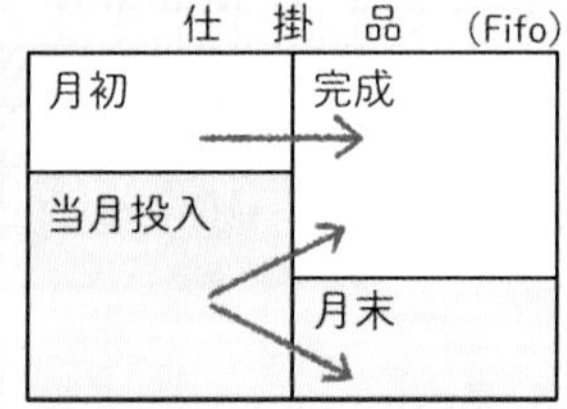

例 25-1 **次の資料にもとづいて、先入先出法によって月末仕掛品原価、完成品総合原価、完成品単位原価を計算しなさい。**

［資料］

［生産データ］

月初仕掛品	10個	(40%)
当月投入	50	
合　計	60個	
月末仕掛品	20	(50%)
完成品	40個	

［原価データ］

月初仕掛品原価	
直接材料費	110円
加工費	132円
当月製造費用	
直接材料費	250円
加工費	368円

（注）1. 材料はすべて工程の始点で投入している。
　　　2. (　　)内の数値は加工進捗度を示す。

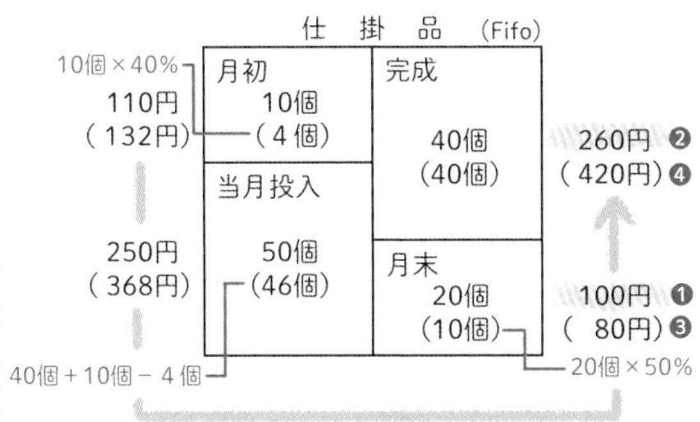

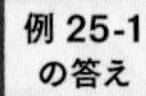

例 25-1 の答え

直接材料費

❶月末仕掛品：$\frac{250円}{50個}$×20個＝100円

❷完　成　品：110円＋250円－100円＝260円

加　工　費

❸月末仕掛品：$\frac{368円}{46個}$×10個＝80円

❹完　成　品：132円＋368円－80円＝420円

月末仕掛品原価：100円＋80円＝180円
完成品総合原価：260円＋420円＝680円
完成品単位原価：680円÷40個＝@17円

平均法（AM）

平均法は、月初仕掛品原価と当月投入原価から平均単価を計算し、平均単価に月末仕掛品数量を掛けて月末仕掛品の原価を計算する方法です。

$$平均単価 = \frac{月初仕掛品原価＋当月製造費用}{完成品数量＋月末仕掛品数量}$$

なお、この単価は月初仕掛品原価と当月製造費用を合計した単価のため、完成品の原価も同じ単価を使って計算できます。

語句

AM（Average-Method）
平均法の略語。読み方は「エー・エム」

●平均法(AM)

・平均単価を用いて計算

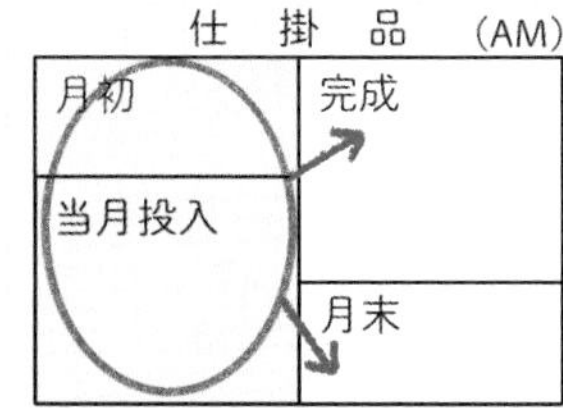

例 25-2 **次の資料にもとづいて、平均法によって月末仕掛品原価、完成品総合原価、完成品単位原価を計算しなさい。**

［資料］

［生産データ］

月初仕掛品	10個	(40%)
当月投入	50	
合　計	60個	
月末仕掛品	20	(50%)
完成品	40個	

［原価データ］

月初仕掛品原価	
直接材料費	110円
加工費	132円
当月製造費用	
直接材料費	250円
加工費	368円

(注)　1. 材料はすべて工程の始点で投入している。
　　　2. (　　)内の数値は加工進捗度を示す。

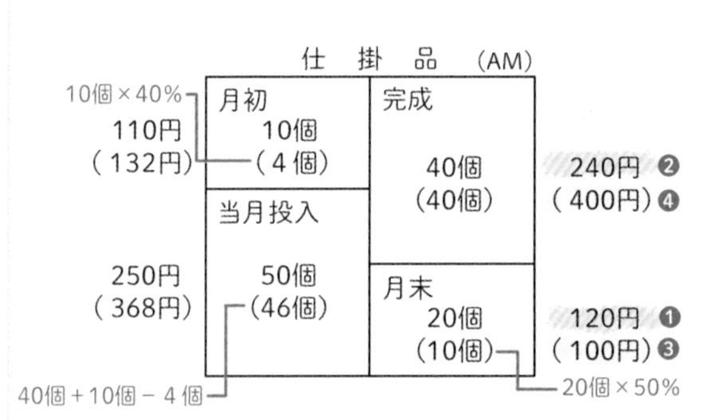

例 25-2 の答え

直接材料費　平均単価：$\frac{110円＋250円}{40個＋20個}$＝@6円

❶月末仕掛品：@6円×20個＝120円
❷完　成　品：@6円×40個＝240円

加　工　費　平均単価：$\frac{132円＋368円}{40個＋10個}$＝@10円

❸月末仕掛品：@10円×10個＝100円
❹完　成　品：@10円×40個＝400円

月末仕掛品原価：120円＋100円＝220円
完成品総合原価：240円＋400円＝640円
完成品単位原価：640円÷40個＝@16円

これが答え

テーマ7の全体像とまとめ

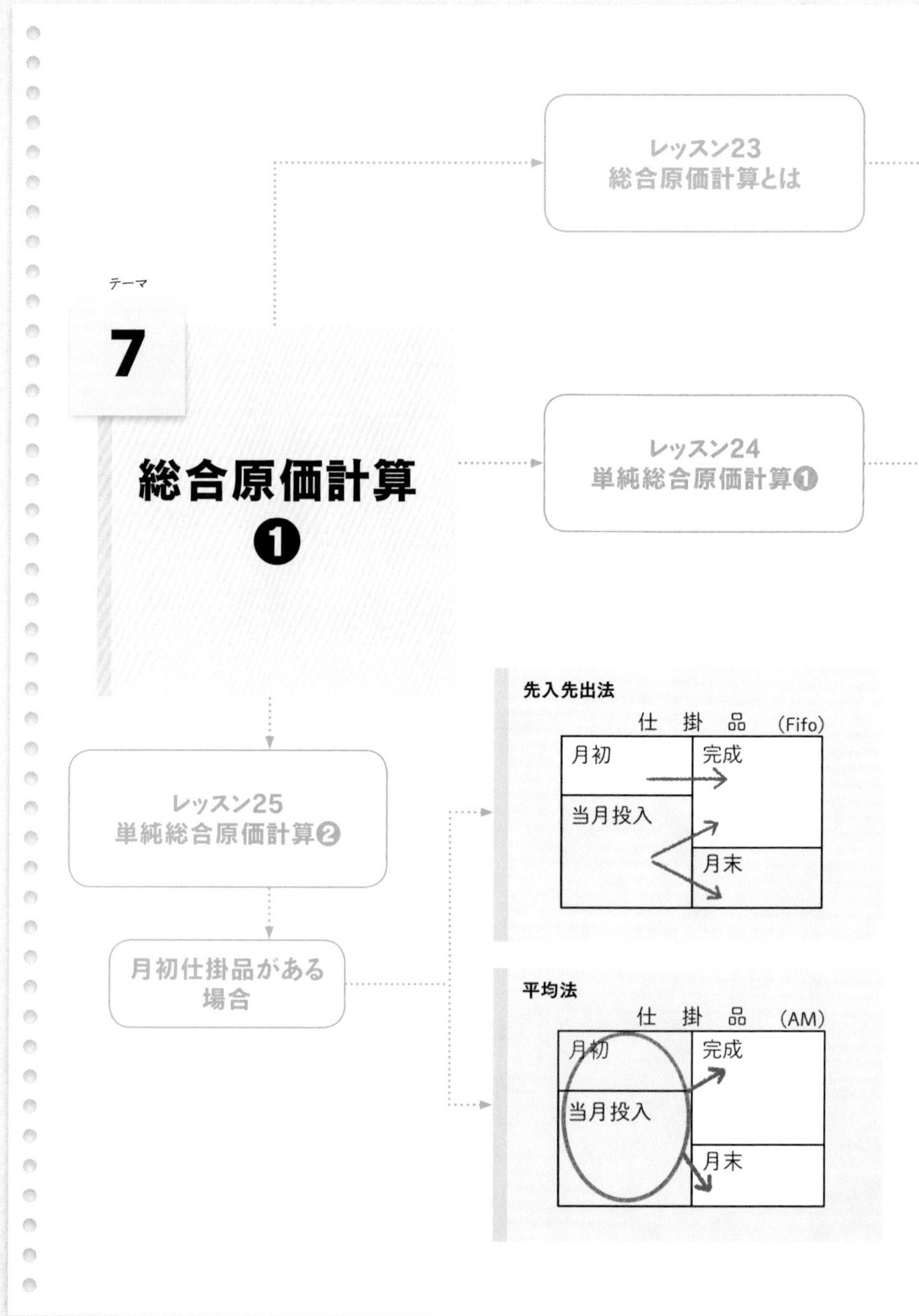

総合原価計算とは

総合原価計算の計算方法

総合原価計算の原価の分類

- 直接材料費
- 加工費

総合原価計算のボックス図

仕　掛　品

	借方	貸方	
0円 （　0円）	月初 0個 （0個）	完成 8個 （8個）	320円 （160円）
400円 （180円）	当月投入 10個 （9個）	月末 2個 （1個）	80円 （　20円）

総合原価計算表と仕掛品勘定

総合原価計算表

総合原価計算表　（単位：円）

	直接材料費	加工費	合計
月初仕掛品原価	0	0	0
当月製造費用	400	180	580
合計	400	180	580
月末仕掛品原価	80	20	100
完成品総合原価	320	160	480
完成品単位原価	－	－	@60

仕掛品勘定

仕　掛　品

前月繰越	0	製品	480
直接材料費	400	次月繰越	100
加工費	180		
	580		580

総合原価計算は
得点源になるから、
問題をしっかり解いておこう！

STAGE 4 ―ステージ4…総合原価計算―テーマ7…総合原価計算❶―

STAGE 4

テーマ 7 8 9

テーマ

8 総合原価計算❷ で学ぶ内容

第1工程
第2工程
型紙どおりに
切って…
縫い合わせて
綿入れて…
なんやかんやして…
完成!

Lesson

26 工程別総合原価計算

F社では作業工程を2段階に分けて
製品を製造している……。
この場合の原価計算は?

ちょこーん
ど〜ん
S
L

Lesson

27 等級別総合原価計算

SサイズとLサイズ、
大きさが単純に違うだけなんだけど……。
この場合の原価計算は?

こんな内容を
学習します

ボックス図の書き方に注目！

同じ工程で作っているんだ！
F社

Lesson
28 組別総合原価計算

同じ製造ラインで「たこじろう」と「いか美ちゃん」を作っている……。この場合の原価計算は？

Lesson

複数の作業工程がある場合は……？

26 工程別総合原価計算

F社では、作業工程を2段階に分けて
ぬいぐるみを大量生産している。

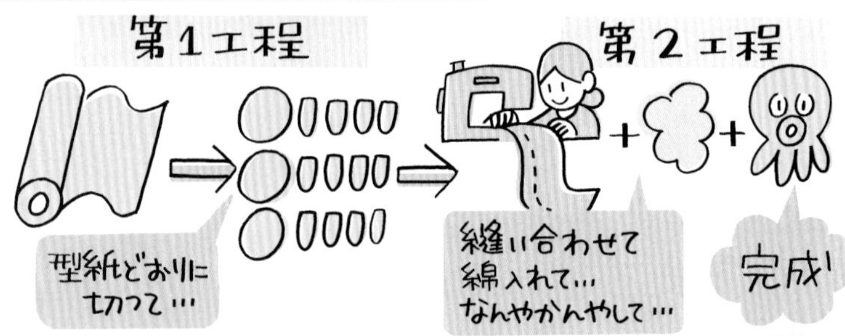
第1工程
第2工程
型紙どおりに切って…
縫い合わせて
綿入れて…
なんやかんやして…
完成！

この場合の
原価計算方法を
見ていきます

1 工程別総合原価計算とは

作業工程が
複数ある！

たとえば、ぬいぐるみを作る場合、型紙どおりに布を切る作業、切った布を縫い合わせる作業、綿を入れる作業、仕上げをする作業など、いくつかの工程に分けて作業を行います。

このような複数の作業工程がある場合の原価計算方法を**工程別総合原価計算**（こうていべつそうごうげんかけいさん）といいます。

2 工程別総合原価計算の計算方法

第1→第2へ！

ぬいぐるみ工場の工程が、型紙に沿って布を切り分ける工程（第1工程）と、切った布を縫い合わせて綿を入れて仕上げる工程（第2工程）に分かれている場合、第1工程の始点で布（直接材料）が投入され、その布を型紙どおりに切ったところで第1工程完了品ができます。

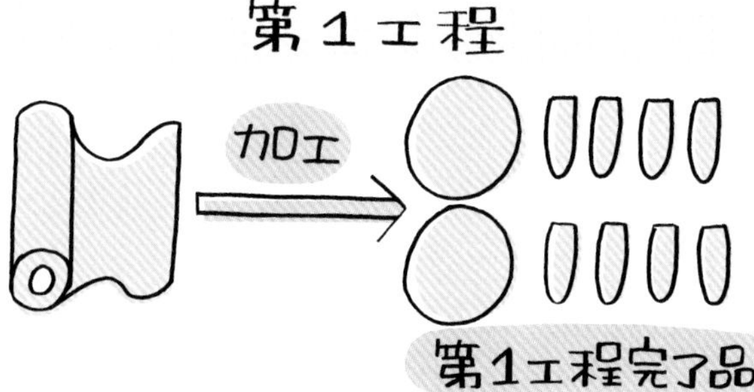

そして、この第1工程完了品をもとに第2工程で加工をして、完成品を作っていきます。

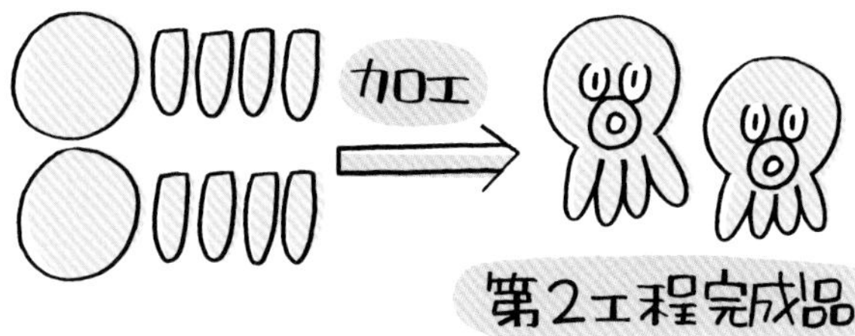

つまり、第1工程完了品は第2工程においては直接材料として扱われることになります。

そのため、第1工程ではふつうの単純総合原価計算で完成品の原価(第1工程完了品原価)を計算し、これを第2工程では直接材料費と同様に計算していきます。

なお、第2工程では、第1工程完了品原価のことを**前工程費**(ぜんこうていひ)といいます。

●工程別総合原価計算

第1工程…ふつうの単純総合原価計算
第2工程…第1工程完了品を第2工程の始点投入の
　　　　直接材料として計算→前工程費
　　　　加工費はふつうに計算

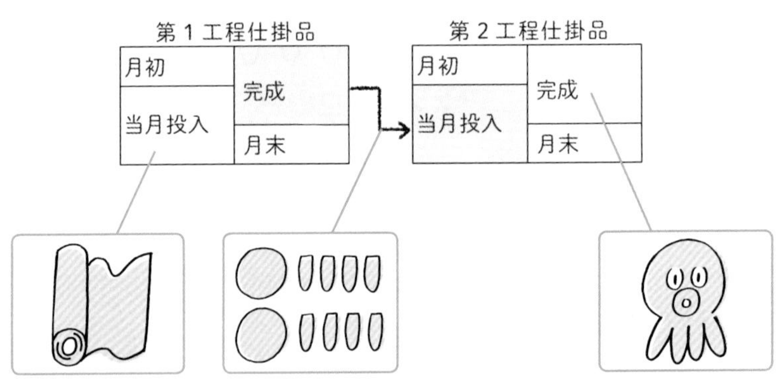

例 26-1 次の資料にもとづいて、平均法によって、第1工程と第2工程の月末仕掛品原価、完成品総合原価、完成品単位原価を計算しなさい。

［資料］

［生産データ］

	第1工程		第2工程	
月初仕掛品	10個	(40%)	20個	(60%)
当月投入	50		40	
合計	60個		60個	
月末仕掛品	20	(50%)	10	(50%)
完成品	40個		50個	

［原価データ］

	第1工程	第2工程
月初仕掛品原価		
直接材料費(前工程費)	110円	380円
加工費	132円	259円
当月製造費用		
直接材料費(前工程費)	250円	?円
加工費	368円	731円

(注) 1. 材料はすべて第1工程の始点で投入している。
2. (　　)内の数値は加工進捗度を示す。

ボックス図を作って計算していきましょう!

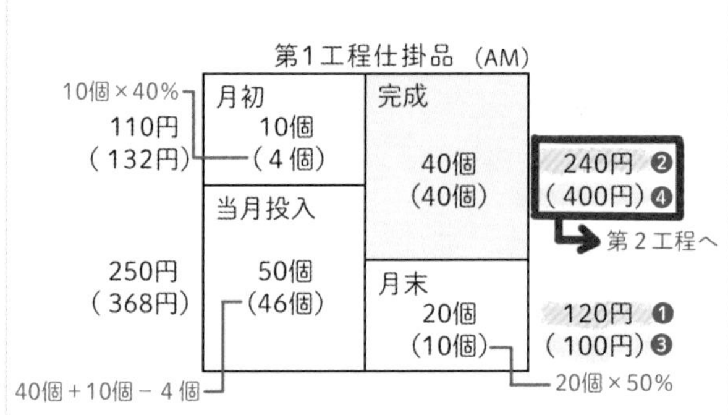

例 26-1 第1工程

直接材料費

$$平均単価:\frac{110円+250円}{40個+20個}=@6円$$

❶月末仕掛品：@6円×20個＝120円
❷完　成　品：@6円×40個＝240円

加　工　費

$$平均単価:\frac{132円+368円}{40個+10個}=@10円$$

❸月末仕掛品：@10円×10個＝100円
❹完　成　品：@10円×40個＝400円

第1工程

月末仕掛品原価	120円＋100円＝220円
完成品総合原価	240円＋400円＝640円
完成品単位原価	640円÷40個＝@16円

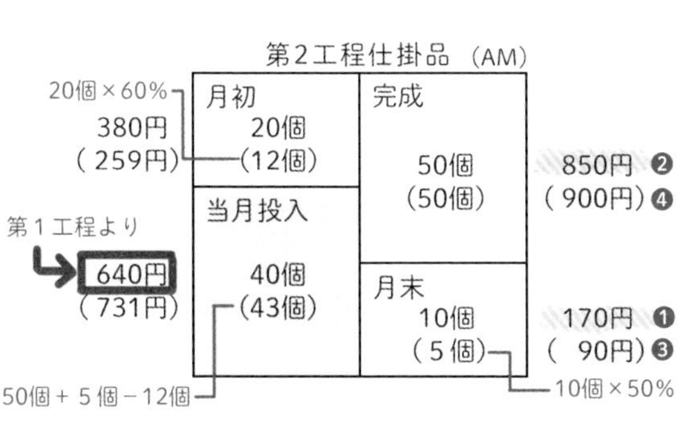

つづいて第2工程!

例 26-1 第2工程

前工程費

平均単価：$\dfrac{380円+640円}{50個+10個}$＝@17円

❶月末仕掛品：@17円×10個＝170円

❷完　成　品：@17円×50個＝850円

加工費

平均単価：$\dfrac{259円+731円}{50個+5個}$＝@18円

❸月末仕掛品：@18円×5個＝90円

❹完　成　品：@18円×50個＝900円

第2工程

月末仕掛品原価：170円＋90円＝260円
完成品総合原価：850円＋900円＝1,750円
完成品単位原価：1,750円÷50個＝@35円

第2工程の答えです!

Lesson

Sサイズとしサイズ、シングルとダブルの原価は?

27 等級別総合原価計算

F社では、Sサイズのぬいぐるみと Lサイズのぬいぐるみを製造している。

この場合の原価計算方法を見ていきます

1 等級別総合原価計算とは

同じ製品だけど サイズや品質などが異なる

たとえば、アイスクリームのシングルサイズとダブルサイズ、洋服のMサイズとLサイズのように、同一工程で、サイズや品質等の**等級**が異なる同一製品を大量生産する場合に用いられる原価計算方法を**等級別総合原価計算**といいます。

語句

等級（とうきゅう）
サイズや品質の違い

2 等級別総合原価計算の計算方法

まとめて計算して あとで分ける!

等級別総合原価計算では、各等級製品の完成品の原価をまとめて計算し、あとでサイズや品質の違いに応じて各等級製品に原価を配分します。

このときの各製品の原価負担割合を**等価係数**とい

い、完成品の数量に等価係数を掛けた値を**積数**(せきすう)といいます。

積数＝各製品の完成品数量×等価係数

まとめ

●等級別総合原価計算

ふつうの単純総合原価計算をしたあと、
完成品の原価を**積数**（**等価係数**×完成品の数量）で分ける

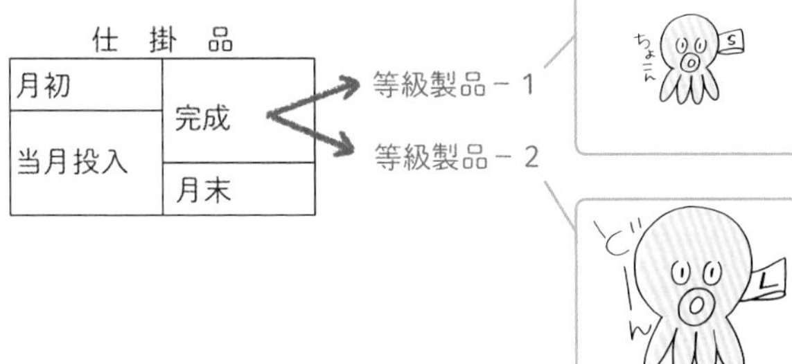

では
やってみましょう

例 27-1 **次の資料にもとづいて、先入先出法によって、各等級製品（S製品とL製品）の完成品総合原価と完成品単位原価を計算しなさい。**

［資料］

［生産データ］

月初仕掛品	10個	（40％）
当月投入	50	
合　計	60個	
月末仕掛品	20	（50％）
完成品	40個	

［原価データ］

月初仕掛品原価	
直接材料費	150円
加工費	132円
当月製造費用	
直接材料費	250円
加工費	368円

（注）1. 材料はすべて工程の始点で投入している。
2. （　　）内の数値は加工進捗度を示す。
3. 完成品の40個のうち、S製品は20個、L製品は20個であり、等価係数はS製品1：L製品2である。

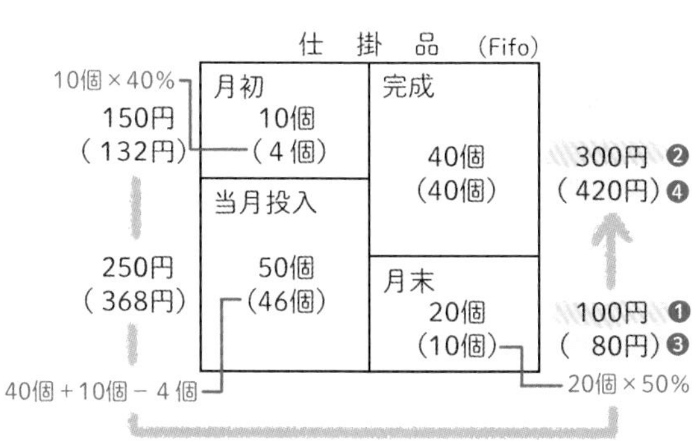

例 27-1 つづき

直接材料費

❶月末仕掛品：$\frac{250円}{50個}$×20個＝100円

❷完　成　品：150円＋250円－100円＝300円

加　工　費

❸月末仕掛品：$\frac{368円}{46個}$×10個＝80円

❹完　成　品：132円＋368円－80円＝420円

月末仕掛品原価：100円＋80円＝180円
完成品総合原価：300円＋420円＝720円

仕　掛　品　(Fifo)

150円 (132円)	月初 10個 (4個)	完成 40個 (40個)	300円 (420円) 720円
250円 (368円)	当月投入 50個 (46個)	月末 20個 (10個)	100円 (80円)

	数量	等価係数	積数	原価
Ⓢ	20個	1	❶ 20	❸240円
Ⓛ	20個	2	❷ 40	❹480円

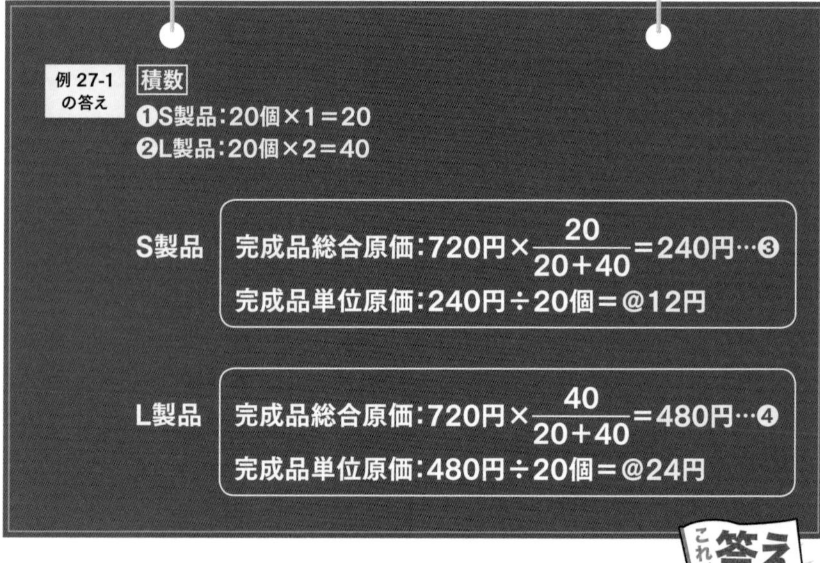

例 27-1 の答え
積数
❶S製品：20個×1＝20
❷L製品：20個×2＝40
S製品
完成品総合原価：720円×20/(20＋40)＝240円…❸
完成品単位原価：240円÷20個＝@12円
L製品
完成品総合原価：720円×40/(20＋40)＝480円…❹
完成品単位原価：480円÷20個＝@24円

28 組別総合原価計算

F社では、同じ工程で「たこじろう」と「いか美ちゃん」を製造している。

同じ工程で作っているんだ!
F社

この場合の原価計算方法を見ていきます

1 組別総合原価計算とは

こんどは「製品」が違う!

「たこじろう(タコのぬいぐるみ)」と「いか美ちゃん(イカのぬいぐるみ)」のように、異種製品を同一工程で大量生産する場合に用いられる原価計算方法を**組別総合原価計算**(くみべつそうごうげんかけいさん)といいます。

語句
組(くみ)
製品の種類のこと

2 組別総合原価計算の計算方法

分けられるものは分けて!

組別総合原価計算では、原価を各組製品に個別で発生するもの(**組直接費**(くみちょくせつひ))と、各組製品に共通して発生するもの(**組間接費**(くみかんせつひ))に分けて計算します。

組直接費については、どの製品で使ったかが明らかなので、各組製品に賦課します。

「たこじろう」を作るために使った赤い布代や、「いか美ちゃん」を作るために使った紫の布代は組直接費ですね

一方、組間接費については、どの製品で使ったかが明らかではないので、一定の配賦基準にもとづいて各組製品に配賦します。

ミシンの減価償却費などは組間接費ですね

組直接費の賦課と組間接費の配賦が終わったら、あとは組製品ごとに、ふつうに単純総合原価計算を行います。

まとめ

●組別総合原価計算

・組直接費→各組製品に賦課
・組間接費→配賦基準によって各組製品に配賦

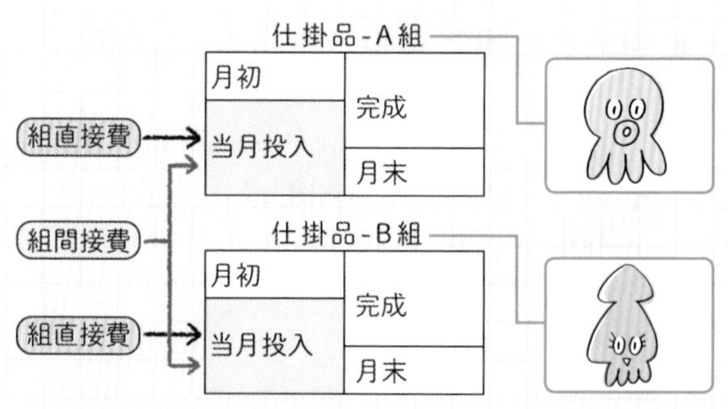

例 28-1 次の資料にもとづいて、平均法によって、各組製品の完成品総合原価と完成品単位原価を計算しなさい。

［ 資料 ］

［生産データ］

	A組製品		B組製品	
月初仕掛品	10個	（40%）	20個	（50%）
当月投入	50		40	
合　計	60個		60個	
月末仕掛品	20	（50%）	10	（50%）
完成品	40個		50個	

［原価データ］

	A組製品	B組製品
月初仕掛品原価		
直接材料費	110円	200円
加工費	50円	170円
当月製造費用		
直接材料費	250円	280円
加工費	?円	?円

（注）1. 材料はすべて第1工程の始点で投入している。
2. (　　)内の数値は加工進捗度を示す。
3. 加工費（当月発生額は1,000円）は組間接費で、直接作業時間（A組20時間、B組30時間）によって各組製品に配賦する。

例 28-1 つづき

加工費の配賦

$$A組：1,000円 \times \frac{20時間}{20時間+30時間} = 400円$$

$$B組：1,000円 \times \frac{30時間}{20時間+30時間} = 600円$$

まずは加工費を配賦しましょう

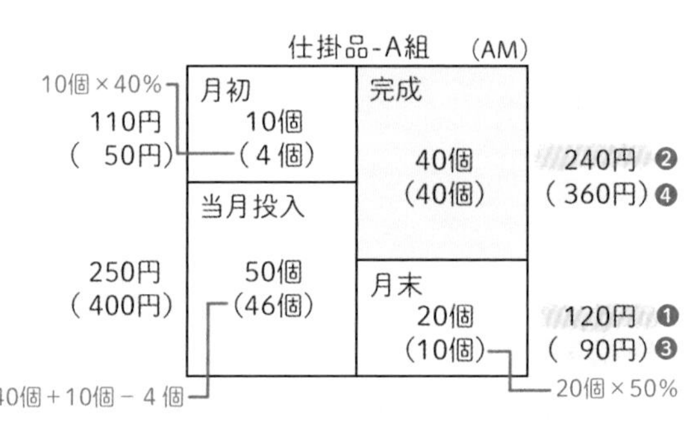

次はボックス図を書いて計算します。まずA組製品は…

例 28-1 の答え

A組製品

直接材料費　平均単価：$\frac{110円+250円}{40個+20個} = @6円$

❶月末仕掛品：@6円×20個＝120円

❷完　成　品：@6円×40個＝240円

加　工　費　平均単価：$\frac{50円+400円}{40個+10個} = @9円$

❸月末仕掛品：@9円×10個＝90円

❹完　成　品：@9円×40個＝360円

月末仕掛品原価：120円＋90円＝210円

完成品総合原価：240円＋360円＝600円

完成品単位原価：600円÷40個＝@15円

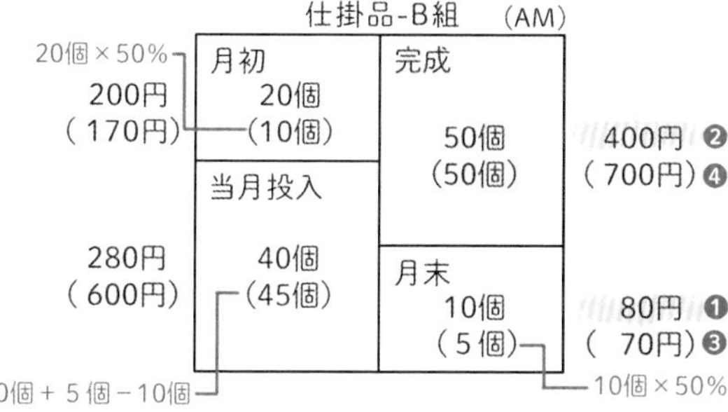

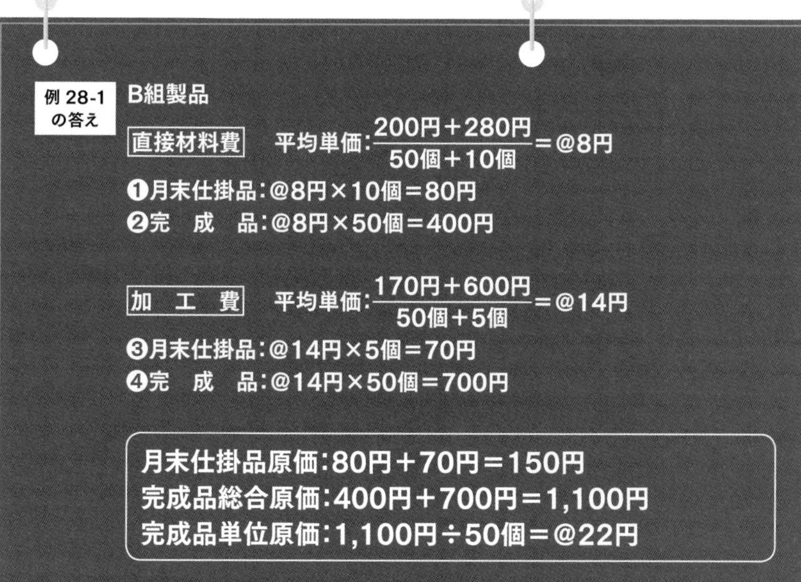

例 28-1 の答え　**B組製品**

直接材料費　平均単価: $\dfrac{200円+280円}{50個+10個}$ ＝@8円

❶月末仕掛品:@8円×10個＝80円

❷完　成　品:@8円×50個＝400円

加　工　費　平均単価: $\dfrac{170円+600円}{50個+5個}$ ＝@14円

❸月末仕掛品:@14円×5個＝70円

❹完　成　品:@14円×50個＝700円

月末仕掛品原価:80円＋70円＝150円
完成品総合原価:400円＋700円＝1,100円
完成品単位原価:1,100円÷50個＝@22円

テーマ8の全体像とまとめ

テーマ

8

総合原価計算❷

レッスン26
工程別総合原価計算

レッスン27
等級別総合原価計算

レッスン28
組別総合原価計算

ここも試験でよく出るから
しっかり問題を
解いておいて!

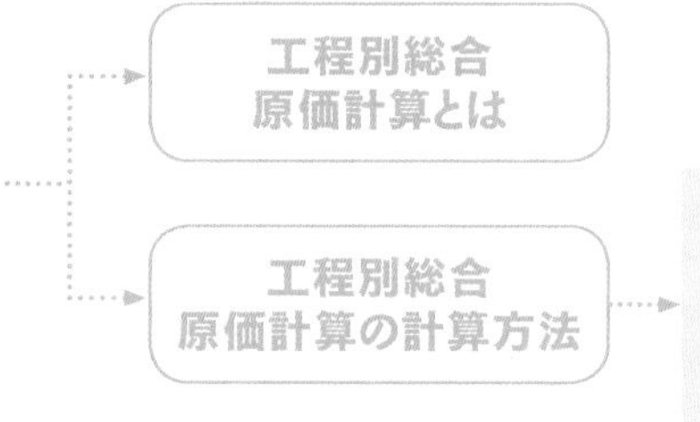
工程別総合
原価計算とは
工程別総合
原価計算の計算方法

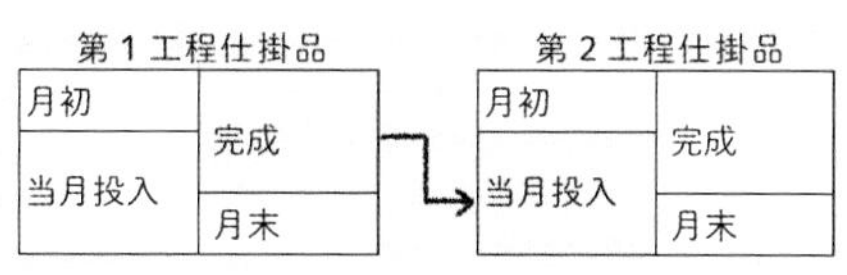
第1工程仕掛品
月初
完成
当月投入
月末
第2工程仕掛品
月初
完成
当月投入
月末

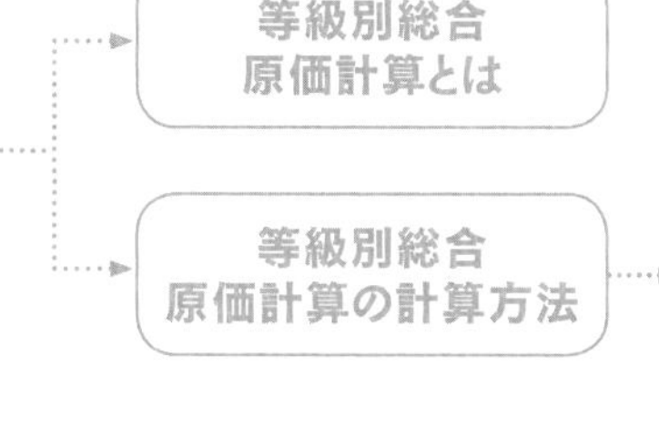
等級別総合
原価計算とは
等級別総合
原価計算の計算方法

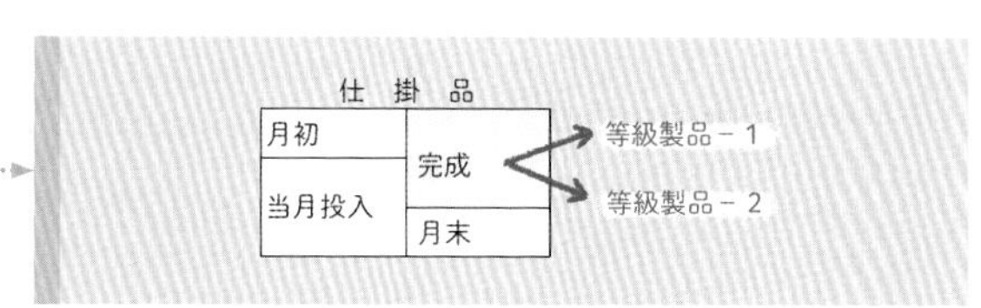
仕 掛 品
月初
完成
当月投入
月末
等級製品－1
等級製品－2

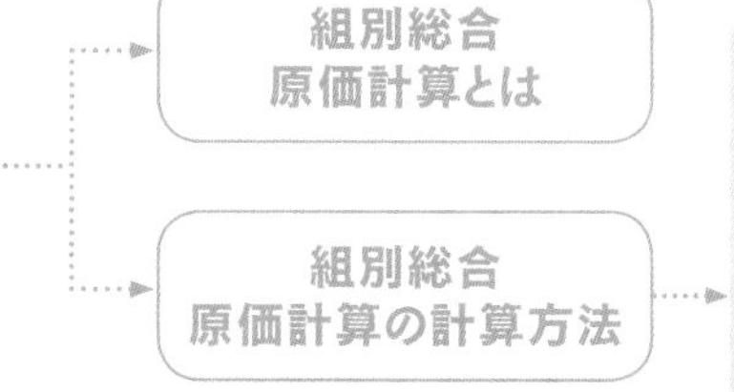
組別総合
原価計算とは
組別総合
原価計算の計算方法

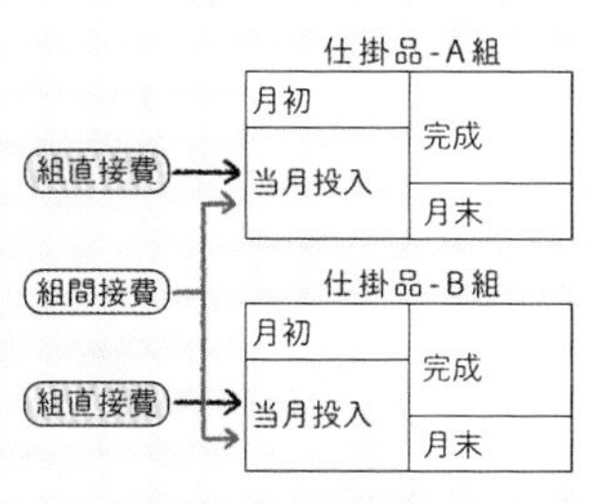
仕掛品-A組
月初
完成
当月投入
月末
組直接費
組間接費
組直接費
仕掛品-B組
月初
完成
当月投入
月末

STAGE 4

テーマ 7 8 9

テーマ

9 総合原価計算❸で学ぶ内容

Lesson

29 仕損・減損とは

製造過程で失敗品が生じた！
製造過程で材料の一部が
蒸発してなくなった！

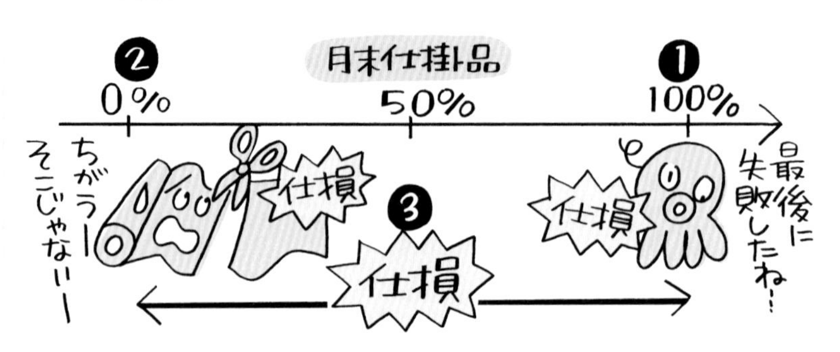

Lesson

30 仕損・減損の処理

失敗品が工程のどこで発生したか
によって計算の仕方が違う！

**失敗品(不合格品)が生じた場合や、
材料を追加投入する場合の処理を見ていこう!**

Lesson
31 仕損品に処分価額がある場合

失敗品だけど、材料費の価値くらいは残っているよ、という場合の処理は?

Lesson
32 材料の追加投入

最初にスポンジがあり、
途中でバナナを入れて、
最後にイチゴをのせる
……それぞれの材料費の計算は?

Lesson

失敗品が生じた！　材料の一部がなくなった！

29 仕損・減損とは

① 製品の製造過程で失敗品が生じた。

② 製品の製造過程で液体原料の一部が蒸発した。

この場合、どうしたらいいのでしょうね？

1 仕損・減損とは

失敗品や蒸発してなくなってしまうこと

仕損(しそん)とは、製品の製造過程で失敗品が発生することをいいます。

また、**減損**(げんそん)とは、材料の一部が飛び散ったり、蒸発してなくなってしまうことをいいます。

製品の製造過程で、通常生じると予想される範囲の仕損または減損を**正常仕損**または**正常減損**といいます。

通常生じると予想される範囲を超えた仕損または減損を異常仕損または異常減損といいますが、

異常仕損、異常減損は2級の試験範囲ではありません

まとめ

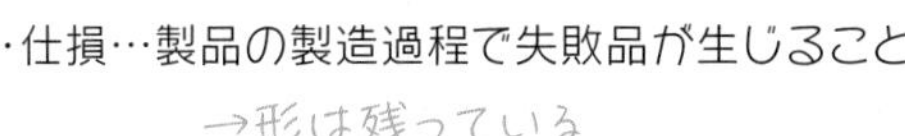

・仕損…製品の製造過程で失敗品が生じること
→形は残っている

・減損…製品の製造過程で原料の一部が蒸発等してなくなってしまうこと
→形は残っていない

仕損くん

減損くん

2　仕損・減損の処理

発生点で決まるよ

仕損や減損が生じたときは、その原価(正常仕損費、正常減損費)を良品(完成品や仕掛品)に負担させます。

「負担させる」とは、良品の原価に加算するということです

負担のさせ方には、**完成品のみ負担**(完成品だけに負担させること)と、**両者負担**(完成品と月末仕掛品の両方に負担させること)があります。

完成品のみ負担か両者負担かは、仕損や減損の発生点と月末仕掛品の加工進捗度によって決まります。

語句

良品(りょうひん)
失敗が生じていないもの。完成品と仕掛品のこと

仕損も減損も処理は同じなので

ここからは仕損を前提に説明していきますね!

Lesson 30

仕損の発生点に注目！

仕損・減損の処理

月末仕掛品の加工進捗度は50%である。

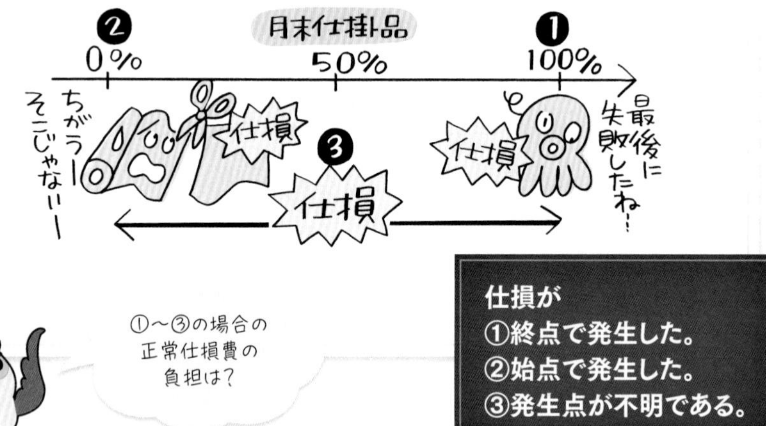

仕損が
①終点で発生した。
②始点で発生した。
③発生点が不明である。

1 月末仕掛品の加工進捗度よりも後の場合 「完成品のみ」負担

月末仕掛品の加工進捗度が50%で、仕損(減損)の発生点が終点(加工進捗度100%)である場合など、仕損(減損)の発生点が月末仕掛品の加工進捗度よりも後の場合、正常仕損費(正常減損費)は完成品の原価に加算します(完成品のみ負担)。

月末仕掛品は仕損の発生点を通過していないから、月末仕掛品からは仕損は生じていないよね〜

だから月末仕掛品は正常仕損費を負担しなくていいよね〜と考えます

完成品のみ負担の場合は、仕損品(減損量)を完成品とみなして計算します。

例 30-1 **次の資料にもとづいて、平均法によって、月末仕掛品原価、完成品総合原価、完成品単位原価を計算しなさい。**

[資料]

[生産データ]			[原価データ]	
月初仕掛品	10個	(50%)	月初仕掛品原価	
当月投入	55		直接材料費	120円
合　計	65個		加工費	180円
正常仕損	5		当月製造費用	
月末仕掛品	20	(50%)	直接材料費	660円
完成品	40個		加工費	810円

(注) 1. 材料はすべて工程の始点で投入している。
2. (　　)内の数値は加工進捗度を示す。
3. 正常仕損は工程の終点で発生している(処分価額は0円)。

完成品のみ負担の場合、ボックス図では完成品と仕損品を太線でくくっておきましょう。

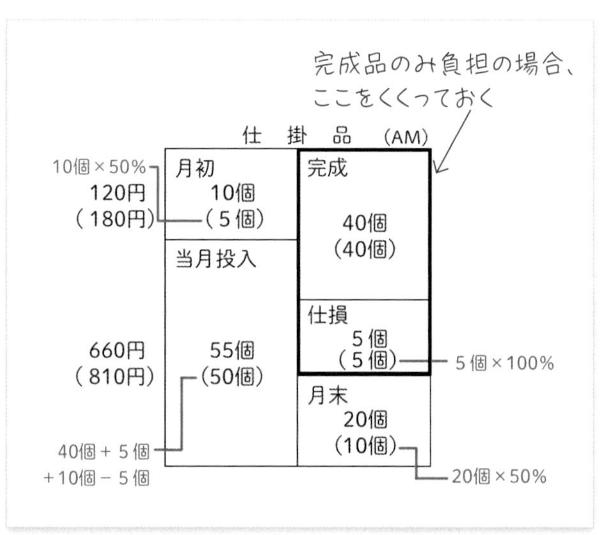

次に、ボックス図を使ってふつうの単純総合原価計算をします。

ただし、完成品総合原価を計算するときの数量は仕損品の数量も含めた45個(40個＋5個)を用います。

なお、完成品単位原価を計算するときは、本来の完成品の数量(40個)で割ることに注意してください。

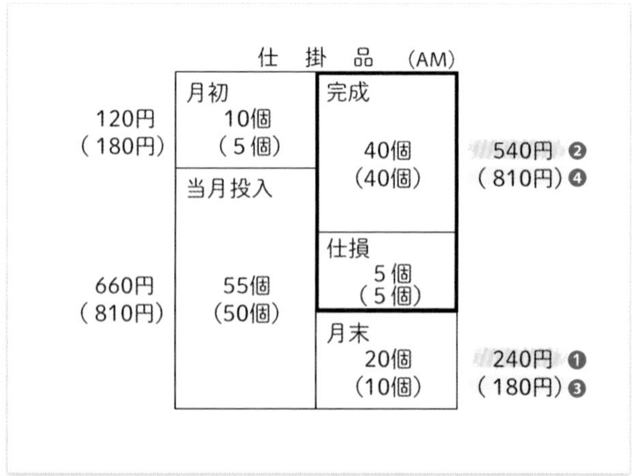

例 30-1 の答え
直接材料費　平均単価：120円＋660円 / 40個＋5個＋20個＝@12円
❶月末仕掛品：@12円×20個＝240円
❷完　成　品：@12円×（40個＋5個）＝540円
加　工　費　平均単価：180円＋810円 / 40個＋5個＋10個＝@18円
❸月末仕掛品：@18円×10個＝180円
❹完　成　品：@18円×（40個＋5個）＝810円
月末仕掛品原価：240円＋180円＝420円
完成品総合原価：540円＋810円＝1,350円
完成品単位原価：1,350円÷40個＝@33.75円
これが答え

2　月末仕掛品の加工進捗度よりも前の場合　「両者」負担

月末仕掛品の加工進捗度が50％で、仕損(減損)の発生点が始点(加工進捗度0％)である場合など、仕損(減損)の発生点が月末仕掛品の加工進捗度よりも前の場合、正常仕損費(正常減損費)は完成品と月末仕掛品の両方の原価に加算します(両者負担)。

月末仕掛品は仕損の発生点を通過しているから、月末仕掛品からも仕損は生じているよね～

だから月末仕掛品も正常仕損費を負担するんだね～と考えます

具体例を使って
説明します

例 30-2 次の資料にもとづいて、平均法によって、月末仕掛品原価、完成品総合原価、完成品単位原価を計算しなさい。

［資料］

［生産データ］			［原価データ］	
月初仕掛品	10個	（50%）	月初仕掛品原価	
当月投入	55		直接材料費	120円
合　計	65個		加　工　費	180円
正常仕損	5		当月製造費用	
月末仕掛品	20	（50%）	直接材料費	660円
完成品	40個		加　工　費	810円

（注）1. 材料はすべて工程の始点で投入している。
2.（　　）内の数値は加工進捗度を示す。
3. 正常仕損は工程の始点で発生している（処分価額は0円）。

ボックス図を書くときは、仕損のデータに×をつけて、そもそも仕損が発生しなかったかのようにして計算します。

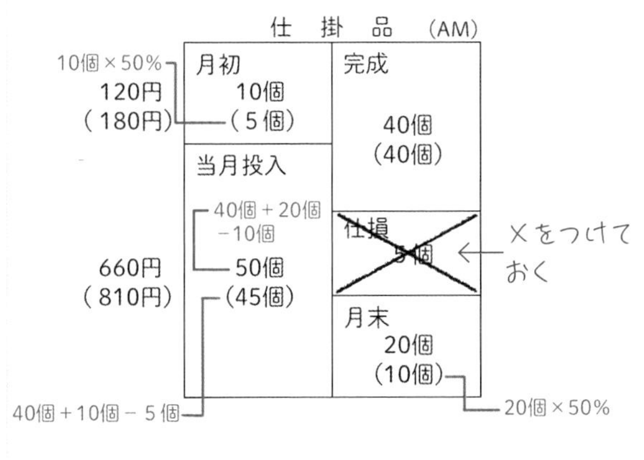

平均法の場合、
当月投入分の数量は
使わないので

当月投入分の
数量データの修正は
しなくてもかまいません

次に、ボックス図を使ってふつうの単純総合原価計算をします。

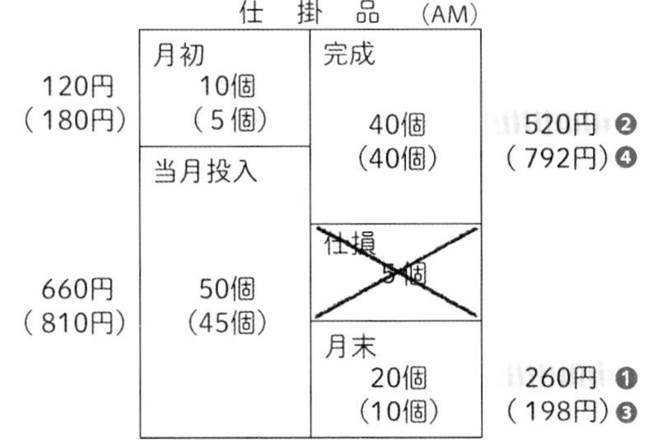

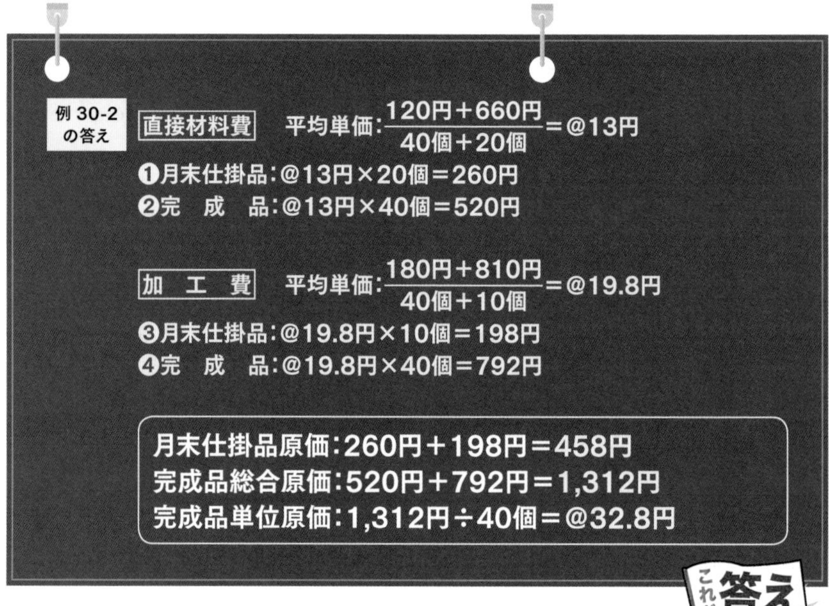
例 30-2の答え
直接材料費　平均単価：(120円＋660円)/(40個＋20個)＝@13円
❶月末仕掛品：@13円×20個＝260円
❷完　成　品：@13円×40個＝520円
加　工　費　平均単価：(180円＋810円)/(40個＋10個)＝@19.8円
❸月末仕掛品：@19.8円×10個＝198円
❹完　成　品：@19.8円×40個＝792円
月末仕掛品原価：260円＋198円＝458円
完成品総合原価：520円＋792円＝1,312円
完成品単位原価：1,312円÷40個＝@32.8円
これが答え

3　仕損の発生点が不明な場合

「両者」負担

試験では、仕損(減損)の発生点が不明である場合が出題されることがあります。

仕損(減損)の発生点が不明の場合、正常仕損費(正常減損費)は両者負担で処理します。

まとめ

●仕損・減損の処理

① 仕損・減損の発生点が月末仕掛品よりも後の場合
→完成品のみ負担

② 仕損・減損の発生点が月末仕掛品よりも前の場合
→両者負担

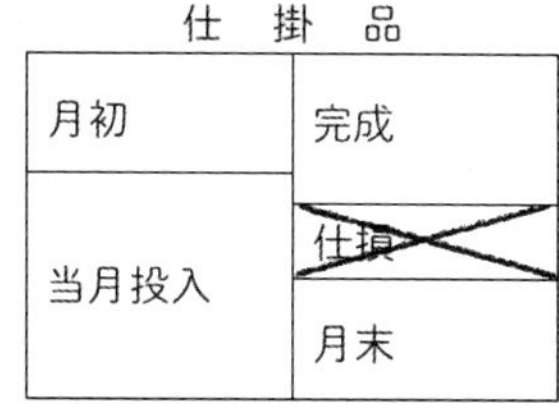

③ 仕損・減損の発生点が不明な場合
→両者負担

4 先入先出法の場合

当月投入分から
仕損品の数量を差し引く!

先入先出法の場合、正常仕損(正常減損)は当月投入分から発生したものとして計算します。

まずは
「完成品のみ負担」
の場合から…

例 30-3 **次の資料にもとづいて、先入先出法によって、月末仕掛品原価、完成品総合原価、完成品単位原価を計算しなさい。**

［資料］

［生産データ］			［原価データ］	
月初仕掛品	10個	(50%)	月初仕掛品原価	
当月投入	55		直接材料費	120円
合　計	65個		加　工　費	180円
正常仕損	5		当月製造費用	
月末仕掛品	20	(50%)	直接材料費	660円
完成品	40個		加　工　費	810円

（注） 1. 材料はすべて工程の始点で投入している。
2. (　　)内の数値は加工進捗度を示す。
3. 正常仕損は工程の終点で発生している(処分価額は0円)。

ボックス図を
書いて計算
します

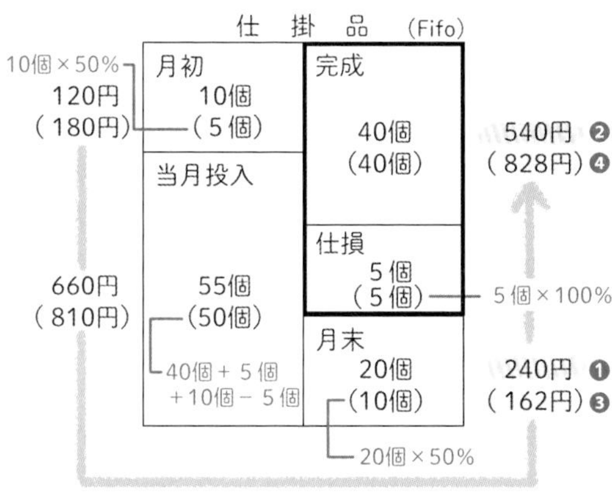

先入先出法では、当月投入分の数量を使うので

当月投入分の数量データを修正します！

例 30-3 の答え

直接材料費

❶月末仕掛品：$\frac{660円}{55個}$×20個＝240円

❷完　成　品：120円＋660円－240円＝540円

加　工　費

❸月末仕掛品：$\frac{810円}{50個}$×10個＝162円

❹完　成　品：180円＋810円－162円＝828円

月末仕掛品原価：240円＋162円＝402円
完成品総合原価：540円＋828円＝1,368円
完成品単位原価：1,368円÷40個＝@34.2円

これが答え

例 30-4 次の資料にもとづいて、先入先出法によって、月末仕掛品原価、完成品総合原価、完成品単位原価を計算しなさい。

［資料］

[生産データ]			[原価データ]	
月初仕掛品	10個	(50%)	月初仕掛品原価	
当月投入	55		直接材料費	120円
合　計	65個		加　工　費	180円
正常仕損	5		当月製造費用	
月末仕掛品	20	(50%)	直接材料費	660円
完成品	40個		加　工　費	810円

(注)　1. 材料はすべて工程の始点で投入している。
　　　2. (　　)内の数値は加工進捗度を示す。
　　　3. 正常仕損は工程の始点で発生している(処分価額は0円)。

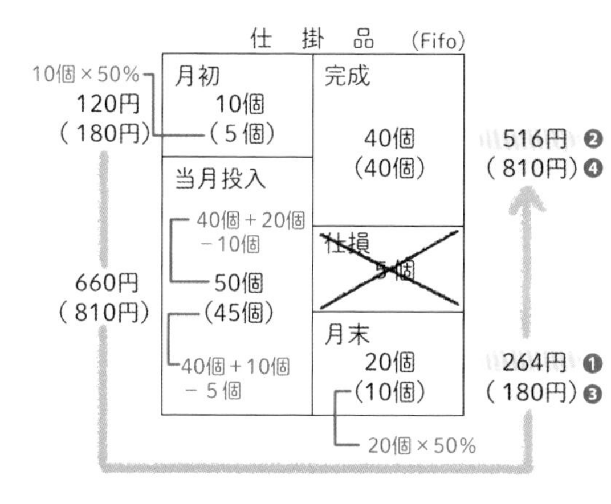

例 30-4 の答え

直接材料費

❶月末仕掛品：$\dfrac{660円}{50個}$×20個＝264円

❷完　成　品：120円＋660円－264円＝516円

加　工　費

❸月末仕掛品：$\dfrac{810円}{45個}$×10個＝180円

❹完　成　品：180円＋810円－180円＝810円

月末仕掛品原価：264円＋180円＝444円
完成品総合原価：516円＋810円＝1,326円
完成品単位原価：1,326円÷40個＝@33.15円

Lesson

失敗品だけど、いくらか価値があるよ、という場合

31 仕損品に処分価額がある場合

仕損が終点で発生したが、この仕損品は30円で売却することができる。

1 仕損品に処分価額がある場合

正常仕損費から差し引く!

仕損が発生したものの、その仕損品にいくらかの売却価値(**処分価値**)が残っている場合は、仕損品の原価から処分価額を差し引いた金額を正常仕損費として、完成品と月末仕掛品の原価を計算します。

2 完成品のみ負担の場合

最後に処分価額を差し引く!

正常仕損費を完成品のみが負担する場合は、完成品の原価から仕損品の処分価額を差し引きます。

例 31-1 次の資料にもとづいて、平均法によって、月末仕掛品原価、完成品総合原価、完成品単位原価を計算しなさい。

［ 資料 ］

［生産データ］

月初仕掛品	10個	(50%)
当月投入	55	
合計	65個	
正常仕損	5	
月末仕掛品	20	(50%)
完成品	40個	

［原価データ］

月初仕掛品原価	
直接材料費	120円
加工費	180円
当月製造費用	
直接材料費	660円
加工費	810円

(注) 1. 材料はすべて工程の始点で投入している。
2. (　　)内の数値は加工進捗度を示す。
3. 正常仕損は工程の終点で発生しており、正常仕損費は完成品のみに負担させる。なお、仕損品の処分価額は30円である。

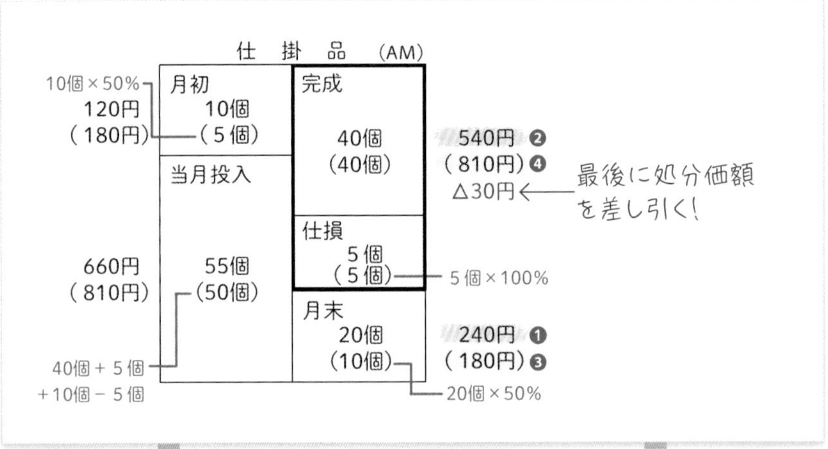

例 31-1 の答え

直接材料費　平均単価：$\dfrac{120円+660円}{40個+5個+20個}$＝@12円

❶月末仕掛品：@12円×20個＝240円
❷完　成　品：@12円×(40個＋5個)＝540円

加　工　費　平均単価：$\dfrac{180円+810円}{40個+5個+10個}$＝@18円

❸月末仕掛品：@18円×10個＝180円
❹完　成　品：@18円×(40個＋5個)＝810円

月末仕掛品原価：240円＋180円＝420円
完成品総合原価：540円＋810円－30円＝1,320円
完成品単位原価：1,320円÷40個＝@33円

これが答え

3　両者負担の場合

はじめに処分価額を差し引く!

正常仕損費を完成品と月末仕掛品の両方が負担する場合は、当月投入分の直接材料費から仕損品の評価額を差し引いて計算します。

例 31-2 **次の資料にもとづいて、平均法によって、月末仕掛品原価、完成品総合原価、完成品単位原価を計算しなさい。**

［資料］

［生産データ］			［原価データ］	
月初仕掛品	10個	（50%）	月初仕掛品原価	
当月投入	55		直接材料費	120円
合　計	65個		加　工　費	180円
正常仕損	5		当月製造費用	
月末仕掛品	20	（50%）	直接材料費	660円
完成品	40個		加　工　費	810円

（注）1. 材料はすべて工程の始点で投入している。
2. (　　)内の数値は加工進捗度を示す。
3. 正常仕損費は完成品と月末仕掛品の両者に負担させる。なお、仕損品の処分価額は30円であり、当月投入の直接材料費から控除する。

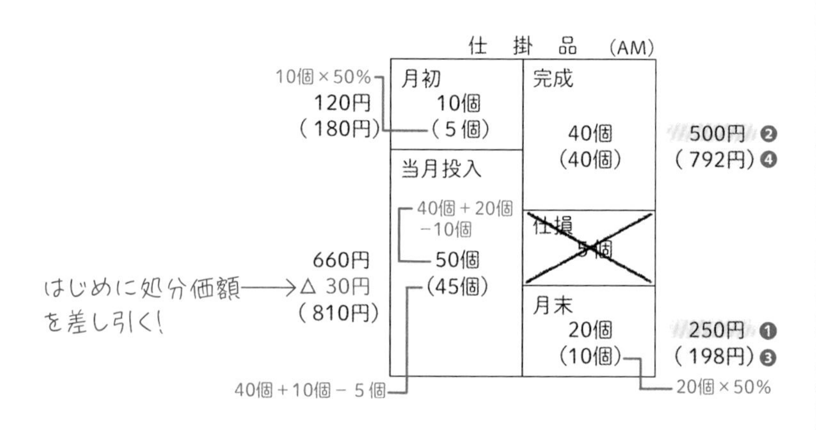

例 31-2 の答え

直接材料費　平均単価：$\frac{120円+660円-30円}{40個+20個}$＝@12.5円

❶月末仕掛品：@12.5円×20個＝250円
❷完　成　品：@12.5円×40個＝500円

加　工　費　平均単価：$\frac{180円+810円}{40個+10個}$＝@19.8円

❸月末仕掛品：@19.8円×10個＝198円
❹完　成　品：@19.8円×40個＝792円

月末仕掛品原価：250円＋198円＝448円
完成品総合原価：500円＋792円＝1,292円
完成品単位原価：1,292円÷40個＝@32.3円

これが答え

参考　先入先出法の場合

仕損品に処分価額がある場合で、先入先出法のときは、計算の仕方は平均法の場合（例31-1 や 例31-2 ）と同様ですが、当月投入分から仕損品が生じたとする点に注意しましょう。

例 31-3　**次の資料にもとづいて、先入先出法によって、月末仕掛品原価、完成品総合原価、完成品単位原価を計算しなさい。**

［資料］

［生産データ］			［原価データ］	
月初仕掛品	10個	（50%）	月初仕掛品原価	
当月投入	55		直接材料費	120円
合　　計	65個		加　工　費	180円
正常仕損	5		当月製造費用	
月末仕掛品	20	（50%）	直接材料費	660円
完成品	40個		加　工　費	810円

（注）1. 材料はすべて工程の始点で投入している。
2.（　　）内の数値は加工進捗度を示す。
3. 正常仕損費は完成品と月末仕掛品の両者に負担させる。なお、仕損品の処分価額は30円であり、当月投入の直接材料費から控除する。

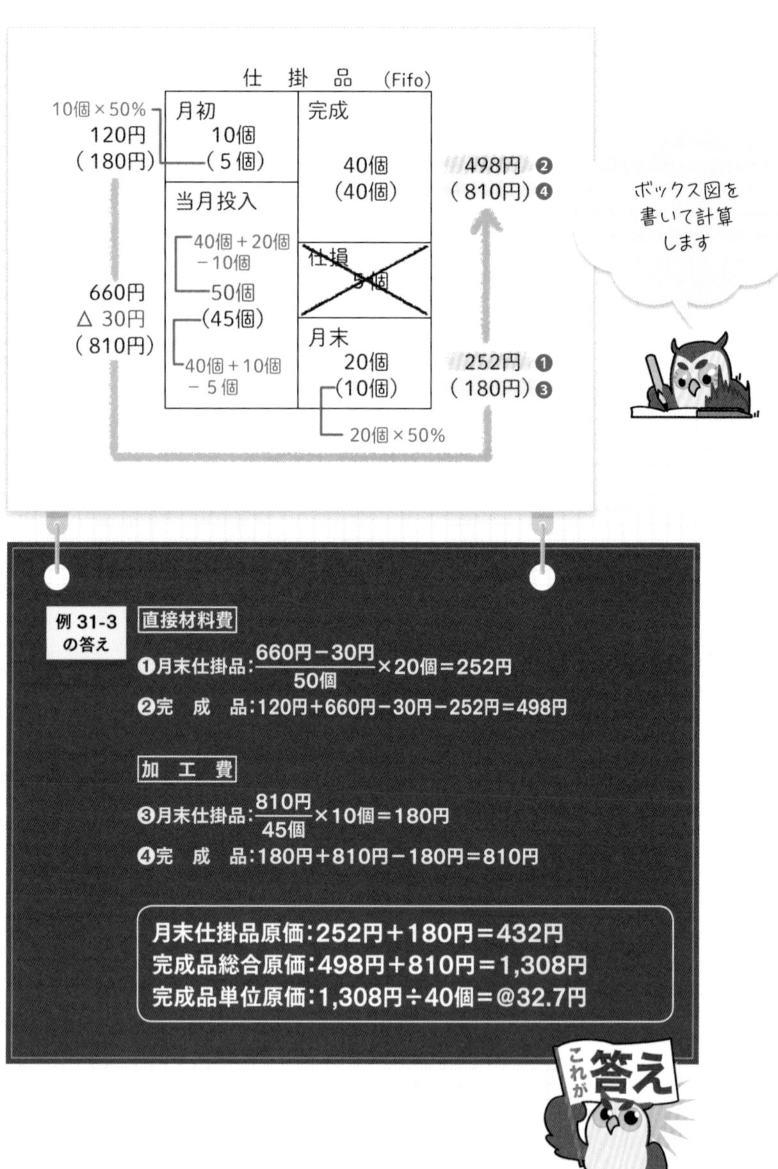

仕　掛　品　(Fifo)
10個×50%
120円
(180円)
月初
10個
(5個)
完成
40個
(40個)
当月投入
40個＋20個
−10個
50個
(45個)
40個＋10個
−5個
仕損
5個
月末
20個
(10個)
20個×50%
660円
△30円
(810円)
498円 ❷
(810円) ❹
252円 ❶
(180円) ❸
ボックス図を
書いて計算
します
例 31-3
の答え
直接材料費
❶月末仕掛品：$\frac{660円-30円}{50個}$×20個＝252円
❷完　成　品：120円＋660円−30円−252円＝498円
加　工　費
❸月末仕掛品：$\frac{810円}{45個}$×10個＝180円
❹完　成　品：180円＋810円−180円＝810円
月末仕掛品原価：252円＋180円＝432円
完成品総合原価：498円＋810円＝1,308円
完成品単位原価：1,308円÷40個＝@32.7円
これが答え

Lesson 32

途中で材料を追加していったら？

材料の追加投入

C社はケーキの製造・販売をしている。

工程の①始点でスポンジを、
②途中でバナナを、
③終点でイチゴを投入する。

この場合の
材料費の計算を
見ていきます

1 材料の追加投入

製造途中で材料を追加した場合の計算

これまでは、材料は必ず工程の始点で投入していましたが、工程の途中や終点で投入することもあります。

追加投入の材料がある場合、追加した時点が月末仕掛品の加工進捗度よりも前か後かで計算が異なります。

2 月末仕掛品の加工進捗度よりも後の場合

全額
完成品の原価！

たとえば、ケーキを作るときのスポンジは工程の始点で投入し、工程の終点でイチゴをのせる(投入する)という場合、イチゴは完成品にはのっていますが、月末仕掛品にはまだのっていません。

そのため、材料の追加時点(加工進捗度100%)が月末仕掛品の加工進捗度(たとえば加工進捗度50%)よりも後の場合は、追加した材料費(イチゴ代)はすべて完成品の原価として計算します。

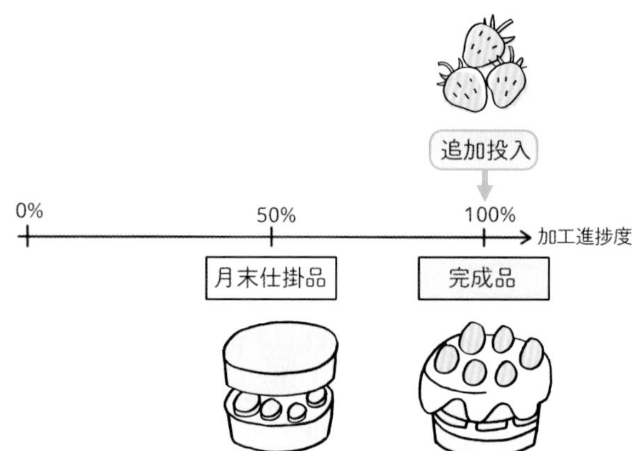

ちょっと
やってみましょう

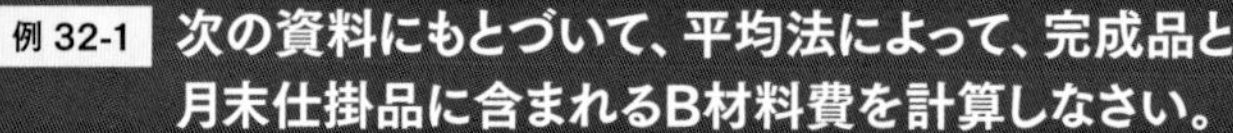

例 32-1 **次の資料にもとづいて、平均法によって、完成品と月末仕掛品に含まれるB材料費を計算しなさい。**

［資料］

［生産データ］			［原価データ］	
月初仕掛品	10個	(40%)	月初仕掛品原価	
当月投入	50		B材料費	0円
合計	60個		当月製造費用	
月末仕掛品	20	(50%)	B材料費	80円
完成品	40個			

(注) 1. B材料は工程の終点で投入している。
2. (　　)内の数値は加工進捗度を示す。

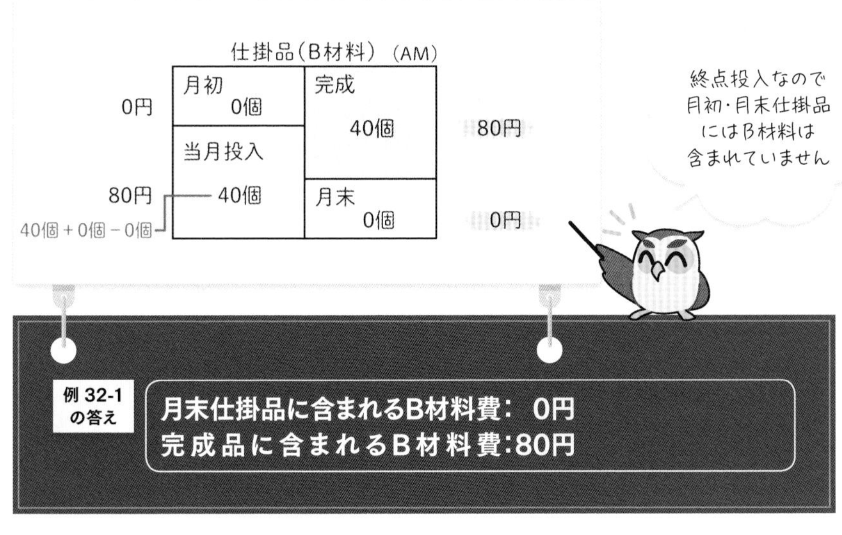

例 32-1 の答え
月末仕掛品に含まれるB材料費：0円
完成品に含まれるB材料費：80円

3　月末仕掛品の加工進捗度よりも前の場合

完成品と月末仕掛品で按分！

次に加工進捗度45％の時点でバナナをのせるとしましょう。そして、月末仕掛品の加工進捗度が50％であったとした場合、完成品にも月末仕掛品にもバナナはのっています。

そのため、材料の追加時点（加工進捗度45％）が月末仕掛品の加工進捗度（加工進捗度50％）よりも前の場合は、追加した材料費（バナナ代）は完成品と月末仕掛品で按分します。

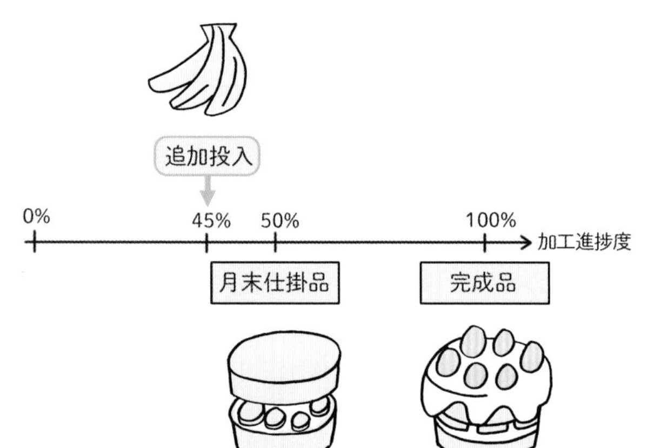

具体例を使って
説明します

例 32-2 次の資料にもとづいて、平均法によって、完成品と月末仕掛品に含まれるC材料費を計算しなさい。

［ 資料 ］

［生産データ］			［原価データ］	
月初仕掛品	10個	（40％）	月初仕掛品原価	
当月投入	50		C材料費	0円
合計	60個		当月製造費用	
月末仕掛品	20	（50％）	C材料費	90円
完成品	40個			

（注） 1. C材料は加工進捗度45％の時点で投入している。
2. （　　）内の数値は加工進捗度を示す。

C材料は加工進捗度45％で投入されるので、完成品と月末仕掛品（加工進捗度50％）にはC材料が含まれていますが、月初仕掛品（加工進捗度40％）にはC材料は含まれていません。したがって、月初仕掛品の数量は0個として計算します。

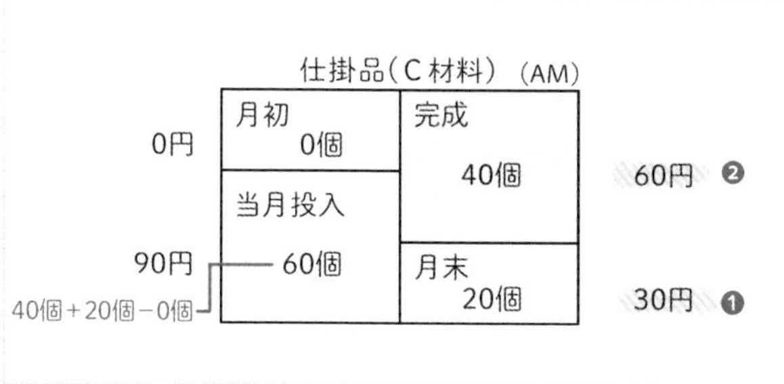

4 工程を通じて平均的に投入した場合

加工費の計算と同様に!

たとえば、板に特殊塗料を塗る製品の場合、作業の進捗に応じて塗料が使われることになります。

このように、材料が工程を通じて平均的に投入される場合は、加工費の計算と同様に、完成品換算量を用いて計算します。

加工費の発生の仕方に似ていますよね!

例 32-3　次の資料にもとづいて、平均法によって、完成品と月末仕掛品に含まれるD材料費を計算しなさい。

［資料］

［生産データ］			［原価データ］	
月初仕掛品	10個	（40％）	月初仕掛品原価	
当月投入	50		D材料費	11円
合　計	60個		当月製造費用	
月末仕掛品	20	（50％）	D材料費	69円
完成品	40個			

（注）1. D材料は工程を通じて平均的に投入している。
2. （　　）内の数値は加工進捗度を示す。

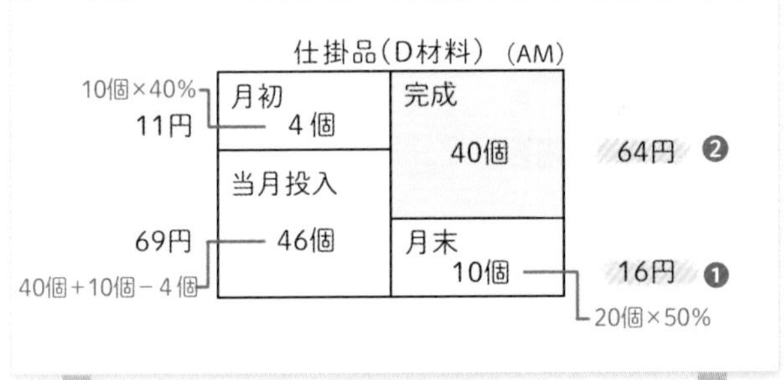

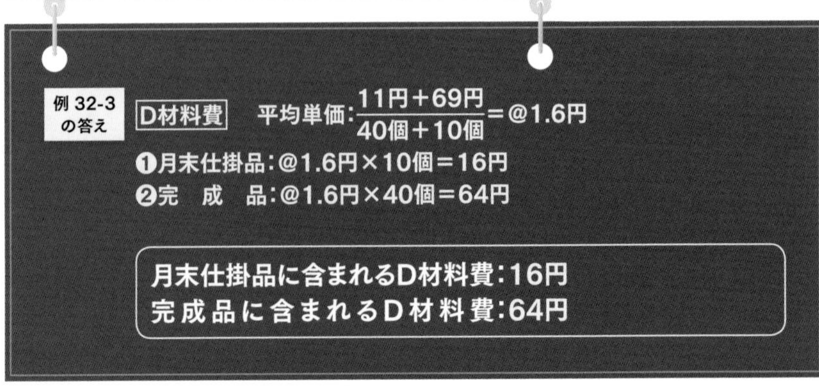
例 32-3の答え

D材料費　平均単価：$\frac{11円+69円}{40個+10個}$＝@1.6円

❶月末仕掛品：@1.6円×10個＝16円
❷完　成　品：@1.6円×40個＝64円

月末仕掛品に含まれるD材料費：16円
完成品に含まれるD材料費：64円

まとめ

●材料の追加投入

① 材料の追加投入時点が月末仕掛品の加工進捗度よりも**後**
→全額、完成品の原価

② 材料の追加投入時点が月末仕掛品の加工進捗度よりも**前**
→完成品と月末仕掛品で按分

③ 工程を通じて**平均的**に投入
→加工費と同様に、完成品換算量を用いて計算

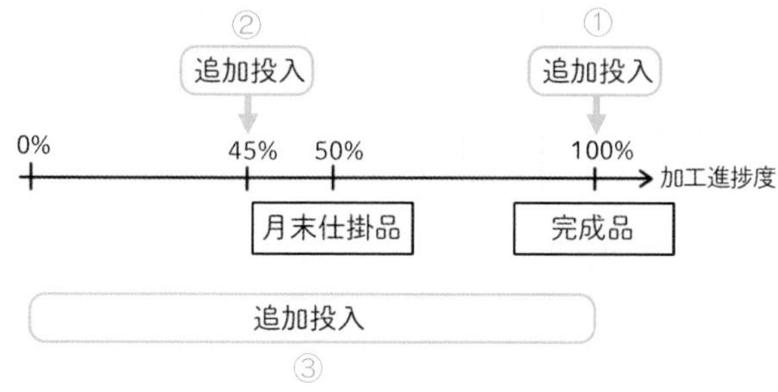

テーマ9の全体像とまとめ

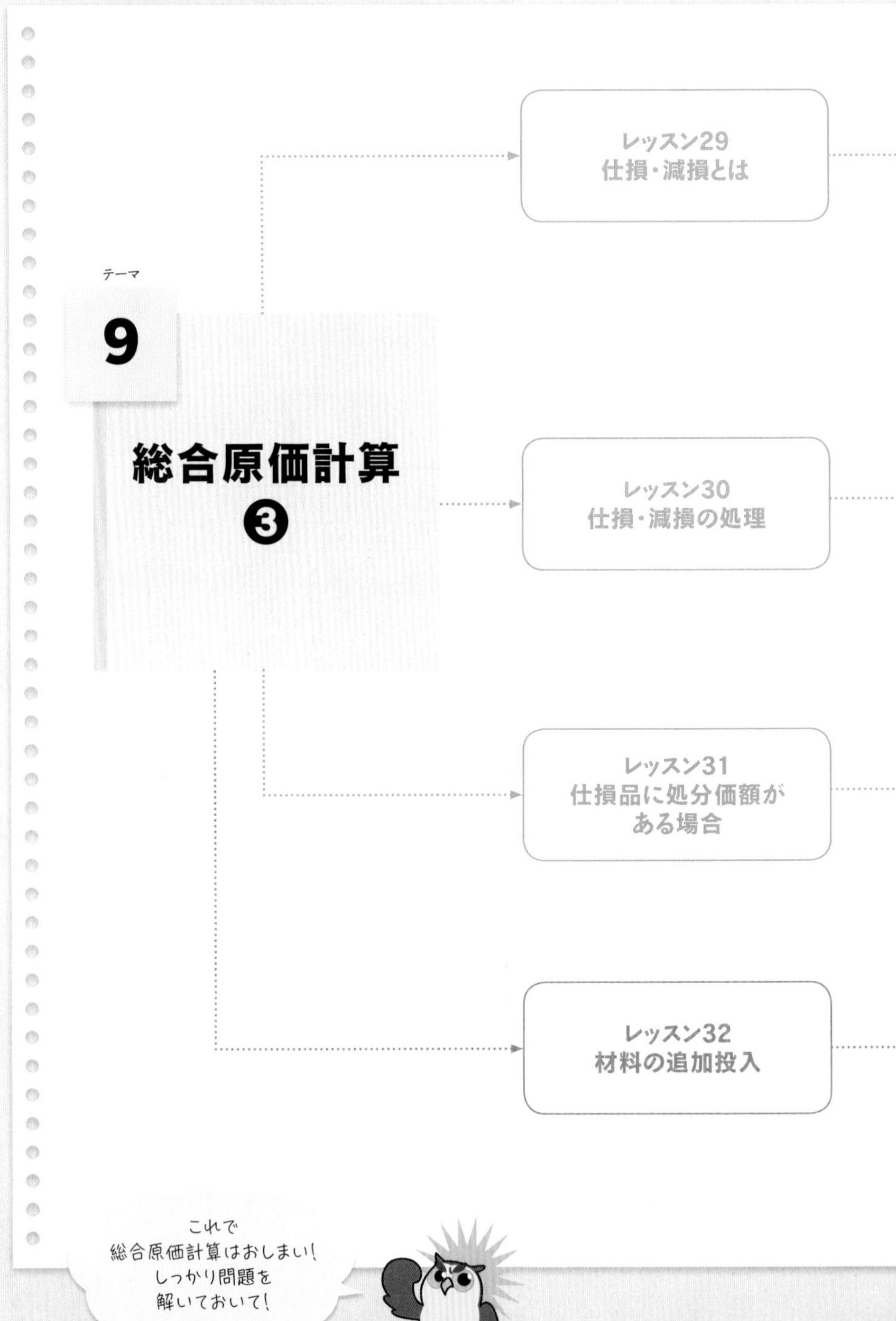

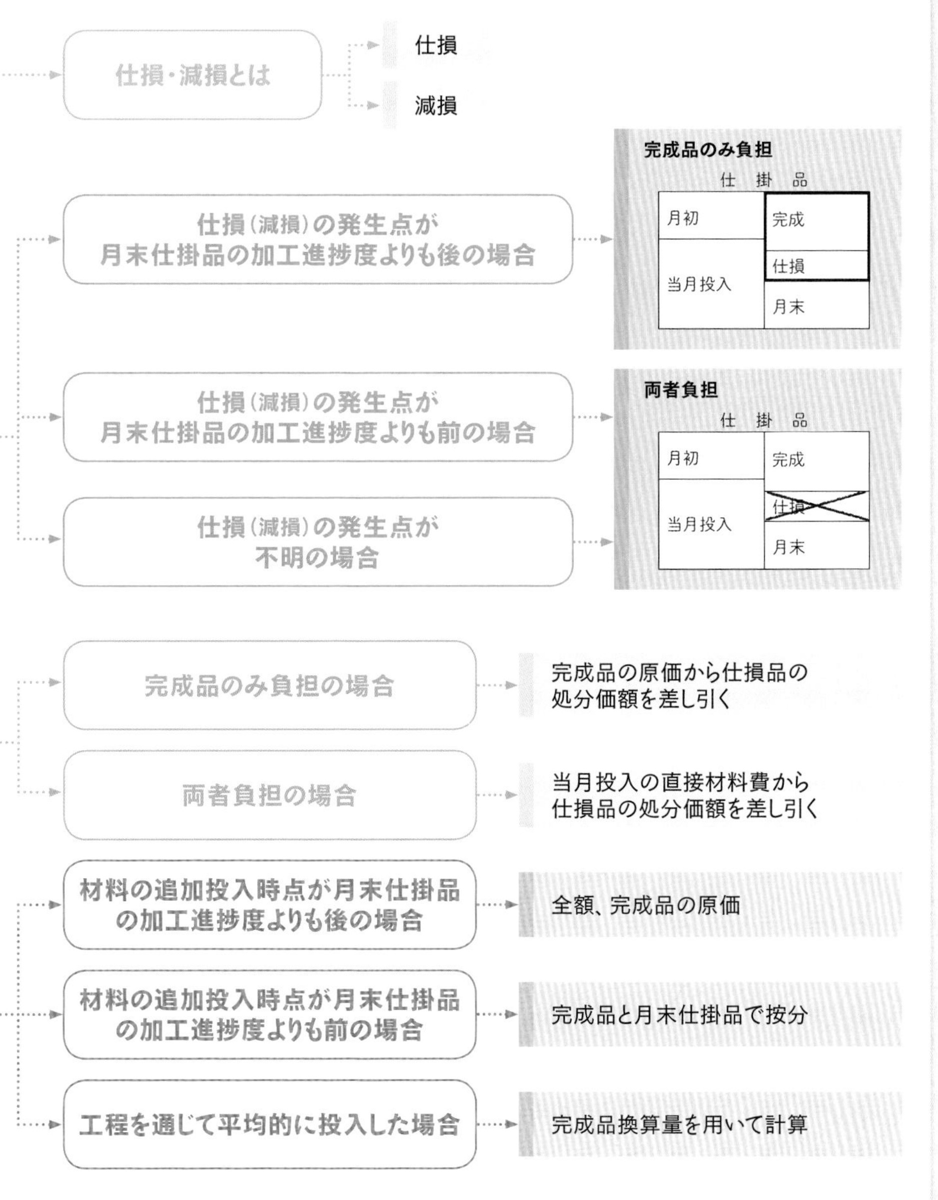
仕損・減損とは
仕損
減損
仕損(減損)の発生点が
月末仕掛品の加工進捗度よりも後の場合
完成品のみ負担
仕掛品
月初
当月投入
完成
仕損
月末
仕損(減損)の発生点が
月末仕掛品の加工進捗度よりも前の場合
仕損(減損)の発生点が
不明の場合
両者負担
仕掛品
月初
当月投入
完成
仕損
月末
完成品のみ負担の場合
完成品の原価から仕損品の
処分価額を差し引く
両者負担の場合
当月投入の直接材料費から
仕損品の処分価額を差し引く
材料の追加投入時点が月末仕掛品
の加工進捗度よりも後の場合
全額、完成品の原価
材料の追加投入時点が月末仕掛品
の加工進捗度よりも前の場合
完成品と月末仕掛品で按分
工程を通じて平均的に投入した場合
完成品換算量を用いて計算

STAGE 5

財務諸表と本社工場会計

ここでは、工業簿記における財務諸表と
工場の帳簿を本社から独立させたときの
記帳について見ていきます。

ちょっとここで
簿記らしい内容を
はさみます

STAGE 5

テーマ 10 11

テーマ

10 工業簿記における財務諸表 で学ぶ内容

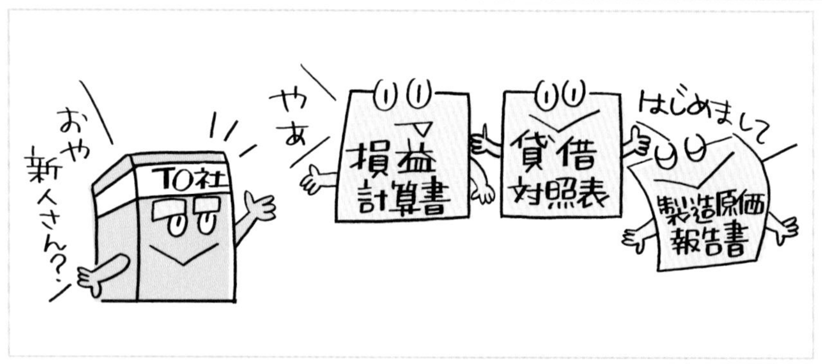

Lesson

33 工業簿記における財務諸表

商業簿記では、損益計算書と貸借対照表を作成したが、工業簿記ではほかになにか作成するのだろうか？

商業簿記にはなかった
製造原価報告書がある！

Lesson

34 原価差異の表示

製造間接費配賦差異などの原価差異
……あれって最後はどうなるの？

Lesson 33

製造原価報告書＝仕掛品勘定の報告書版

工業簿記における財務諸表

決算日を迎えた。
財務諸表を作ろうか……。

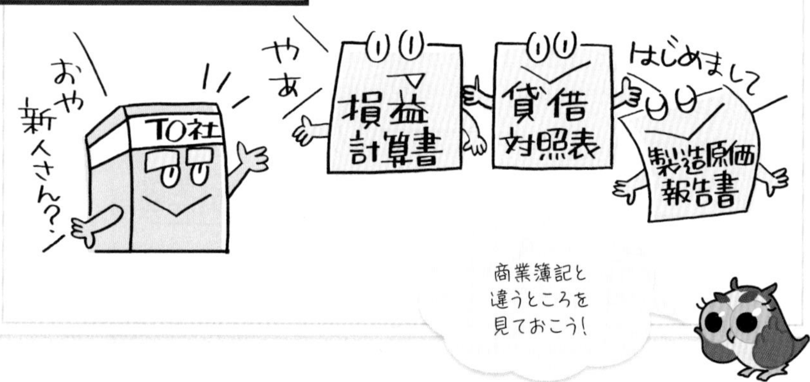

1　工業簿記における財務諸表　P/L、B/S、C/Rがある

製造業を営む会社では、損益計算書(P/L)、貸借対照表(B/S)のほかに**製造原価報告書(C/R)**も作成します。

製造原価報告書は、製品の製造活動を表す財務諸表で、主に仕掛品勘定の内容を報告書形式で作成したものです。

> 語句
>
> **C/R** (Cost Report)
> 製造原価報告書の略語

2　製造原価報告書の形式　2種類あるよ!

製造原価報告書の形式は、次の2つがあります。

❶ 材料費、労務費、経費に分けて記入

1つ目は材料費、労務費、経費に分けて作成する方法です。

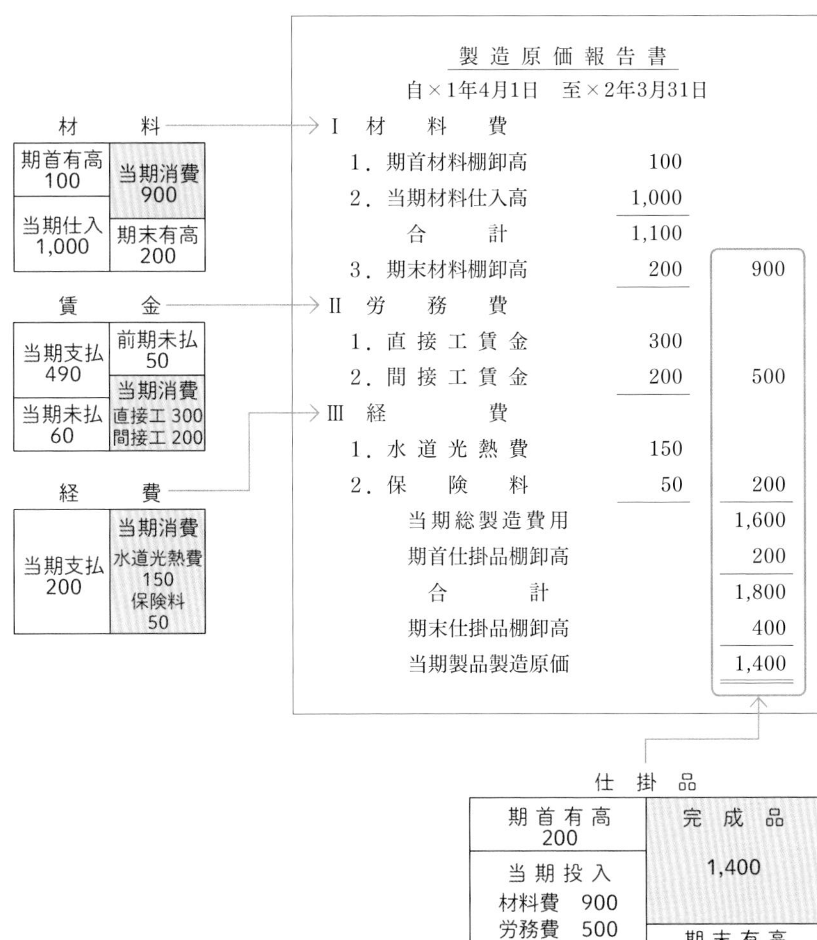

製造原価報告書

自×1年4月1日　至×2年3月31日

Ⅰ 材料費		
1．期首材料棚卸高	100	
2．当期材料仕入高	1,000	
合計	1,100	
3．期末材料棚卸高	200	900
Ⅱ 労務費		
1．直接工賃金	300	
2．間接工賃金	200	500
Ⅲ 経費		
1．水道光熱費	150	
2．保険料	50	200
当期総製造費用		1,600
期首仕掛品棚卸高		200
合計		1,800
期末仕掛品棚卸高		400
当期製品製造原価		1,400

❷ 製造直接費と製造間接費に分けて記入

2つ目は製造直接費と製造間接費に分けて作成する方法です。

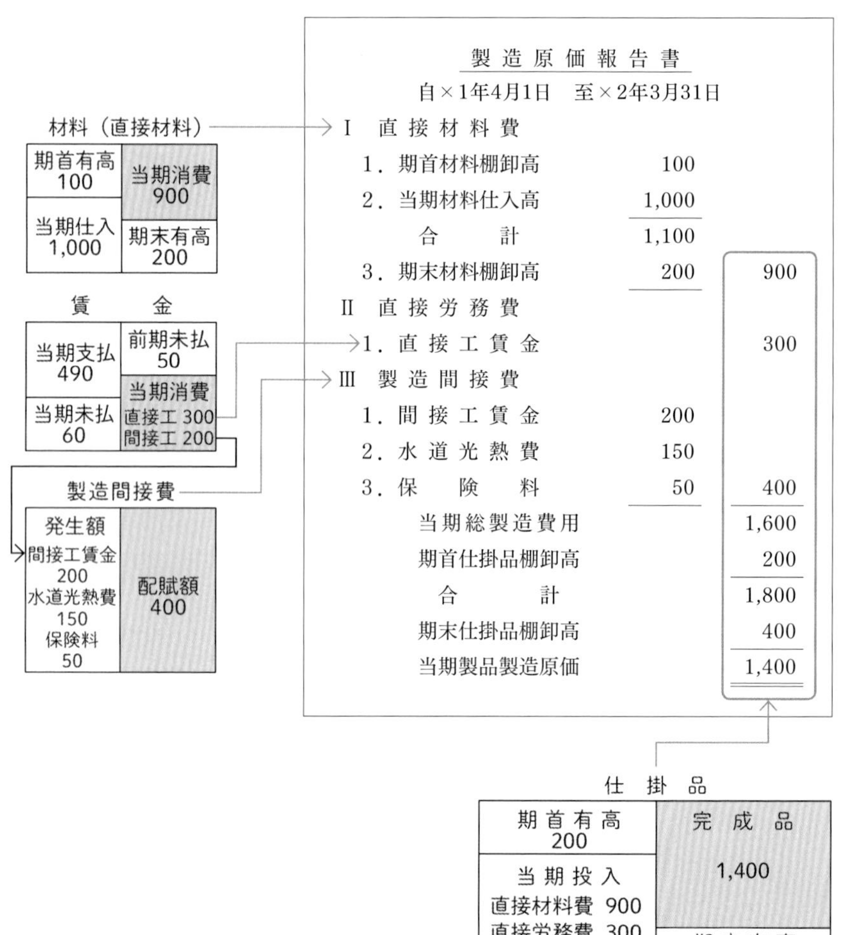

製造原価報告書

自×1年4月1日　至×2年3月31日

Ⅰ　直接材料費		
1．期首材料棚卸高	100	
2．当期材料仕入高	1,000	
合　計	1,100	
3．期末材料棚卸高	200	900
Ⅱ　直接労務費		
1．直接工賃金		300
Ⅲ　製造間接費		
1．間接工賃金	200	
2．水道光熱費	150	
3．保険料	50	400
当期総製造費用		1,600
期首仕掛品棚卸高		200
合　計		1,800
期末仕掛品棚卸高		400
当期製品製造原価		1,400

3　損益計算書の形式

「商品」は「製品」に変わる！

損益計算書の形式は商業簿記で学習したものと同じですが、売上原価の項目について名称が異なるものがあります。

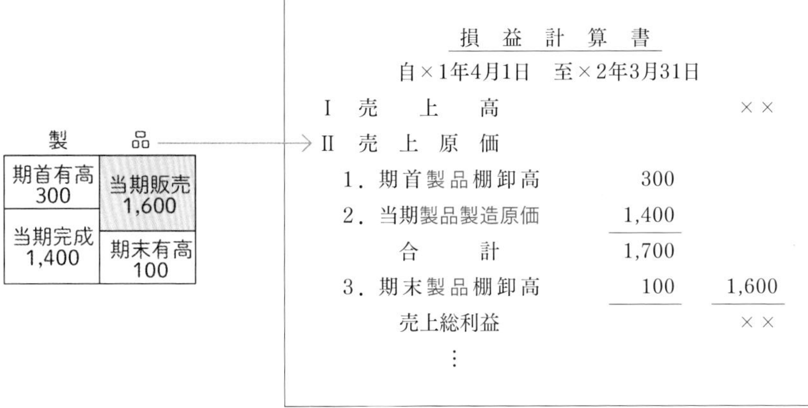

損　益　計　算　書
自×1年4月1日　至×2年3月31日

Ⅰ 売　上　高		××
Ⅱ 売 上 原 価		
1．期首製品棚卸高	300	
2．当期製品製造原価	1,400	
合　計	1,700	
3．期末製品棚卸高	100	1,600
売上総利益		××
⋮		

4　貸借対照表の形式

「製品」「材料」「仕掛品」は流動資産！

貸借対照表の形式は商業簿記で学習したものと同じです。なお、工業簿記では、「商品」の代わりに「製品」、「材料」、「仕掛品」といった資産があるので、これらが期末に残っている場合には、貸借対照表の流動資産の部に記載します。

貸　借　対　照　表
×2年3月31日

資 産 の 部		
Ⅰ 流動資産		
製　品	100	
材　料	200	
仕 掛 品	400	

34 原価差異の表示

製造間接費配賦差異勘定に50円の残高がある。

財務諸表の表示は？

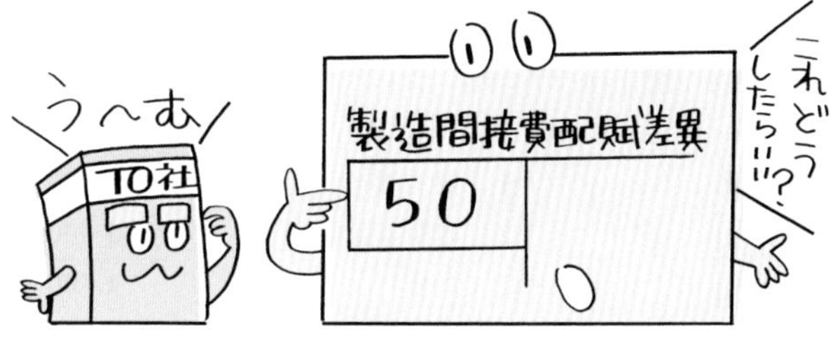
うへむ
TO社
製造間接費配賦差異
50
これどうしたら!!?

仕訳ではすでに学習済みです

1 原価差異のC/R上の表示

実際→予定になるように調整

製造間接費を予定配賦している場合、仕掛品勘定には予定配賦額で記入します。

しかし、製造原価報告書上では、いったん実際発生額で記入しておき、末尾で原価差異（製造間接費配賦差異）を加減することによって、予定配賦額に修正します。

● 借方差異（不利差異）の場合

たとえば、製造間接費の実際発生額が400円で、予定配賦額が350円であった場合、製造間接費配賦差異が50円（借方差異・不利差異）が発生します。

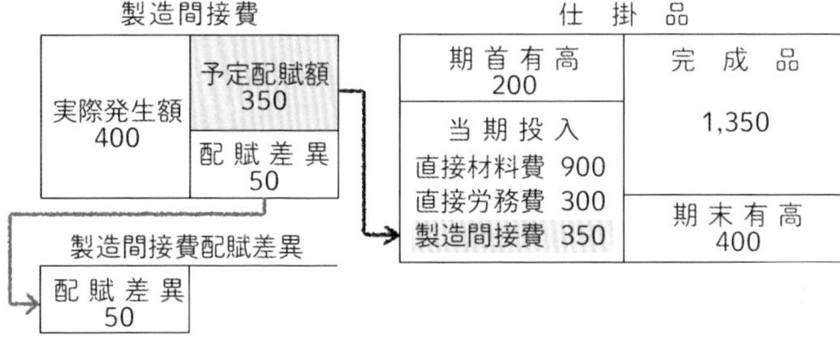

製造原価報告書には実際発生額400円で記入しているので、末尾で50円を**減額**することによって予定配賦額350円に修正します。

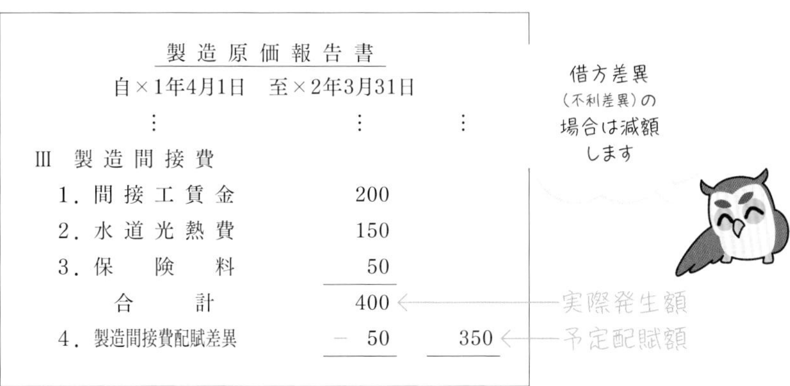

製造原価報告書

自×1年4月1日　至×2年3月31日

⋮	⋮	⋮
Ⅲ 製造間接費		
1. 間接工賃金	200	
2. 水道光熱費	150	
3. 保険料	50	
合計	400	
4. 製造間接費配賦差異	− 50	350

借方差異
(不利差異)の
場合は減額
します
実際発生額
予定配賦額

● 貸方差異(有利差異)の場合

貸方差異(有利差異)の場合は、借方差異(不利差異)とは逆で、実際発生額に製造間接費配賦差異を**加算**します。

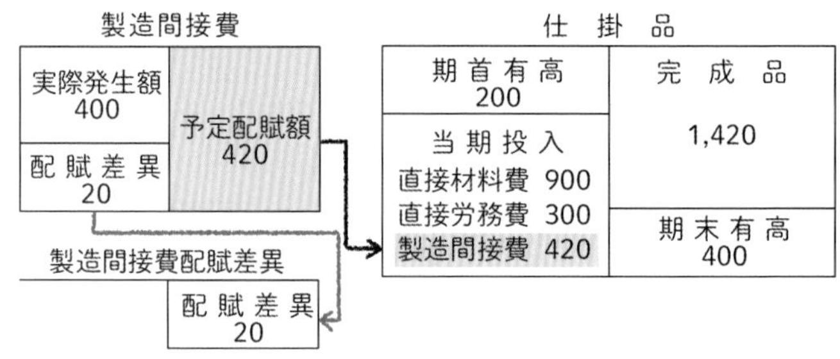

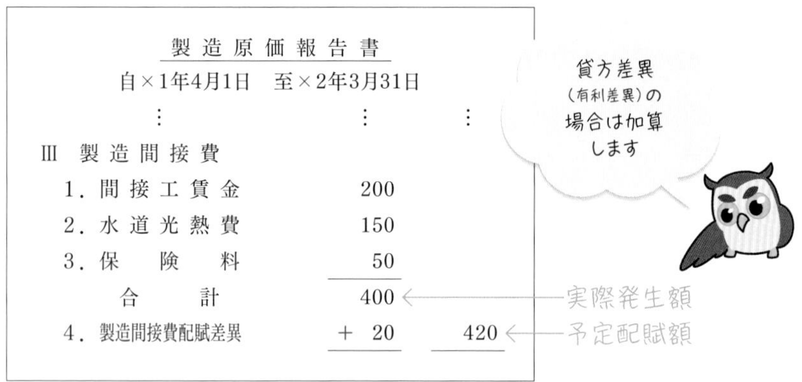

製造原価報告書

自×1年4月1日　至×2年3月31日

⋮	⋮	⋮
Ⅲ 製造間接費		
1. 間接工賃金	200	
2. 水道光熱費	150	
3. 保険料	50	
合計	400	
4. 製造間接費配賦差異	＋ 20	420

2　原価差異のP/L上の表示

借方差異は加算
貸方差異は減算

期末において、原価差異は売上原価に加減します。

このとき、借方差異（不利差異）の場合は売上原価に加算し、貸方差異（有利差異）の場合は売上原価から減算します。

損益計算書
自×1年4月1日　至×2年3月31日

Ⅰ 売上高		××
Ⅱ 売上原価		
1. 期首製品棚卸高	300	
2. 当期製品製造原価	1,350	
合計	1,650	
3. 期末製品棚卸高	100	
差引	1,550	
4. 原価差異	＋ 50	1,600

製造間接費配賦差異

配賦差異 50	

借方差異（不利差異）は加算

損益計算書
自×1年4月1日　至×2年3月31日

Ⅰ 売上高		××
Ⅱ 売上原価		
1. 期首製品棚卸高	300	
2. 当期製品製造原価	1,420	
合計	1,720	
3. 期末製品棚卸高	100	
差引	1,620	
4. 原価差異	− 20	1,600

製造間接費配賦差異

	配賦差異 20

貸方差異（有利差異）は減算

まとめ

●原価差異の表示

・借方差異（不利差異）
- C/Rで実際発生額から**減算**
- P/Lで売上原価に**加算**

・貸方差異（有利差異）
- C/Rで実際発生額に**加算**
- P/Lで売上原価から**減算**

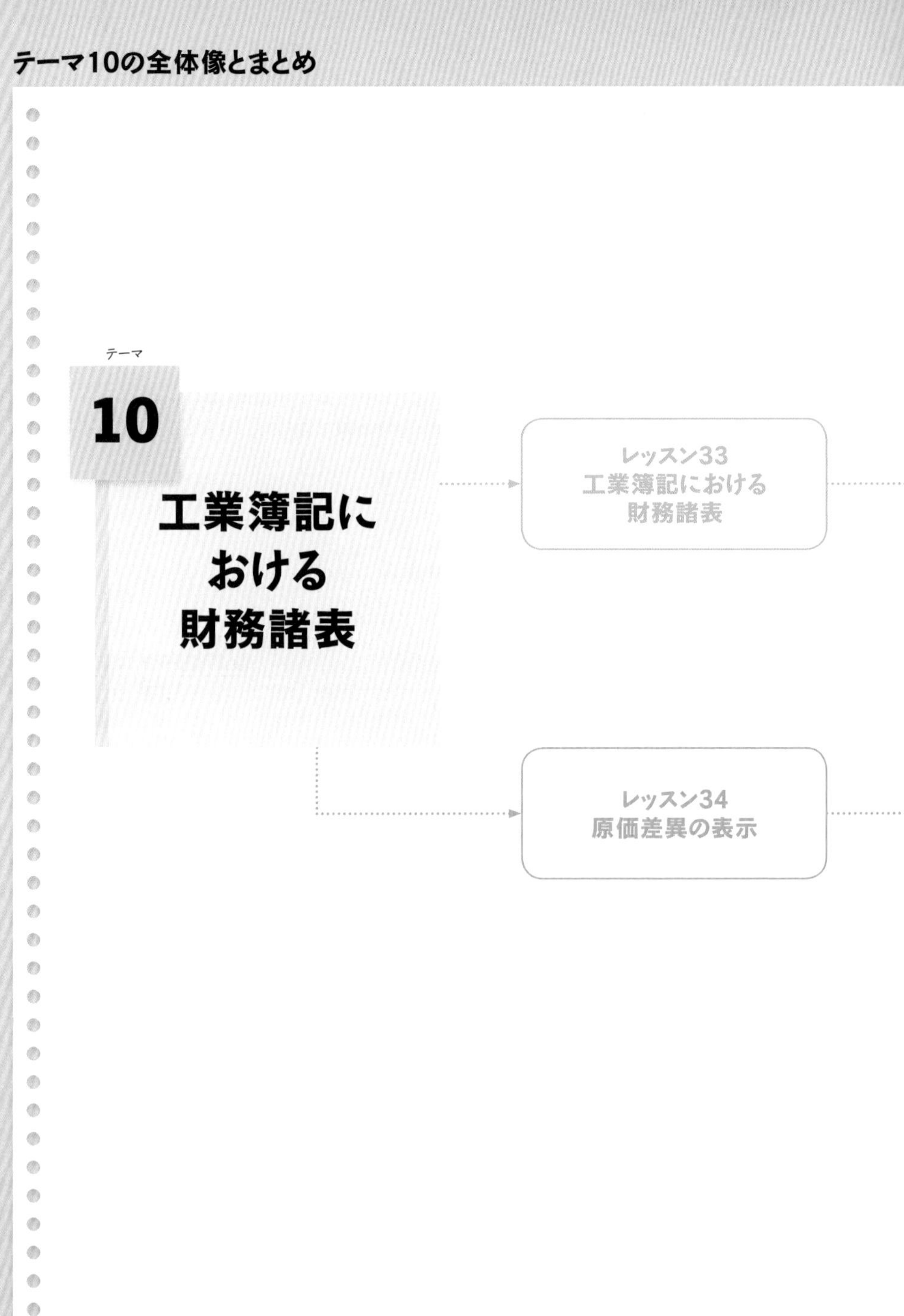
テーマ
10
工業簿記における財務諸表
レッスン33
工業簿記における
財務諸表
レッスン34
原価差異の表示

製造原価報告書
- 材料費、労務費、経費に分けて作成する方法
- 製造直接費と製造間接費に分けて作成する方法

損益計算書

貸借対照表

原価差異のC/R上の表示
- 借方差異(不利差異)は実際発生額から減算
- 貸方差異(有利差異)は実際発生額に加算

原価差異のP/L上の表示
- 借方差異(不利差異)は売上原価に加算
- 貸方差異(有利差異)は売上原価から減算

勘定の流れと
製造原価報告書の記入を
確認しておこう!

STAGE 5

テーマ 10 11

テーマ

11 本社工場会計 で学ぶ内容

Lesson

35 工場会計の独立

工場の規模も大きくなったから、
製造に関する取引は工場で
処理してもらおう！……という話。

試験では第4問で仕訳形式で出題されることがある!

Lesson

36 本社工場会計の仕訳

本社工場会計の仕訳の作り方を見てみよう!

Lesson

本社と工場で分けて記帳する!

35 工場会計の独立

TO社は工場にも帳簿を設置した。

この場合の処理を見ていきましょう

1 工場会計の独立

本社と工場に帳簿を設置

工場の規模が大きくなってくると、工場にも帳簿を設置して、製品の製造に関する取引は工場の帳簿に記帳することがあります。

このように、本社会計から工場会計を独立させて、工場において製品の製造に関する取引を記帳する方法を**本社工場会計**といいます。

2 工場の帳簿に設置する勘定

製造に関する勘定を設置

工場会計を独立させる場合、本社の帳簿から製品の製造に関する勘定(材料、仕掛品、製造間接費、製品など)を抜き出して工場の帳簿に設置します。

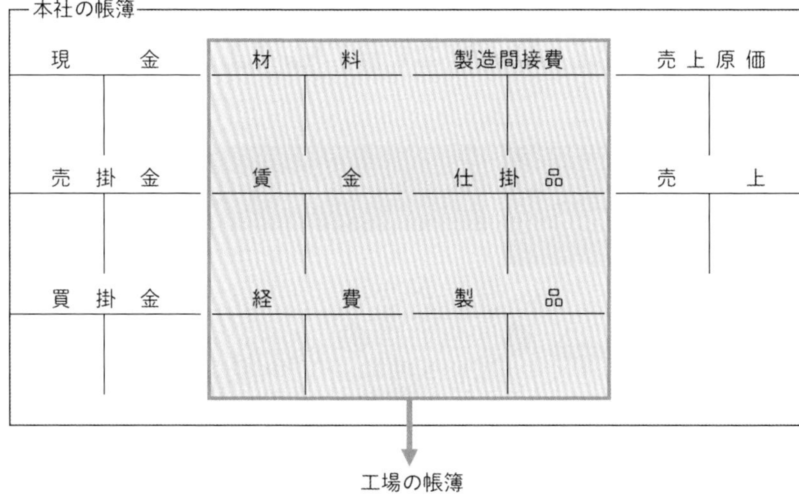

なお、製品勘定は本社の帳簿に設置される場合もあります。

Lesson

取引の仕訳→勘定科目の有無で分ける！

36 本社工場会計の仕訳

① 本社で購入した材料を工場倉庫に送った。

② 工場で材料を使った。

この場合の処理を見ていきましょう

③ 製品が完成した。

④ 本社が製品を販売した。

1 本社勘定と工場勘定

本支店会計の本店勘定と支店勘定に似ている！

工場会計が独立している場合、本社と工場の間で行われた取引を処理するための勘定として、本社側には**工場勘定**（または**工場元帳勘定**）が、工場側には**本社勘定**（または**本社元帳勘定**）が設置されます。

2 本社工場会計の仕訳の作り方

取引の仕訳をして、分解する

本社工場会計の仕訳の作り方を、具体例を使って見てみましょう。

例 36-1 **本社で材料100円を掛けで購入し、工場の倉庫に送付した。**

工場の勘定:
材料、賃金、製造間接費、仕掛品、製品、本社

まずは取引の仕訳をします。

●取引の仕訳

(材　料)	100	(買 掛 金)	100

次に「工場の勘定」を見て、工場の勘定にない勘定については本社の仕訳、工場の勘定にある勘定については工場の仕訳として処理します。

●本社の仕訳

(　　　)		(買 掛 金)	100

●工場の仕訳

(材　料)	100	(　　　)	

最後に空いている側に、本社の仕訳の場合は「**工場**」、工場の仕訳の場合には「**本社**」を記入します。

例 36-1 の答え

●本社の仕訳

(工場)	100	(買掛金)	100

●工場の仕訳

(材料)	100	(本社)	100

例 36-2 工場で材料60円（直接材料40円、間接材料20円）を消費した。

工場の勘定：
材料、賃金、製造間接費、仕掛品、製品、本社

●取引の仕訳

(仕掛品)	40	(材料)	60
(製造間接費)	20		

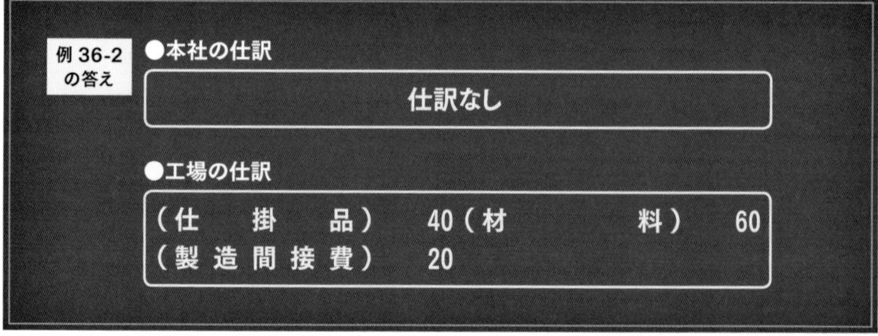

例 36-2 の答え

●本社の仕訳

仕訳なし

●工場の仕訳

(仕掛品)	40	(材料)	60
(製造間接費)	20		

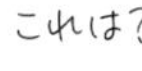

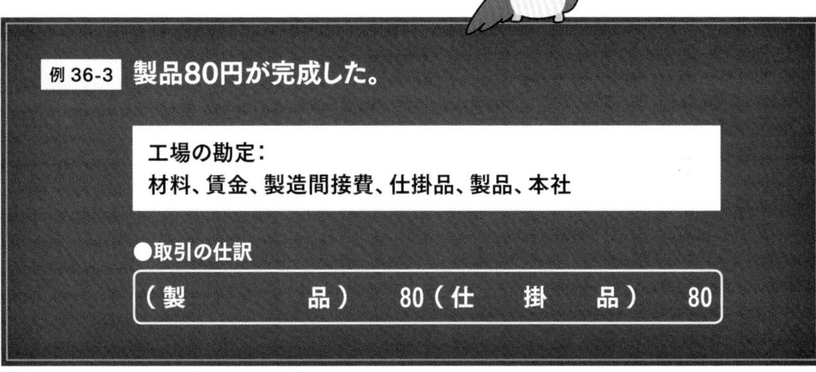

例 36-3 製品80円が完成した。

工場の勘定:
材料、賃金、製造間接費、仕掛品、製品、本社

●取引の仕訳

(製　品)	80	(仕　掛　品)	80

例 36-3 の答え

●本社の仕訳

仕訳なし

●工場の仕訳

(製　品)	80	(仕　掛　品)	80

例 36-4 本社は得意先に製品110円で掛けで売り上げた。
なお、本社の指示で
工場は原価80円の製品を得意先に送付した。

工場の勘定：
材料、賃金、製造間接費、仕掛品、製品、本社

●取引の仕訳

（売掛金）	110	（売上）	110
（売上原価）	80	（製品）	80

例 36-4 の答え

●本社の仕訳

（売掛金）	110	（売上）	110
（売上原価）	80	（工場）	80

●工場の仕訳

（本社）	80	（製品）	80

まとめ

●本社工場会計の仕訳の作り方

Step1　取引の仕訳をする

Step2　工場の勘定を見る

→工場の勘定にないものは本社の仕訳

→工場の勘定にあるものは工場の仕訳

Step3　仕訳の空欄に「**工場**」または「**本社**」を記入する

テーマ11の全体像とまとめ

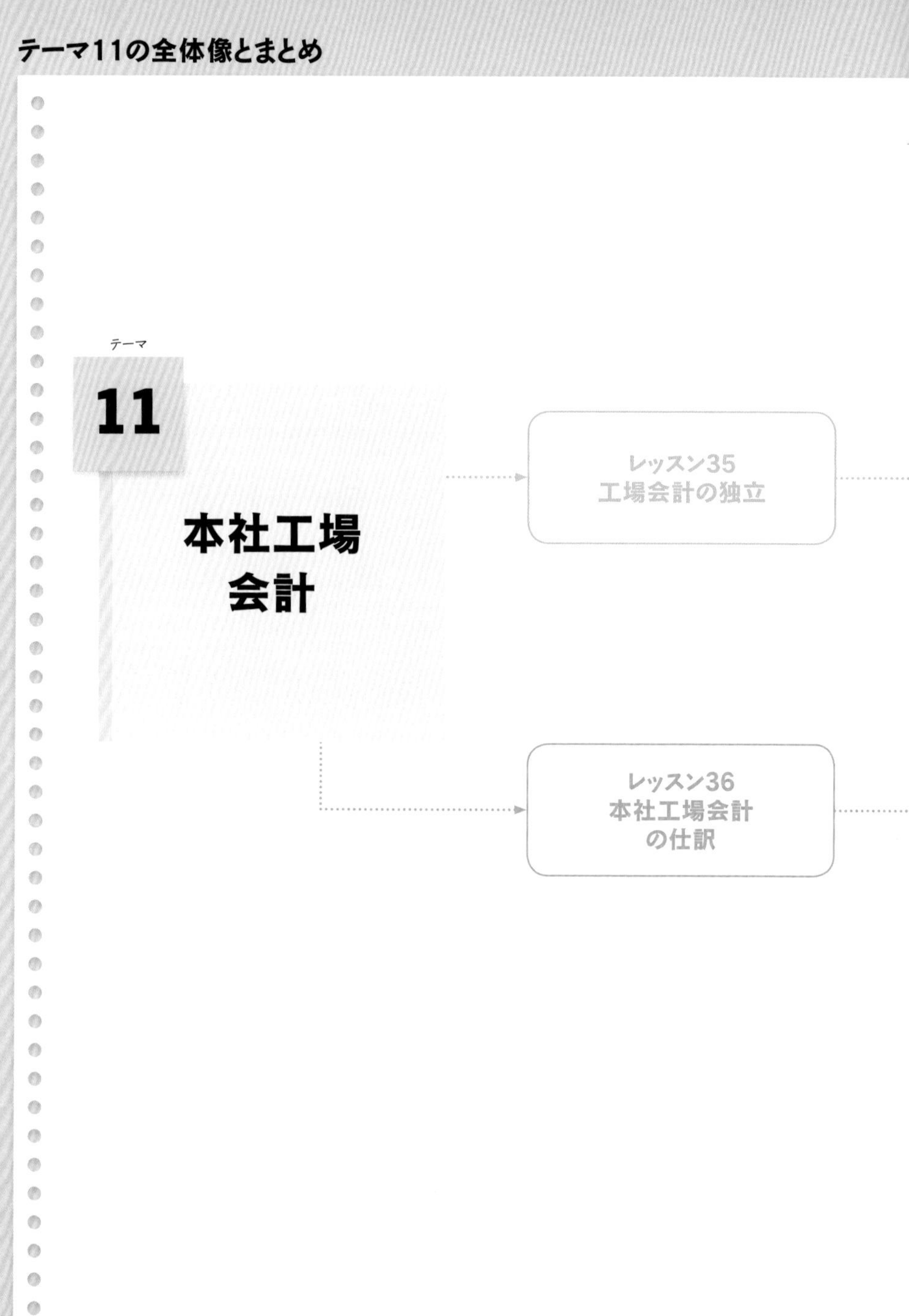

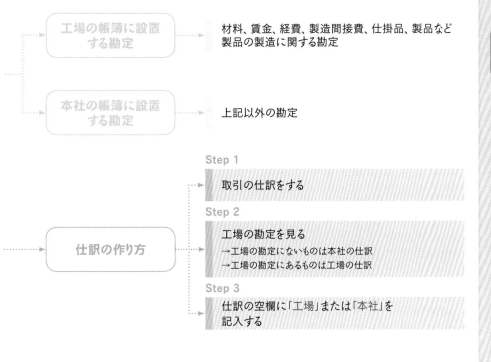

工場の帳簿に設置する勘定 → 材料、賃金、経費、製造間接費、仕掛品、製品など製品の製造に関する勘定

本社の帳簿に設置する勘定 → 上記以外の勘定

仕訳の作り方

Step 1
取引の仕訳をする

Step 2
工場の勘定を見る
→工場の勘定にないものは本社の仕訳
→工場の勘定にあるものは工場の仕訳

Step 3
仕訳の空欄に「工場」または「本社」を記入する

問題を解いて、
仕訳の作り方を
マスターしよう!

STAGE 6

標準原価計算

製品1個を無駄なく作ったら
いくらの原価で作れるのか、
そしてどこに原価の無駄があったのか
を把握するための原価計算方法を学習します。

原価の無駄を見つけて
改善しよう!

STAGE 6

テーマ 12 13

テーマ

12 標準原価計算❶で学ぶ内容

Lesson

37 標準原価計算とは

製品原価の無駄や非効率を見つけて改善しよう!……というときに採用する原価計算。

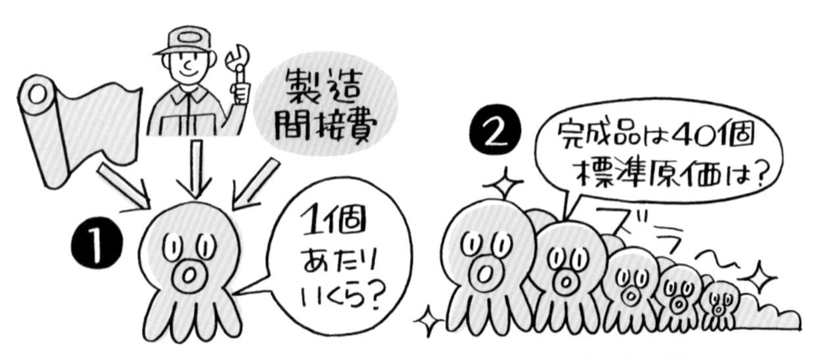

Lesson

38 標準原価の計算

標準原価の計算の仕方を見ていこう!

標準原価計算の基本を見てみよう！

Lesson
39 原価差異の計算

実際原価と標準原価を比べたら差異が出た！……というときは？

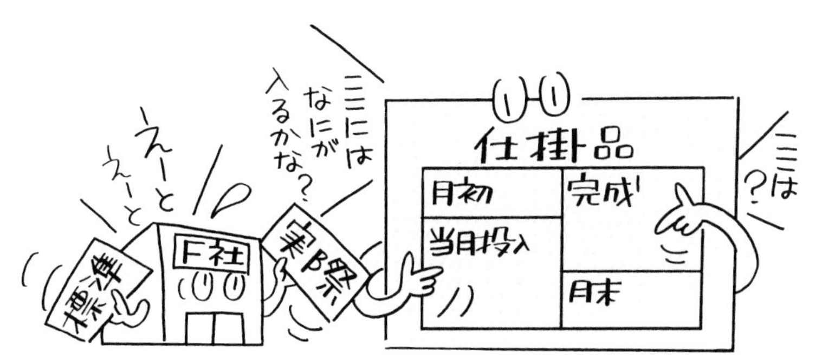

Lesson
40 標準原価計算の勘定記入

「標準原価」と「実際原価」、勘定に記入するのはどっち？

Lesson

なるべく原価をおさえて製品を作るには……？

37 標準原価計算とは

もっと安く、効率的に製品が作れないものかと考えている……。

なにかいい方法はありますかね？

1 標準原価計算とは

原価管理のための原価計算！

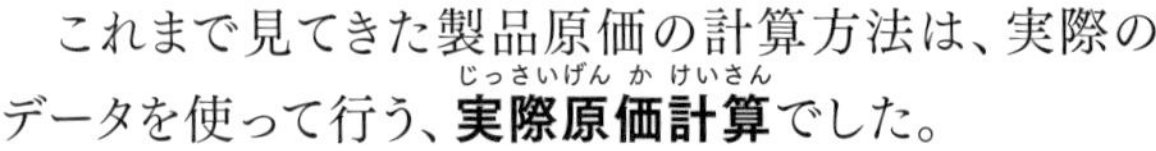

これまで見てきた製品原価の計算方法は、実際のデータを使って行う、**実際原価計算**（じっさいげんかけいさん）でした。

予定単価や予定配賦率を用いた場合でも、数量や操業度は実際のデータで計算していましたよね！

しかし、実際のデータだけで原価を計算していても、原価のどこに無駄が生じているのかを把握することはできません。

これから学習する**標準原価計算**(ひょうじゅんげんかけいさん)は、最初に目標となる原価(**標準原価**)を設定して、標準原価によって製品の原価を計算する方法です。

標準原価計算によって計算した標準原価と、実際に発生した実際原価を比べることにより、原価のどこにどういう無駄が生じているのかを把握し、改善することができます。

このように、標準原価計算は、原価を管理することを目的とした原価計算です。

ムダなくつくってにゃ
0:00
標準原価計算さん

2 標準原価計算の流れ

ざっと流れを確認!

標準原価計算の流れは次のとおりです。

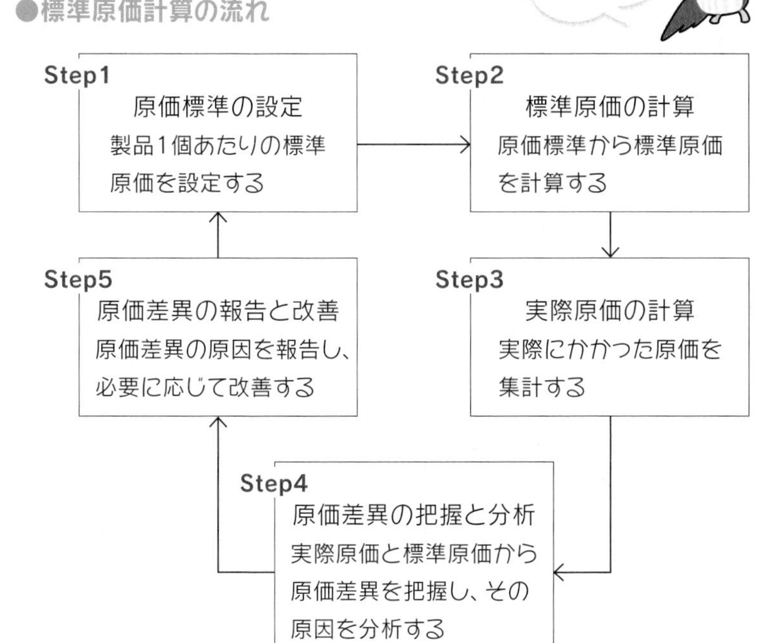
こんなカンジ
●標準原価計算の流れ
Step1
原価標準の設定
製品1個あたりの標準原価を設定する
Step2
標準原価の計算
原価標準から標準原価を計算する
Step3
実際原価の計算
実際にかかった原価を集計する
Step4
原価差異の把握と分析
実際原価と標準原価から原価差異を把握し、その原因を分析する
Step5
原価差異の報告と改善
原価差異の原因を報告し、必要に応じて改善する

Lesson

原価標準に数量を掛けて求めるよ！

38 標準原価の計算

① 過去の実績などを調べ、目標となる原価を設定した。

② 当月の標準原価を計算した。

製造間接費
1個あたりいくら？
完成品は40個標準原価は？
ズラ〜

標準原価の計算の仕方を見ていきましょう

1 原価標準の設定

まずは目標値を設定！

標準原価計算を行うにあたって、最初にすることは、製品1個あたりの標準原価（**原価標準**）を設定することです。

原価標準は、直接材料費、直接労務費、製造間接費に分けて設定し、標準原価カードにまとめます。

語句

原価標準（げんかひょうじゅん）
製品1個あたりの標準原価のこと

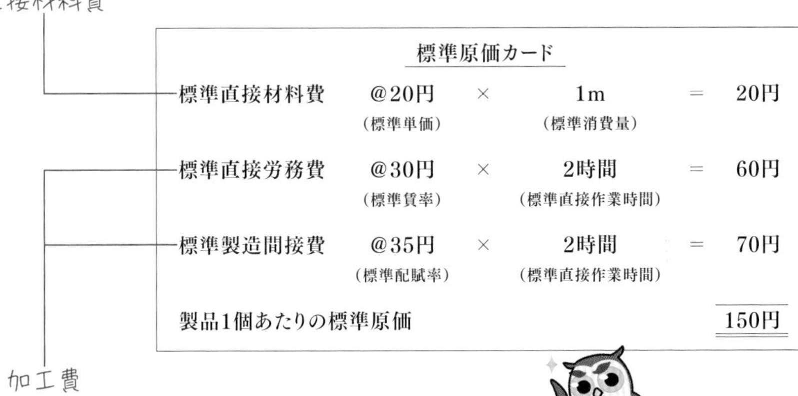

標準原価カード

標準直接材料費	@20円 (標準単価)	×	1m (標準消費量)	=	20円
標準直接労務費	@30円 (標準賃率)	×	2時間 (標準直接作業時間)	=	60円
標準製造間接費	@35円 (標準配賦率)	×	2時間 (標準直接作業時間)	=	70円
製品1個あたりの標準原価					150円

語句

標準消費量(ひょうじゅんしょうひりょう)

製品1個を無駄なく作ったときの直接材料の消費量

語句

標準直接作業時間(ひょうじゅんちょくせつさぎょうじかん)

製品1個を無駄なく作ったときにかかる直接作業時間

製造間接費の配賦基準には、直接作業時間のほか、機械作業時間などがあります

2　標準原価の計算

「原価標準×数量」で計算!

標準原価計算では、完成品や月初・月末仕掛品は製品1個あたりの標準原価(原価標準)を使って計算します。

なお、直接労務費と製造間接費は加工費なので、完成品換算量を用いて計算することに注意してください。

例 38-1 次の資料にもとづいて、
完成品原価、月初仕掛品原価、月末仕掛品原価
を計算しなさい。
なお、標準原価計算を採用している。

［資料］

1. 生産データ

月初仕掛品	10個	（40%）
当月投入	50	
合　計	60個	
月末仕掛品	20	（50%）
完成品	40個	

＊1　材料はすべて工程の始点で投入している。
＊2　（　）内の数値は加工進捗度を示す。

2. 標準原価カード

標準原価カード

標準直接材料費	@20円 （標準単価）	×	1m （標準消費量）	＝	20円
標準直接労務費	@30円 （標準賃率）	×	2時間 （標準直接作業時間）	＝	60円
標準製造間接費	@35円 （標準配賦率）	×	2時間 （標準直接作業時間）	＝	70円
製品1個あたりの標準原価					150円

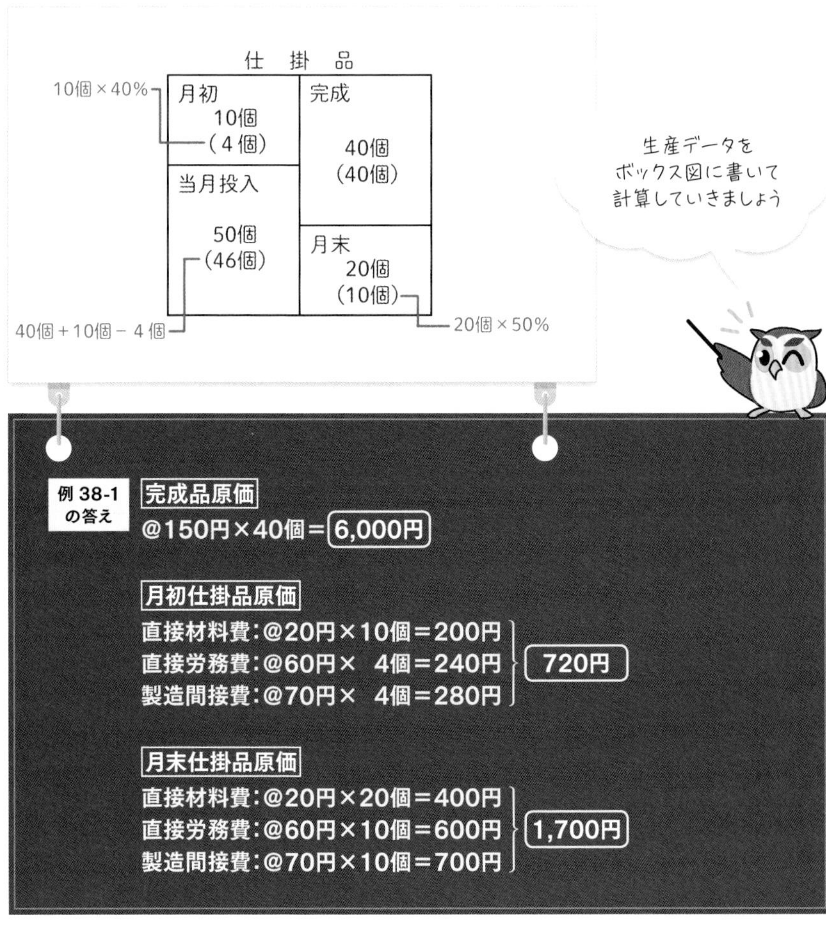

仕　掛　品
10個×40%
月初
10個
（4個）
当月投入
50個
（46個）
40個＋10個－4個
完成
40個
（40個）
月末
20個
（10個）
20個×50%
生産データを
ボックス図に書いて
計算していきましょう
例 38-1 の答え
完成品原価
@150円×40個＝6,000円
月初仕掛品原価
直接材料費：@20円×10個＝200円
直接労務費：@60円× 4個＝240円
製造間接費：@70円× 4個＝280円
720円
月末仕掛品原価
直接材料費：@20円×20個＝400円
直接労務費：@60円×10個＝600円
製造間接費：@70円×10個＝700円
1,700円

Lesson

「標準ー実際」で求めるよ!

39 原価差異の計算

実際原価が集計できたので、標準原価と比べてみた。

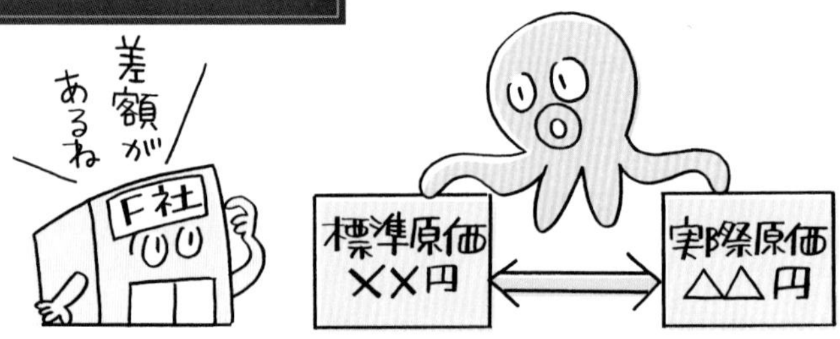

どれだけ無駄があったかな?

1 実際原価の計算

実際発生額を把握しよう!

月末になったら、当月に実際にかかった原価(直接材料費、直接労務費、製造間接費)を計算します。

2 原価差異の計算

「標準原価ー実際原価」で計算!

実際原価と標準原価を比べて原価差異を計算します。

なお、実際原価は当月投入分に対する金額なので、標準原価も当月投入分に対応する金額(当月の生産実績に対する標準原価)を用います。

ここに対応する
実際原価と標準原価を
比べます

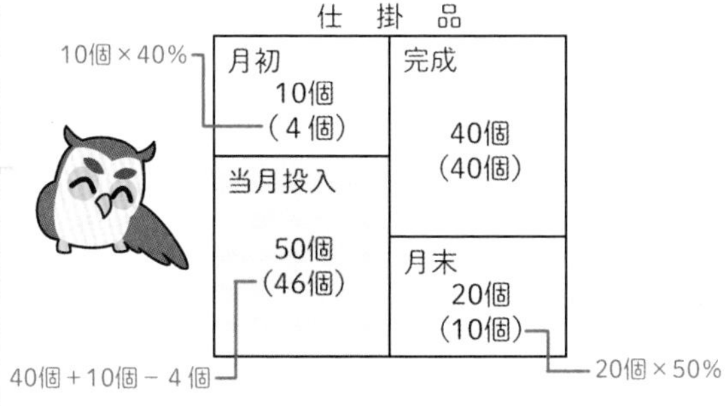

　また、原価差異を計算するときは、標準原価から実際原価を差し引いて、その値がマイナスだったら借方差異(不利差異)、プラスだったら貸方差異(有利差異)と判定します。

製造間接費を予定配賦
しているとき、予定配賦額
から実際発生額を差し引いて
差異を計算しましたよね？

それと同様です

例 39-1 次の資料にもとづいて、直接材料費差異、直接労務費差異、製造間接費差異を計算しなさい。

［資料］

1. 生産データ

月初仕掛品	10個	（40%）
当月投入	50	
合　計	60個	
月末仕掛品	20	（50%）
完成品	40個	

＊1　材料はすべて工程の始点で投入している。
＊2　（　　）内の数値は加工進捗度を示す。

2. 標準原価カード

標準原価カード

標準直接材料費	@20円 （標準単価）	×	1m （標準消費量）	＝	20円
標準直接労務費	@30円 （標準賃率）	×	2時間 （標準直接作業時間）	＝	60円
標準製造間接費	@35円 （標準配賦率）	×	2時間 （標準直接作業時間）	＝	70円
製品1個あたりの標準原価					150円

3. 実際原価データ
直接材料費　1,092円　直接労務費　2,660円
製造間接費　3,460円

	実際原価		標準原価	
直接材料費	1,092円	⟷	1,000円	❶
直接労務費	(2,660円)	⟷	(2,760円)	❷
製造間接費	(3,460円)	⟷	(3,220円)	❸

仕　掛　品

月初 10個 (4個)	完成 40個 (40個)
当月投入 50個 (46個)	月末 20個 (10個)

例 39-1 の答え

当月投入分の標準原価

❶直接材料費：@20円×50個＝1,000円
❷直接労務費：@60円×46個＝2,760円
❸製造間接費：@70円×46個＝3,220円

原価差異（標準原価－実際原価）

直接材料費差異：1,000円－1,092円
＝△92円（借方差異・不利差異）
直接労務費差異：2,760円－2,660円
＝100円（貸方差異・有利差異）
製造間接費差異：3,220円－3,460円
＝△240円（借方差異・不利差異）

これが答え

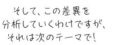

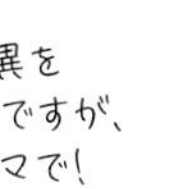

そして、この差異を
分析していくわけですが、
それは次のテーマで！

Lesson

40 標準原価計算の勘定記入

どこを「実際」にして、どこを「標準」にするか

各勘定に金額を記入しているが、どこに「実際」の原価を書くのだろう?

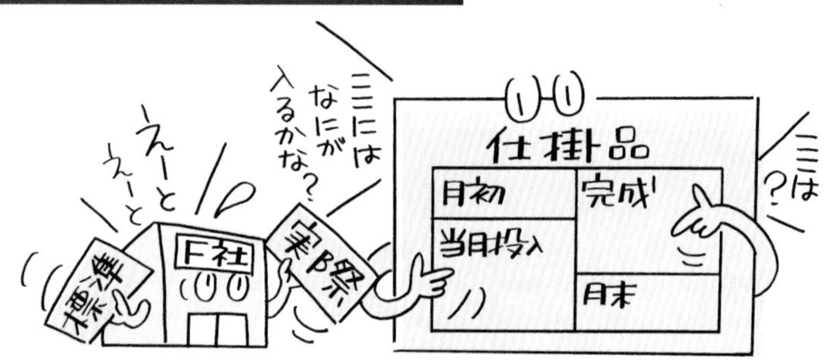

これについて
見ていきましょう

1 仕掛品の勘定記入

「実際原価」?「標準原価?」

標準原価計算では、仕掛品勘定の完成品原価と月初・月末仕掛品原価は標準原価で記入しますが、当月投入原価(当月製造費用)については、実際原価で記入する方法と標準原価で記入する方法があります。

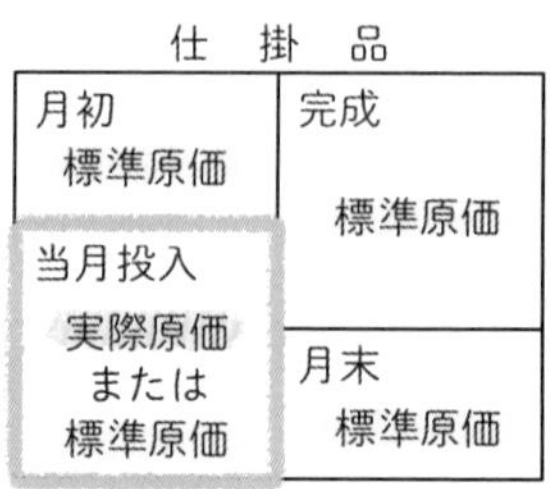

仕　掛　品

借方	貸方
月初 標準原価	完成 標準原価
当月投入 実際原価 または 標準原価	月末 標準原価

2　パーシャル・プラン

当月投入分を「実際原価」で記入

仕掛品勘定の当月投入原価（当月製造費用）を実際原価で記入する方法を**パーシャル・プラン**といいます。

パーシャル・プランの場合、仕掛品勘定に標準原価で記入する部分と実際原価で記入する部分が出てくるので、仕掛品勘定で原価差異が計上されます。

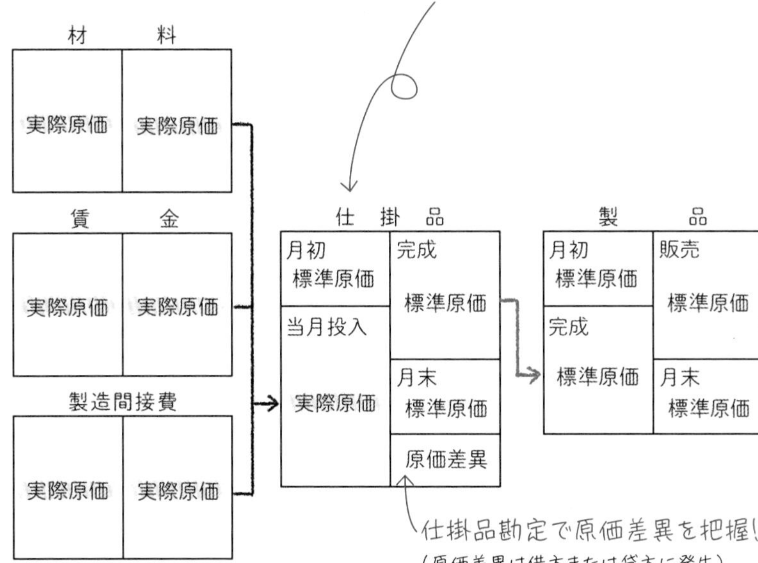

3 シングル・プラン　当月投入分を「標準原価」で記入

仕掛品勘定の当月投入原価(当月製造費用)を標準原価で記入する方法を**シングル・プラン**といいます。

シングル・プランの場合、各費目の勘定で原価差異が計上されます。

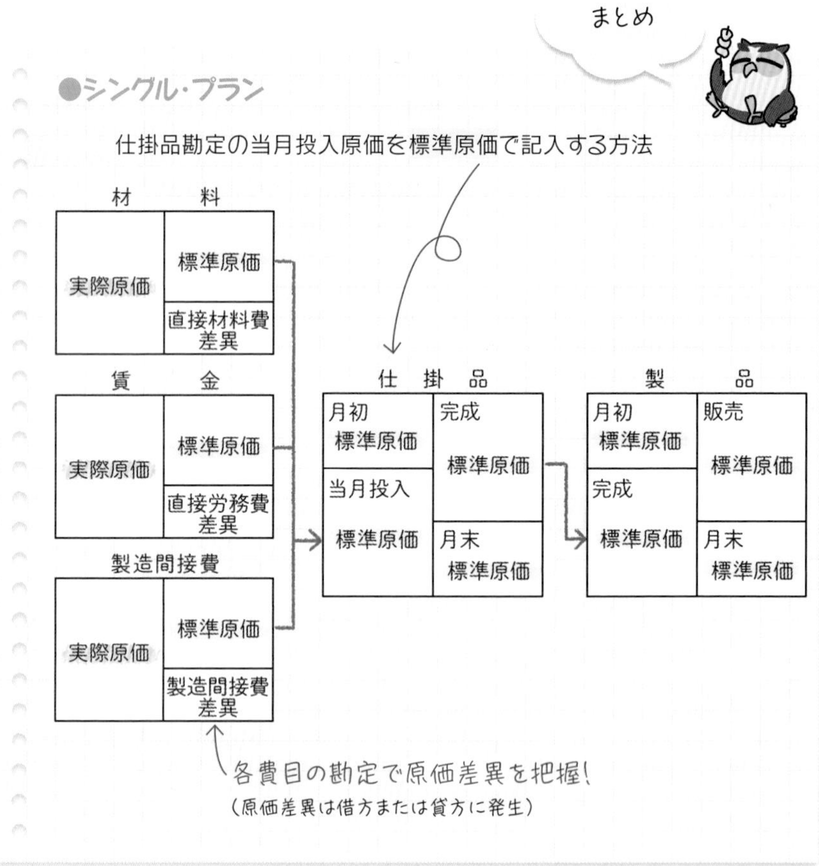

テーマ12の全体像とまとめ

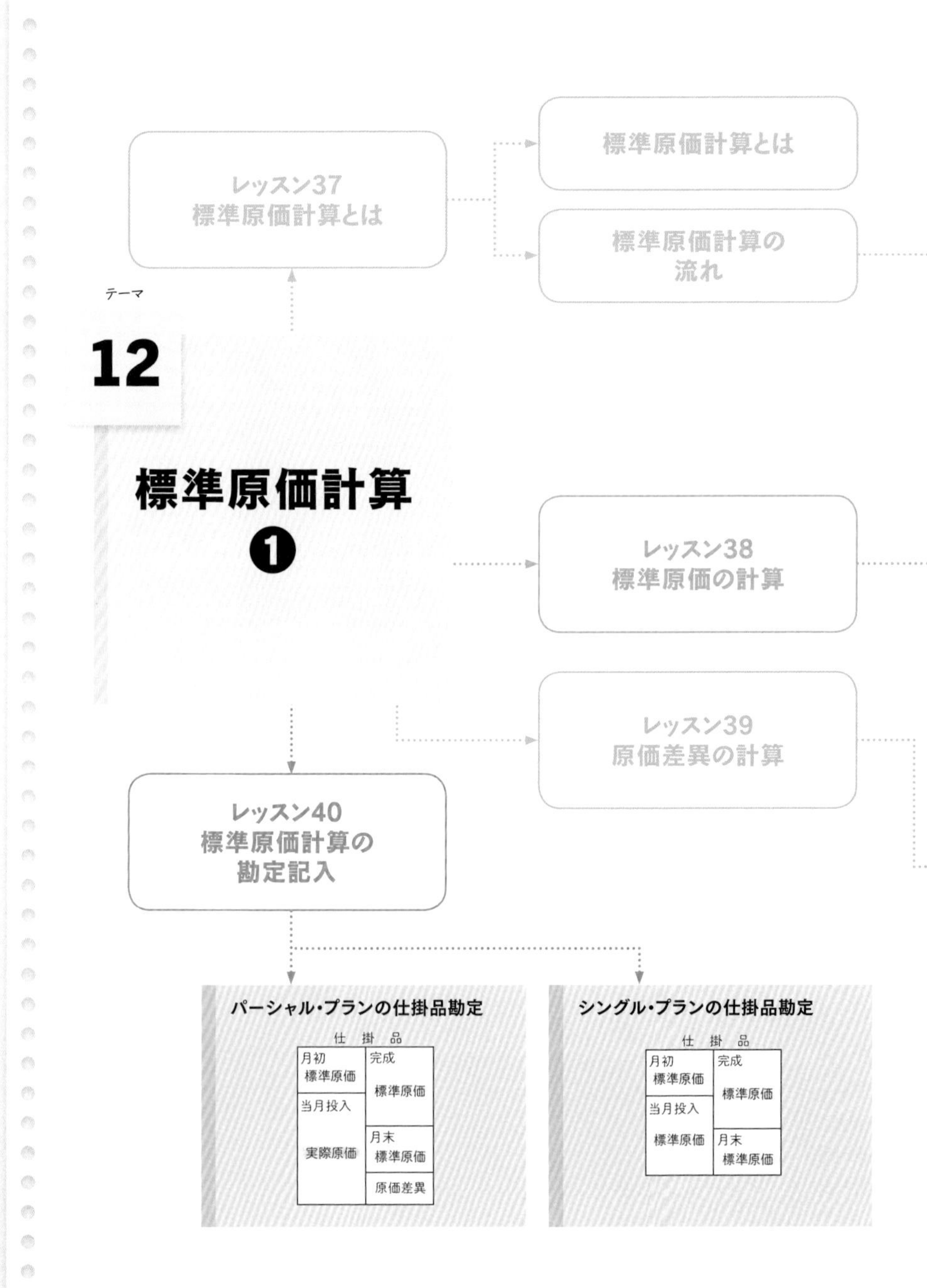

テーマ
12
標準原価計算
❶
レッスン37
標準原価計算とは
標準原価計算とは
標準原価計算の
流れ
レッスン38
標準原価の計算
レッスン39
原価差異の計算
レッスン40
標準原価計算の
勘定記入
パーシャル・プランの仕掛品勘定
仕 掛 品
月初
標準原価
完成
標準原価
当月投入
実際原価
月末
標準原価
原価差異
シングル・プランの仕掛品勘定
仕 掛 品
月初
標準原価
完成
標準原価
当月投入
標準原価
月末
標準原価

Step 1 原価標準の設定

Step 2 標準原価の計算

Step 3 実際原価の計算

Step 4 原価差異の把握と分析

Step 5 原価差異の報告と改善

原価標準の設定 →

標準原価カード

標準直接材料費	@20円 （標準単価）	×	1m （標準消費量）	＝	20円
標準直接労務費	@30円 （標準賃率）	×	2時間 （標準直接作業時間）	＝	60円
標準製造間接費	@35円 （標準配賦率）	×	2時間 （標準直接作業時間）	＝	70円
製品1個あたりの標準原価					150円

標準原価の計算 → 原価標準×数量

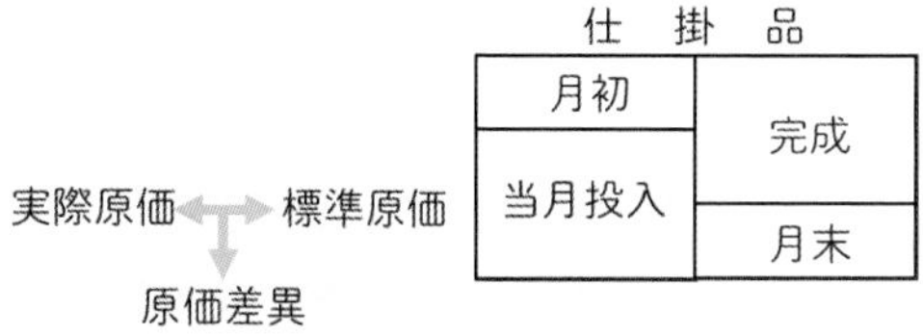
仕　掛　品
月初
完成
当月投入
月末
実際原価
標準原価
原価差異

問題編の問題を
解いておいてくださいね～

STAGE 6

テーマ 12 13

テーマ

13 標準原価計算❷で学ぶ内容

Lesson

41 直接材料費差異の分析

直接材料費差異をさらに細かく見てみよう!

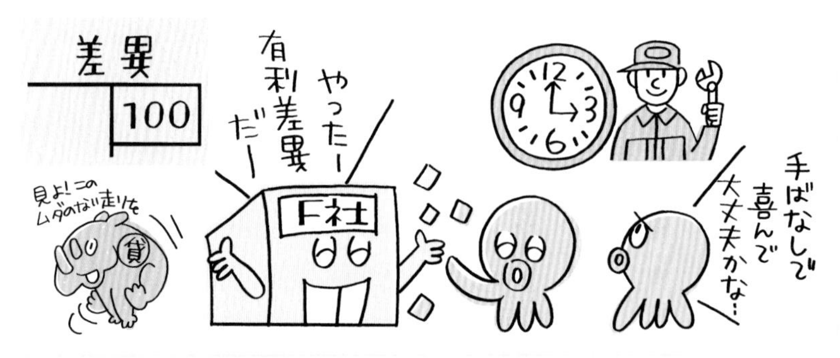

Lesson

42 直接労務費差異の分析

直接労務費差異はどのように分析できる?

こんな内容を
学習します

テーマ12で計算した差異を
さらに細かく分析する！

Lesson

43 製造間接費差異の分析

製造間接費差異は何が原因で
発生するの？

Lesson 「価格面の差異」と「数量面の差異」に分ける！

41 直接材料費差異の分析

直接材料費の差異が92円（借方差異）と出ているが何が原因の差異なんだろう……？

1 原価差異の分析

さらに細かく分けてみよう！

レッスン39では、当月投入分に対する実際原価と標準原価の差額で差異を計算しましたが、差異の総額がわかってもそのままでは差異の原因がわかりません。

そこで、直接材料費差異、直接労務費差異、製造間接費差異をさらに細かく分析していきます。

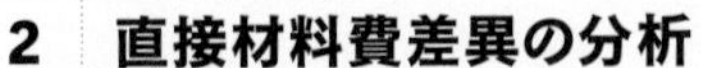

2 直接材料費差異の分析

さらに細かく分けてみよう！

直接材料費差異は、さらに**価格差異**と**数量差異**に分けることができます。

● 価格差異

価格差異は、材料の標準単価と実際単価の違いから生じる差異で、次の計算式で求めます。

価格差異＝（標準単価－実際単価）×実際消費量

材料の購入
単価の変動
などによって
生じる差異です

● 数量差異

数量差異は、材料の標準消費量と実際消費量の違いから生じる差異で、次の計算式で求めます。

数量差異＝標準単価×（標準消費量－実際消費量）

材料を無駄
に使った！
…というとき
などに生じます

価格差異さん

数量差異さん

3 直接材料費差異の分析図 下書用紙に書いてみよう！

上記の公式を覚えておくのは大変なので、差異分析の問題を解くときは、差異分析図を書くようにしましょう。

直接材料費差異の分析図を書くと、次のようになります。

●直接材料費差異の分析図

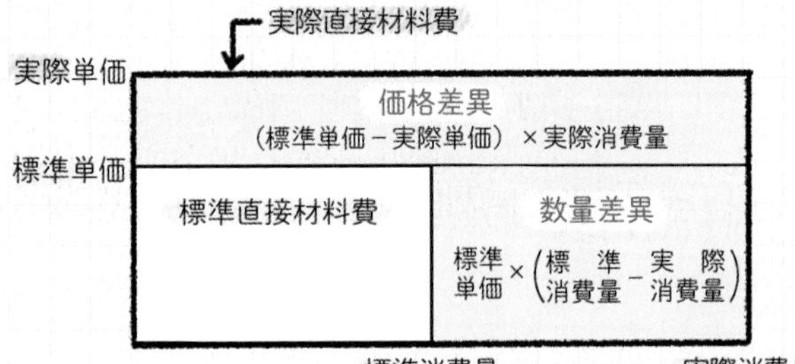

[注意事項]

・縦軸に単価、横軸に消費量を書く

・内側に「標準」のデータ、外側に「実際」のデータを書く

・必ず「標準」から「実際」を差し引く

→符号の＋－で貸方差異(＋のとき)か
借方差異(－のとき)かを判定するため

借方差異さん

貸方差異さん

例 41-1 次の資料にもとづいて、直接材料費差異を計算し、価格差異と数量差異に分析しなさい。

［資料］

1. 生産データ

月初仕掛品	10個	(40%)
当月投入	50	
合　計	60個	
月末仕掛品	20	(50%)
完成品	40個	

＊1　材料はすべて工程の始点で投入している。
＊2　(　　)内の数値は加工進捗度を示す。

2. 標準原価カード

標準原価カード					
標準直接材料費	@20円 (標準単価)	×	1m (標準消費量)	＝	20円

3. 当月の実際直接材料費は1,092円(@21円×52m)であった。

差異分析図を書いて
計算しましょう

仕　掛　品

月初 10個 （4個）	完成 40個 （40個）
当月投入 50個 （46個）	月末 20個 （10個）

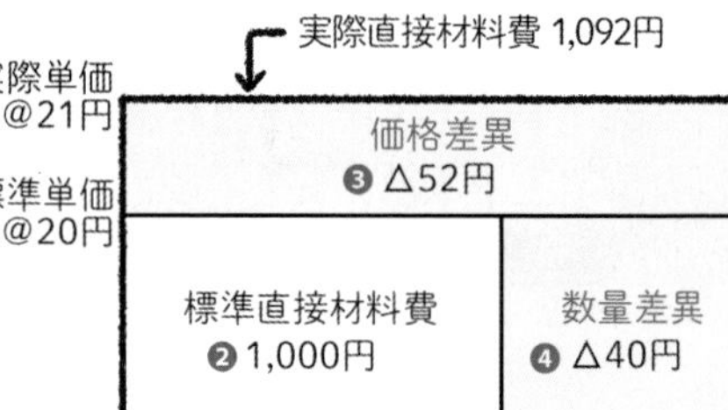

例 41-1 の答え

❶標準消費量：1m×50個＝50m
❷標準直接材料費：@20円×50m＝1,000円

直接材料費差異：1,000円－1,092円
　＝△92円（借方差異・不利差異）
❸価格差異：（@20円－@21円）×52m
　＝△52円（借方差異・不利差異）
❹数量差異：@20円×（50m－52m）
　＝△40円（借方差異・不利差異）

これが答え

42 直接労務費差異の分析

**直接労務費の差異が100円（貸方差異）だった！
効率的に作業ができている……ってことだよね？**

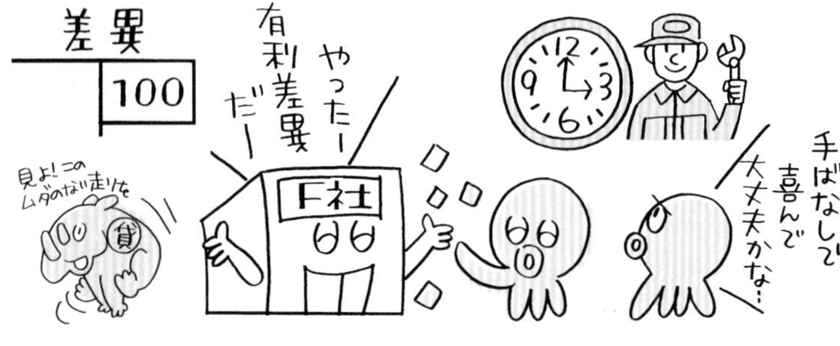

分析してみましょう

1 直接労務費差異の分析

賃率面と時間面に分けて！

直接労務費差異は、さらに**賃率差異**と**時間差異**に分けることができます。

● 賃率差異

賃率差異は、標準賃率と実際賃率の違いから生じる差異で、次の計算式で求めます。

> **賃率差異**
> **＝（標準賃率－実際賃率）× 実際直接作業時間**

賃率の高い工員がたくさん作業をしたときなどに生じます

● 時間差異

時間差異は、標準直接作業時間と実際直接作業時間の違いから生じる差異で、次の計算式で求めます。

> **時間差異**
> **＝標準賃率×（標準直接作業時間－実際直接作業時間）**

作業能率が低下しているときなどに生じます

2　直接労務費差異の分析図

形は直接材料費差異と同じ！

直接労務費差異の分析図を書くと、次のようになります。

さきほどと同様に…

●直接労務費差異の分析図

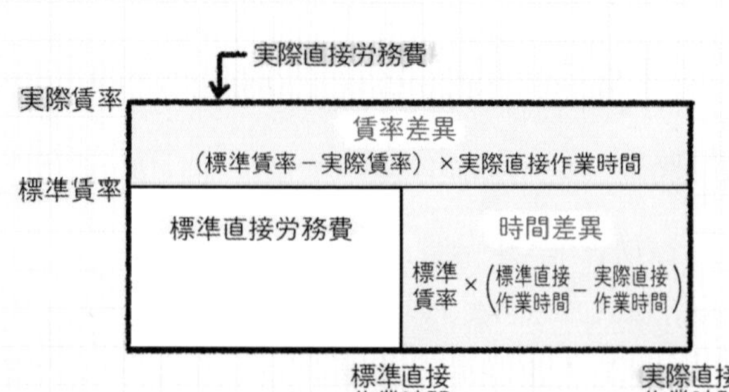

［注意事項］

- 縦軸に賃率、横軸に直接作業時間を書く
- 内側に「標準」のデータ、外側に「実際」のデータを書く
- 必ず「標準」から「実際」を差し引く

賃率差異 さん

時間差異 さん

ちょっとやって
みましょう

例 42-1 **次の資料にもとづいて、直接労務費差異を計算し、賃率差異と時間差異に分析しなさい。**

［資料］

1. 生産データ

月初仕掛品	10個	(40%)
当月投入	50	
合　計	60個	
月末仕掛品	20	(50%)
完成品	40個	

＊1　材料はすべて工程の始点で投入している。
＊2　(　　)内の数値は加工進捗度を示す。

2. 標準原価カード

標準原価カード					
標準直接労務費	@30円 (標準賃率)	×	2時間 (標準直接作業時間)	＝	60円

3. 当月の実際直接労務費は2,660円(@28円×95時間)であった。

差異分析図を書いて
計算しましょう

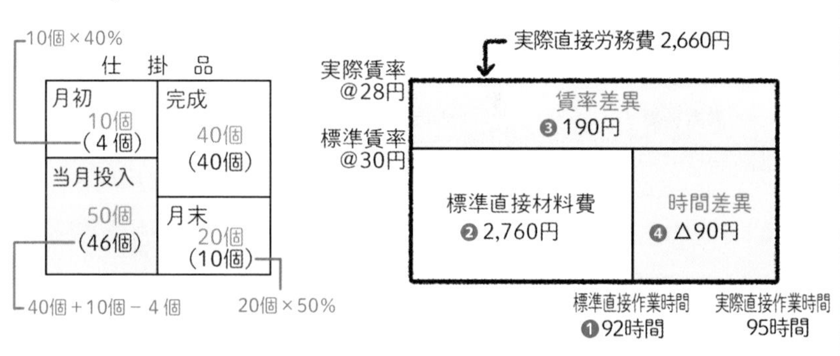

例 42-1 の答え

❶標準直接作業時間：2時間×46個＝92時間
❷標準直接労務費：@30円×92時間＝2,760円

直接労務費差異：2,760円－2,660円
＝100円（貸方差異・有利差異）
❸賃率差異：（@30円－@28円）×95時間
＝190円（貸方差異・有利差異）
❹時間差異：@30円×（92時間－95時間）
＝△90円（借方差異・不利差異）

これが答え

F社
賃率差異はプラスだけど
時間差異はマイナスだね

43 製造間接費差異の分析

製造間接費の差異が240円(借方差異)生じている。なにが原因だろう?

分析してみましょう

1 製造間接費差異の分析

ちょっと複雑になるよ…

製造間接費差異は、さらに**予算差異**、**操業度差異**、**能率差異**に分けることができます。

公式法変動予算を前提とした場合の各差異は次のように計算します。

公式法変動予算はレッスン19で学習済みなので

ここでちょっとレッスン19に戻って確認してきてください

● 予算差異

予算差異は、予算許容額と実際発生額との差額をいいます。

予算差異＝予算許容額－実際発生額

　　　　　└→**変動費率×実際操業度＋固定費予算額**

原価が予算
どおりに発生
していないときに
生じる差異です

● 操業度差異

操業度差異は、固定費部分から生じる差異で、実際操業度と基準操業度の差に固定費率を掛けて計算します。

操業度差異
＝固定費率×(実際操業度－基準操業度)

機械等の生産設備の
利用の良し悪し
によって生じる
差異です

● 能率差異

能率差異は、標準操業度と実際操業度の差から生じる差異で、標準操業度と実際操業度の差に標準配賦率を掛けて計算します。

能率差異
＝標準配賦率×(標準操業度－実際操業度)

作業能率の
良し悪しによって
生じる差異です

なお、能率差異は変動費部分から生じたものと、固定費部分から生じたものに分けることもあります。

変動費能率差異

＝変動費率×(標準操業度－実際操業度)

固定費能率差異

＝固定費率×(標準操業度－実際操業度)

試験で
「能率差異は変動費
部分と固定費部分から
生じたものである」

という指示がついたら
変動費部分と固定費部分を
分けずに解答します

三分法とか四分法
とかいう名称は
覚えなくてOK

公式法変動予算による製造間接費差異の分析は、能率差異の扱いによって、いくつかの方法があります。

●**製造間接費差異の分析方法**

問題文に「能率差異は変動費部分と固定費部分から生じたものである」とあったらコレ→三分法-1

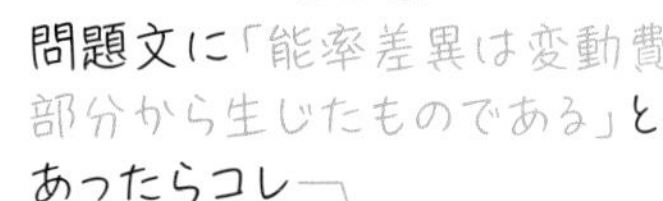

問題文に「能率差異は変動費部分から生じたものである」とあったらコレ→三分法-2

<table>
<tr><th>四分法</th><th>三分法-1</th><th>三分法-2</th></tr>
<tr><td>予算差異</td><td>予算差異</td><td>予算差異</td></tr>
<tr><td>変動費能率差異</td><td rowspan="2">能率差異</td><td>能率差異</td></tr>
<tr><td>固定費能率差異</td><td rowspan="2">操業度差異</td></tr>
<tr><td>操業度差異</td><td>操業度差異</td></tr>
</table>

問題文に「能率差異は変動費部分と固定費部分に分けるものとする」とあったらコレ→四分法

2 製造間接費差異の分析図

この図がササッと
書けるようにしておいて！

製造間接費差異の分析図を書くと、次のようになります。

まずは三分法-1
をおさえて

●製造間接費差異の分析図❶

三分法-1

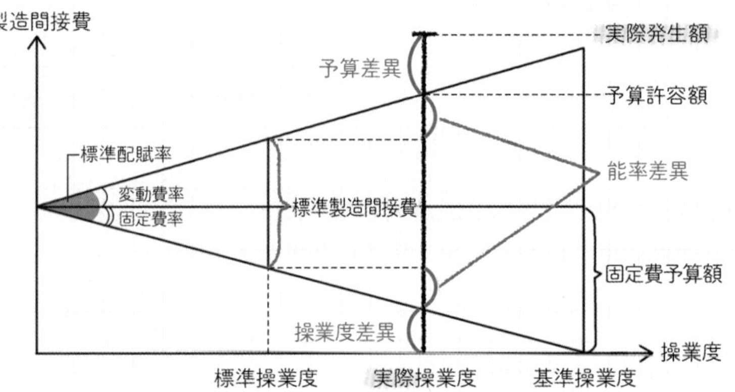

[注意事項]

・縦軸に製造間接費(金額)、横軸に操業度を書く

・操業度は内側から「標準」「実際」「基準」の順に書く

・必ず「内側」から「外側」を差し引く

三分法-2と
四分法はこう!

●製造間接費差異の分析図❷

三分法-2

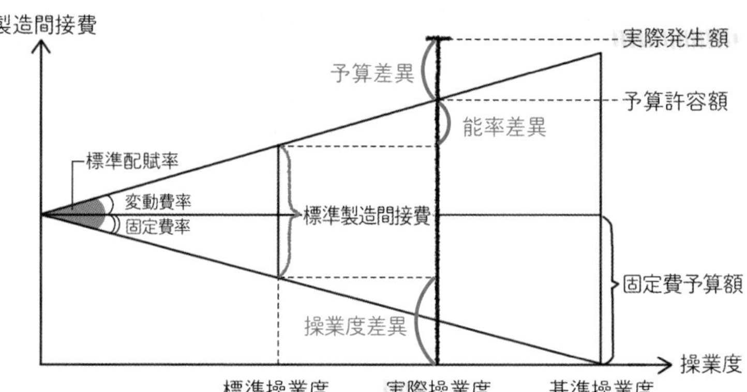

四分法

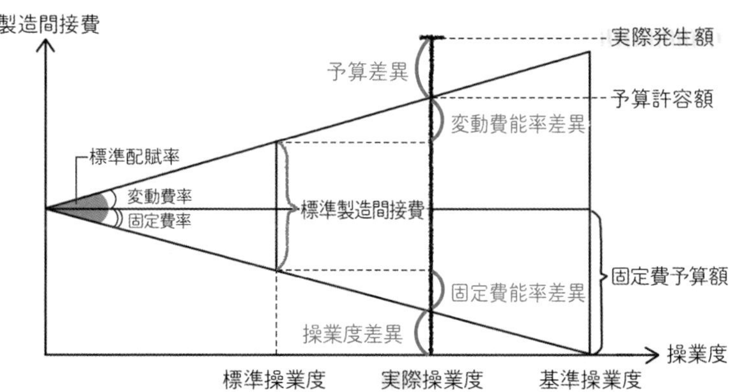

ちょっとやってみましょう

例 43-1 次の資料にもとづいて、製造間接費差異を計算し、予算差異、操業度差異、能率差異に分析しなさい。なお、能率差異は変動費と固定費からなるものとする。

［資料］

1. 生産データ

月初仕掛品	10個	(40%)
当月投入	50	
合計	60個	
月末仕掛品	20	(50%)
完成品	40個	

＊1 材料はすべて工程の始点で投入している。
＊2 (　　)内の数値は加工進捗度を示す。

2. 標準原価カード

標準原価カード						
標準製造間接費	@35円 (標準配賦率)	×	2時間 (標準直接作業時間)	=	70円

3. 公式法変動予算(月間)
変動費率は@15円、固定費予算額は2,000円、基準操業度は?時間である。

4. 製造間接費は直接作業時間を配賦基準としている。

5. 当月の製造間接費実際発生額は3,460円、実際直接作業時間は95時間であった。

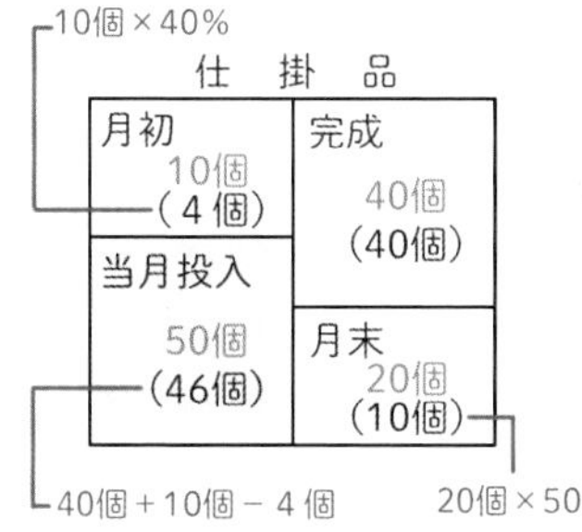

差異分析図を書いて計算しましょう

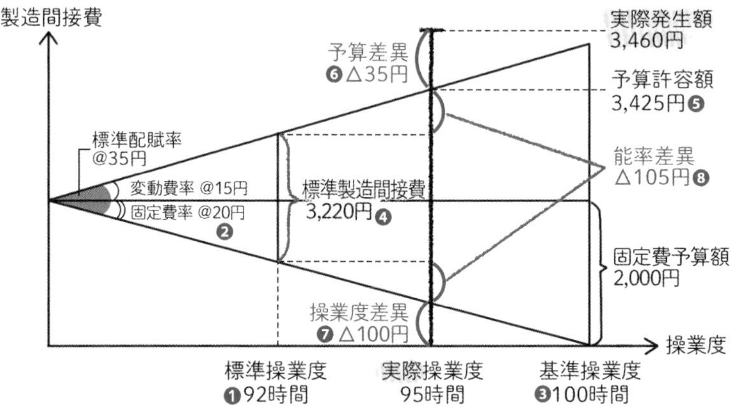

例 43-1 つづき

❶標準操業度：2時間×46個＝92時間

❷固 定 費 率：@35円（標準配賦率）－@15円（変動費率）＝@20円

❸基準操業度：2,000円（固定費予算額）÷@20円（固定費率）＝100時間

❹標準製造間接費：@35円×92時間＝3,220円

❺予算許容額：@15円×95時間＋2,000円＝3,425円

例 43-1
の答え

製造間接費差異：3,220円－3,460円
＝△240円（借方差異・不利差異）
❻予 算 差 異：3,425円－3,460円
＝△35円（借方差異・不利差異）
❼操業度差異：@20円×（95時間－100時間）
＝△100円（借方差異・不利差異）
❽能 率 差 異：@35円×（92時間－95時間）
＝△105円（借方差異・不利差異）

参考　製造間接費差異の分析図と公式の関係

分析図の操業度差異と能率差異は比例の式と平行線の性質を使って計算しています。

比例の式は、横軸（底辺）をx、縦軸（高さ）をy、傾き（角度）をaとすると「y＝ax」となります。

つまり、「高さ＝角度×底辺」ということなので、変動費能率差異の場合には、「変動費率×（標準操業度－実際操業度）」で計算することができるのです。

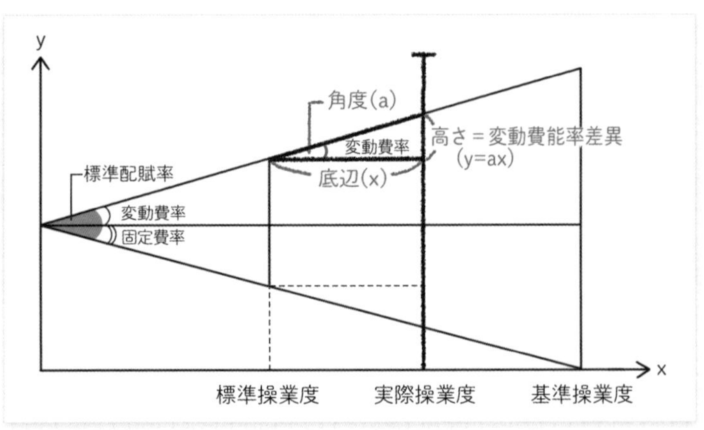

操業度差異も同様ですが、操業度差異の場合、「平行線の錯角は等しい」という性質も使います。

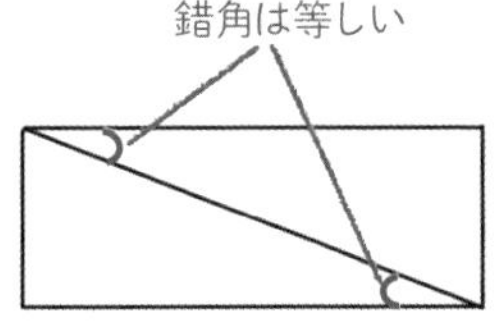

錯角とは、平行線に斜めの線を入れたときの相対する角度のことをいいます

そのため、操業度差異は「固定費率×（実際操業度－基準操業度）」で計算することができるのです

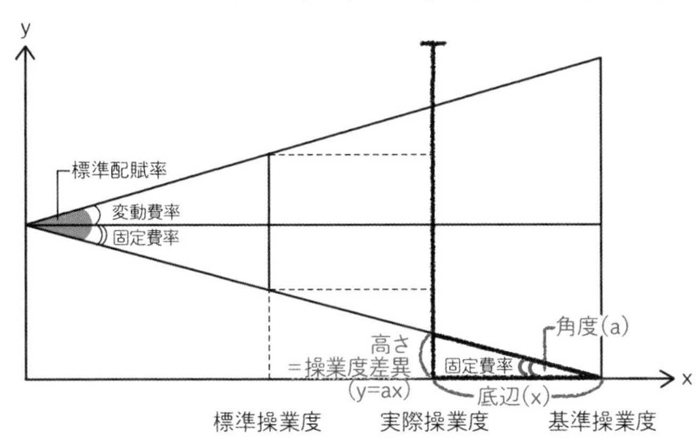

参考　固定予算の場合の差異分析

固定予算の場合の差異分析は、基本的には公式法変動予算の場合の差異分析と同じです。

ただし、固定予算では予算を変動費と固定費に分けて設定しないため、操業度差異を計算するときは、標準配賦率を用います。

予 算 差 異＝予算許容額－実際発生額
　　　　　　　└→月間予算額

操業度差異＝標準配賦率×（実際操業度－基準操業度）

能 率 差 異＝標準配賦率×（標準操業度－実際操業度）

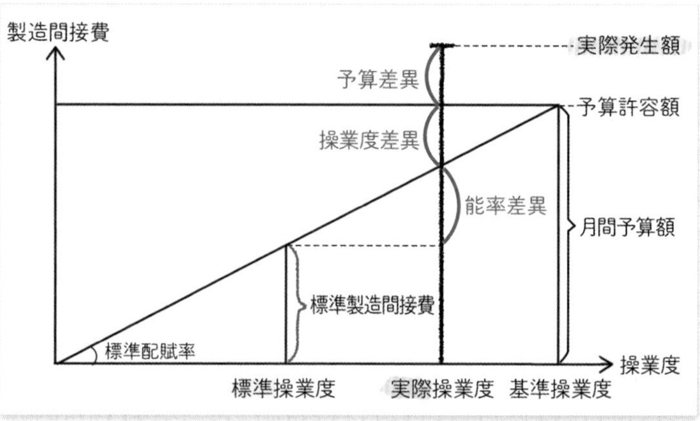

例 43-2 **次の資料にもとづいて、製造間接費差異を計算し、予算差異、操業度差異、能率差異に分析しなさい。なお、固定予算を採用している。**

［ 資料 ］

1. 生産データ
　当月投入の完成品換算量は46個である。
2. 製造間接費の標準配賦率は@35円で、直接作業時間を配賦基準としている。なお、製品1個あたりの直接作業時間は2時間である。
3. 製造間接費の月間固定予算額は3,500円、月間基準操業度は100時間である。
4. 当月の製造間接費実際発生額は3,460円、実際直接作業時間は95時間であった。

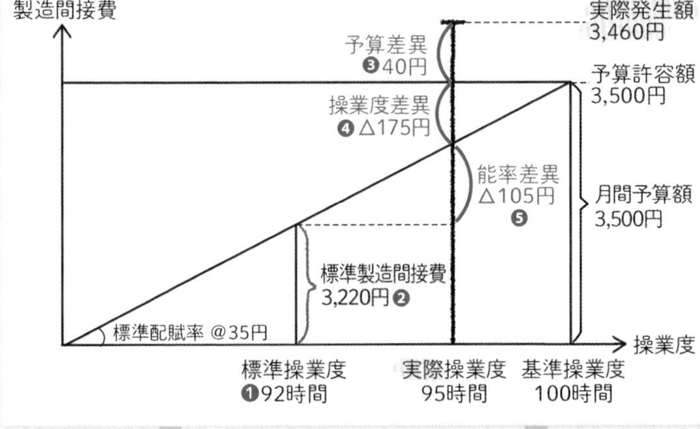

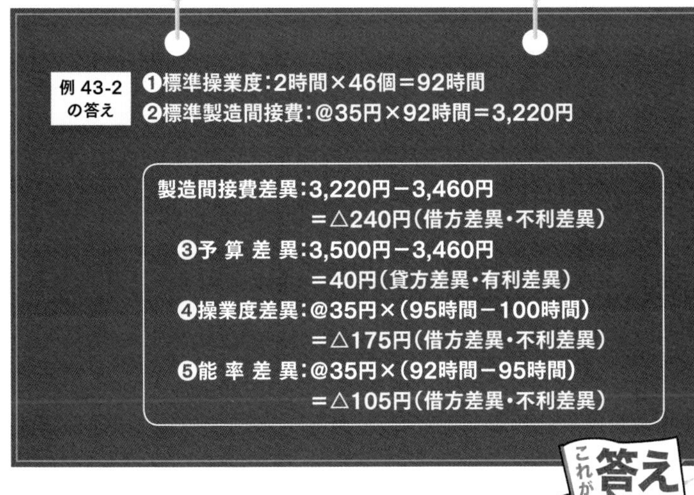

例 43-2 の答え

❶標準操業度：2時間×46個＝92時間
❷標準製造間接費：@35円×92時間＝3,220円

製造間接費差異：3,220円－3,460円
＝△240円（借方差異・不利差異）
❸予 算 差 異：3,500円－3,460円
＝40円（貸方差異・有利差異）
❹操業度差異：@35円×（95時間－100時間）
＝△175円（借方差異・不利差異）
❺能 率 差 異：@35円×（92時間－95時間）
＝△105円（借方差異・不利差異）

これが答え

テーマ13の全体像とまとめ

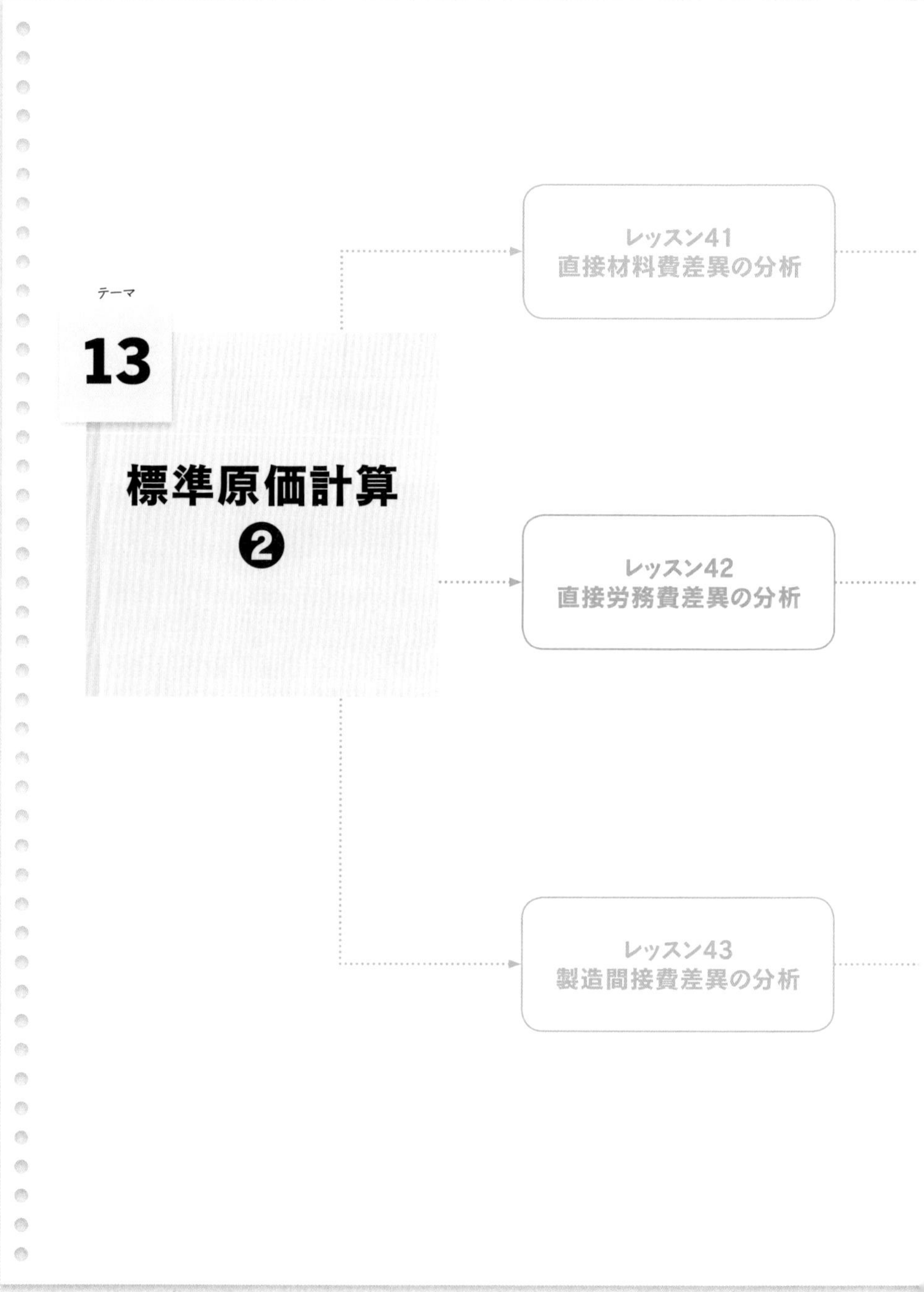

テーマ

13

標準原価計算 ❷

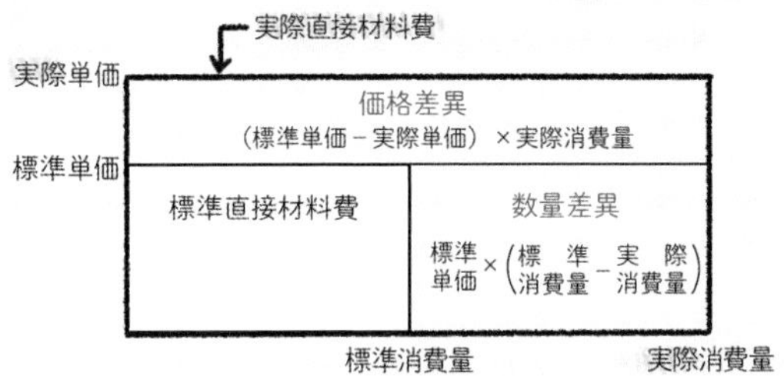

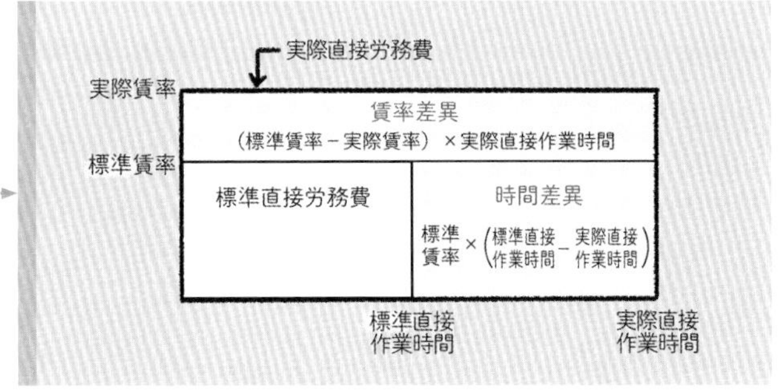

三分法-1

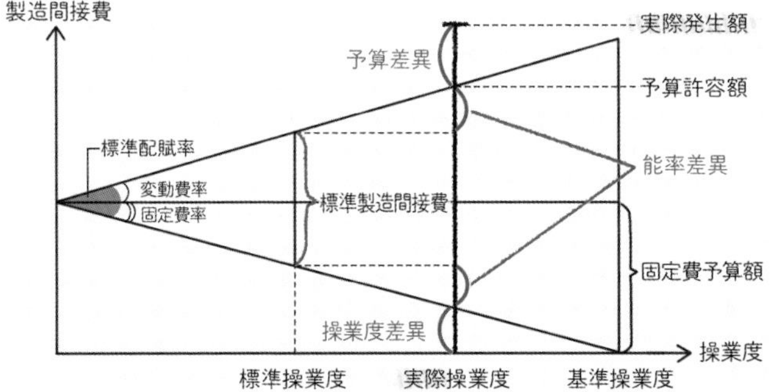

ここ、試験によく出ます！
しっかり問題を
解いておいて！

STAGE 7

直接原価計算

**来期に製品をいくらで作って、
いくらで販売すれば、
目標利益を達成するかなど、
利益計画に役立つ原価計算方法を学習します。**

» P. 298

テーマ

14 直接原価計算

STAGE 7

テーマ 14

テーマ 14 直接原価計算で学ぶ内容

Lesson 44 直接原価計算とは

来期の利益計画に役立つ資料を提出する！
どんな資料が役立つかな？

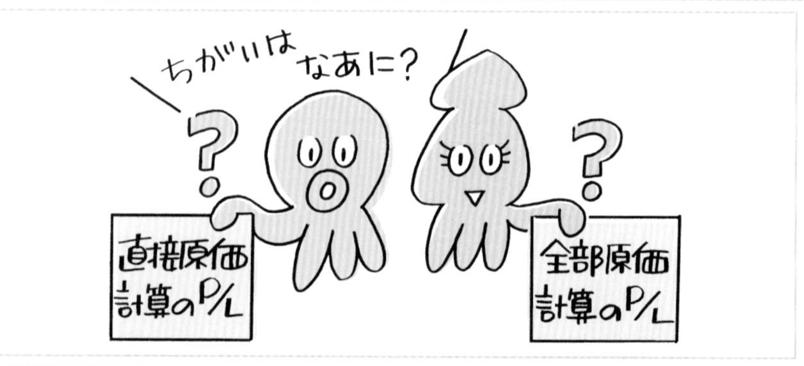

Lesson 45 直接原価計算の損益計算書

直接原価計算は原価のうち変動費だけを製品原価として計算する。
……固定費はどこいくの？

「利益」に着目した原価計算!

Lesson

46 CVP分析

**赤字にならないためには
いくら売り上げればいい?
目標とする営業利益を達成するためには
いくら売り上げればいい?
……そんな話を見ていきます。**

Lesson

47 高低点法

**原価を変動費と固定費に分けるのは
どうやってやったらいい?**

Lesson 来期の目標利益を稼ぐには、売上げはいくら？

44 直接原価計算とは

来期の利益計画を立てている。
なにか役に立つ原価計算方法はあるかな？

こういうときに
役立つ原価計算を
見ていきましょう

1　「原価」と「利益」

利益管理のための原価計算！

これまでは、「原価」に注目した原価計算を見てきましたが、会社が存続するためには、「利益」も気にする必要があります。

ここでは、「利益」に注目した、「利益管理のための原価計算」について見ていきます。

2　全部原価計算と直接原価計算

固定費の取り扱いによって異なる

これまで見てきた原価計算では、製品の製造に関する原価はすべて製品原価として計算しました。このような原価計算を**全部原価計算**（ぜんぶげんかけいさん）といいます。

これに対して、「利益管理のための原価計算」では、製品の製造原価のうち、変動費のみで製品原価を計算します。また、固定費については製品原価としないで、期間費用として処理します。このような原価計算を**直接原価計算**といいます。

> 語句
>
> **期間費用**（きかんひよう）
> 一定期間で発生した額を（製品原価ではなく）その期間の費用として計上すること

まとめ

●全部原価計算と直接原価計算

・全部原価計算…製品の製造にかかった原価はすべて製品原価として計算する
・直接原価計算…製品の製造にかかった原価のうち、変動費のみを製品原価として計算する

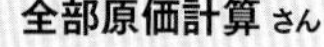
全部原価計算さん

直接原価計算さん

● 変動費と固定費

変動費とは、操業度に比例して発生する原価をいいます。

また、固定費とは、操業度の増減に関係なく一定額が発生する原価をいいます。

製造原価、販売費、一般管理費を変動費と固定費に区分すると次のようになります。

変動費と固定費はレッスン2で学習済みです！

●変動費と固定費

		変動費		固定費
製造原価	→	変動製造原価	＋	固定製造原価
販売費	→	変動販売費	＋	固定販売費
一般管理費	→			一般管理費

45 直接原価計算の損益計算書

直接原価計算と全部原価計算の
損益計算書はなにが違うんだろう？
違いを見て
いきましょう！
ちがいは
なあに？
直接原価
計算のP/L
全部原価
計算のP/L

1 直接原価計算の特徴

固定費に注目！

直接原価計算の特徴をまとめると、次のとおりです。

●直接原価計算の特徴

① 原価を変動費と固定費に分ける
② 変動製造原価だけで製品原価を計算する
③ 固定製造原価は発生額を全額、その期間の費用として計上する

2　全部原価計算と直接原価計算のP/L　どこが違う?

直接原価計算の特徴は損益計算書にあらわれます。

全部原価計算と直接原価計算の損益計算書を示すと、次のとおりです。

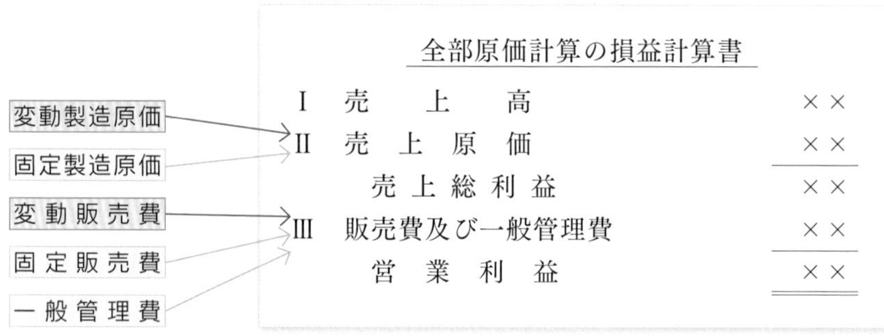

直接原価計算の損益計算書

変動製造原価 →	Ⅱ　変動売上原価		××
	Ⅰ　売上高		××
	変動製造マージン		××
変動販売費 →	Ⅲ　変動販売費		××
	貢献利益		××
	Ⅳ　固定費		
固定製造原価 →	1．固定製造原価	××	
固定販売費、一般管理費 →	2．固定販売費及び一般管理費	××	××
	営業利益		××

直接原価計算では、売上高から変動売上原価を差し引いた利益を**変動製造マージン**、変動製造マージンから変動販売費を差し引いた利益を**貢献利益**(こうけんりえき)といいます。また、貢献利益から固定費を差し引いて**営業利益**を求めます。

各段階の利益は覚えて!

ちょっと
やってみましょう
まずは全部
原価計算から

例 45-1 次の資料にもとづいて、全部原価計算による損益計算書を完成させなさい。

［資料］

［生産・販売データ］

期首仕掛品	0個	期首製品	0個
当期投入	40	当期完成品	40
合計	40個	合計	40個
期末仕掛品	0	期末製品	2
当期完成品	40個	当期販売	38個

［原価データ］

① 直接材料費(変動費) @20円
② 加工費(変動費) @15円 (固定費) 400円
③ 販売費(変動費) @ 5円 (固定費) 350円
④ 一般管理費(固定費) 450円

［その他］

製品1個あたりの販売単価は@100円である。

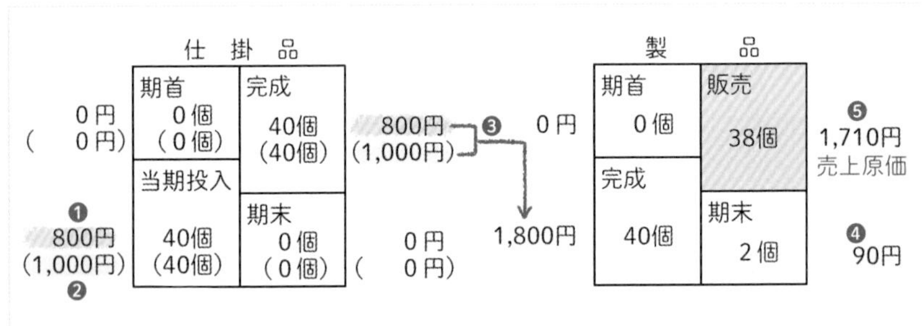

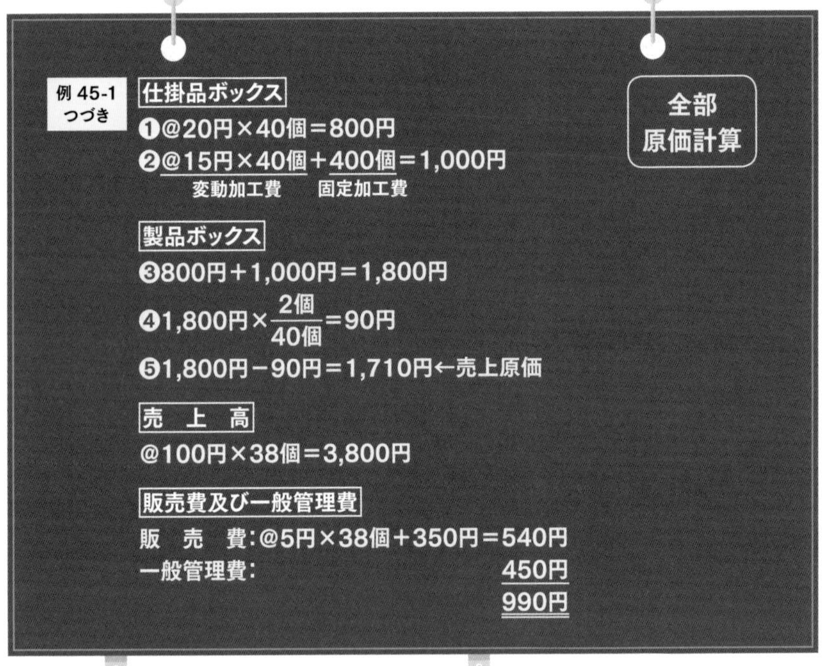

例 45-1
の答え

全部原価計算の損益計算書

I	売　上　高	3,800
II	売　上　原　価	1,710
	売　上　総　利　益	2,090
III	販売費及び一般管理費	990
	営　業　利　益	1,100

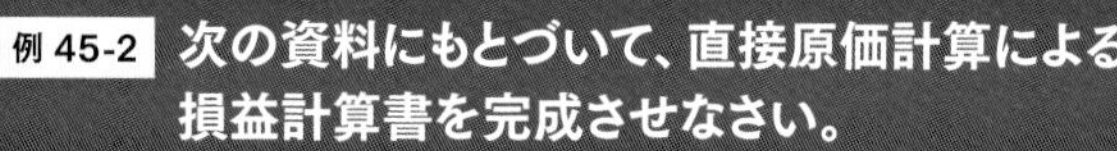

同じデータを使って
次は直接原価計算!

例 45-2 **次の資料にもとづいて、直接原価計算による損益計算書を完成させなさい。**

［資料］

［生産・販売データ］

期首仕掛品	0個	期首製品	0個
当期投入	40	当期完成品	40
合計	40個	合計	40個
期末仕掛品	0	期末製品	2
当期完成品	40個	当期販売	38個

［原価データ］

① 直接材料費(変動費) @20円
② 加工費(変動費) @15円 (固定費) 400円
③ 販売費(変動費) @ 5円 (固定費) 350円
④ 一般管理費(固定費) 450円

［その他］

製品1個あたりの販売単価は@100円である。

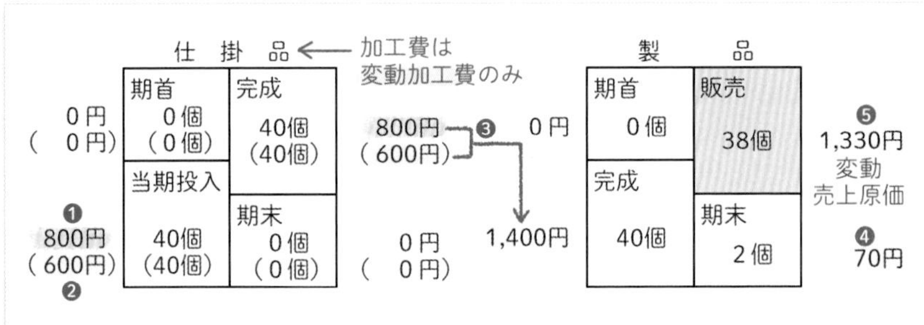

例 45-2 つづき

直接原価計算

仕掛品ボックス

❶@20円×40個＝800円

❷@15円×40個＝600円（変動加工費）

製品ボックス

❸800円＋600円＝1,400円

❹1,400円×$\frac{2個}{40個}$＝70円

❺1,400円－70円＝1,330円←変動売上原価

売上高

@100円×38個＝3,800円

変動販売費

@5円×38個＝190円

固定費

固定製造原価：400円

固定販売費及び一般管理費：350円＋450円＝800円

例 45-2 の答え

直接原価計算の損益計算書

Ⅰ　売　上　高		3,800
Ⅱ　変動売上原価		1,330
変動製造マージン		2,470
Ⅲ　変動販売費		190
貢　献　利　益		2,280
Ⅳ　固　定　費		
1．固定製造原価	400	
2．固定販売費及び一般管理費	800	1,200
営　業　利　益		1,080

参考　固定費調整

固定費調整とは、直接原価計算の営業利益から全部原価計算の営業利益にするための修正手続きをいいます。

財務諸表上の金額は全部原価計算ベースのものでなければならないので、

「直接」の営業利益を「全部」の営業利益に修正する必要があるのです

直接原価計算の営業利益と全部原価計算の営業利益の差額は、在庫(期首・期末仕掛品、期首・期末製品)に含まれる固定製造原価です。したがって、その分だけ修正計算をします。

なお、固定費調整の公式は次のとおりです。

「全部」の営業利益 ＝ 「直接」の営業利益 ＋ 期末在庫に含まれる固定製造原価 － 期首在庫に含まれる固定製造原価

Lesson 直接原価計算のP/Lからラクラク計算！

46 CVP分析

来期に赤字を出さないためには いくら売り上げればいい？

目標利益を稼ぐためには いくら売り上げればいい？

このような利益計画に役立つ内容を見ていきます

1 CVP分析とは

Cost・Volume・Profitの関係を見てみよう

直接原価計算の損益計算書を使って、「いくらの利益を達成するには、売上高はいくら必要か」などの分析をすることができます。この分析を**CVP分析**といいます。

2級で学習するCVP分析には、次のものがあります。

語句

CVP分析
原価(Cost)、生産・販売量(Volume)、利益(Profit)の関係を明らかにするための分析

CVP分析隊

2級で学習するCVP分析

- 損益分岐点の売上高
- 目標営業利益を達成するための売上高
- 目標営業利益率を達成するための売上高
- 安全余裕率

具体的な分析に入る前に
これを見ておきましょう

2 CVP分析と直接原価計算のP/L

P/Lにあてはめて解く!

CVP分析は公式を用いて行いますが、問題を解くときには、(簡略化した)直接原価計算の損益計算書を用いて解くほうが解きやすいです。

P/L	
売 上 高	××
変 動 費	××
貢献利益	××
固 定 費	××
営業利益	××

3 変動費率と貢献利益率

売上高に対する割合

CVP分析では、売上高に対する変動費と貢献利益の割合は一定であるという性質を用いて計算を行います。

売上高に対する変動費を**変動費率**（へんどうひりつ）、売上高に対する貢献利益を**貢献利益率**（こうけんりえきりつ）といい、変動費率と貢献利益率を合わせると「1」になります。

$$\text{変動費率} = \frac{\text{変動費}}{\text{売上高}} \qquad \text{貢献利益率} = \frac{\text{貢献利益}}{\text{売上高}}$$

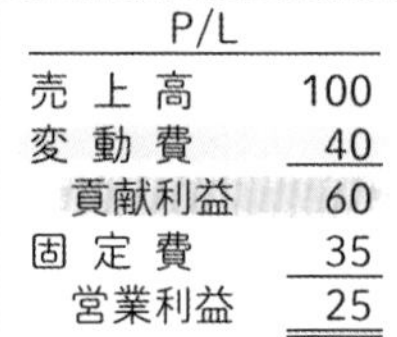

P/L	
売上高	100
変動費	40
貢献利益	60
固定費	35
営業利益	25

変動費率：$\frac{40\text{円}}{100\text{円}}=0.4$

貢献利益率：$\frac{60\text{円}}{100\text{円}}=0.6$

ここからCVP分析、はじまります

4　損益分岐点の売上高

営業利益=0円

損益分岐点の売上高とは、赤字と黒字の境目となる売上高で、営業利益が0円となるときの売上高をいいます。

したがって、損益分岐点の売上高を計算するときは、「売上高をS(円)」、「**営業利益を0円**」として直接原価計算の損益計算書を作って解きます。

なお、損益分岐点の売上高のときの販売量をX(個)として直接原価計算の損益計算書を作ってもかまいません。

「S」はSales(売上高)の「S」です

具体例を使って
やってみましょう

例 46-1 **次の資料にもとづいて、損益分岐点の売上高とそのときの販売量を計算しなさい。**

［ 資料 ］

［原価データ］
① 直接材料費(変動費) @20円
② 加 工 費(変動費) @15円 (固定費) 400円
③ 販 売 費(変動費) @ 5円 (固定費) 350円
④ 一般管理費(固定費) 450円

［その他］
製品1個あたりの販売単価は@100円である。

はじめに、変動費(製品1個あたりの変動費)の合計額と固定費の合計額を計算しましょう。

例 46-1 つづき
変動費：@20円＋@15円＋@5円＝@40円
固定費：400円＋350円＋450円＝1,200円

● 売上高を「S」とする場合

売上高を「S」とすると、変動費は「変動費率×S」となります。本問の場合、販売単価が@100円、製品1個あたりの変動費が@40円なので、変動費率は次のようになります。

したがって、売上高を「S」とした場合の損益計算書と、それを使って求めた損益分岐点の売上高、そのときの販売量は次のようになります。

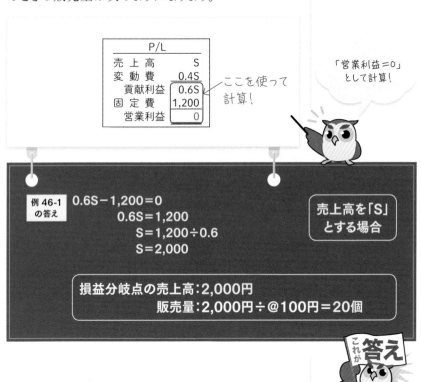

P/L	
売 上 高	S
変 動 費	0.4S
貢献利益	0.6S
固 定 費	1,200
営業利益	0

ここを使って計算！

「営業利益＝0」として計算！

例 46-1
の答え

0.6S－1,200＝0
0.6S＝1,200
S＝1,200÷0.6
S＝2,000

売上高を「S」とする場合

損益分岐点の売上高：2,000円
販売量：2,000円÷@100円＝20個

これが答え

● 販売量を「X」とする場合

販売量を「X」とした場合の損益計算書と、それを使って求めた損益分岐点の売上高、そのときの販売量は次のようになります。

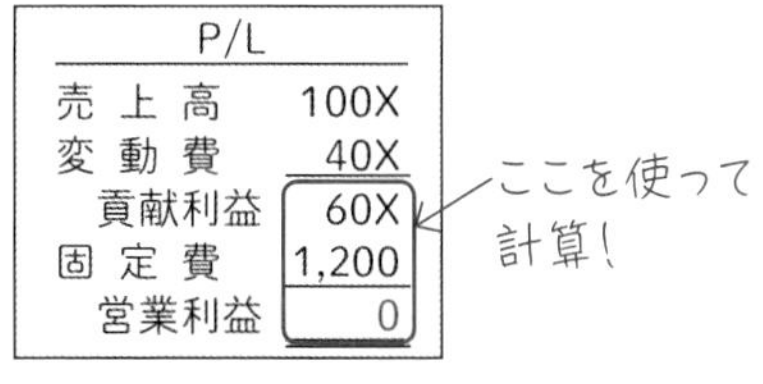

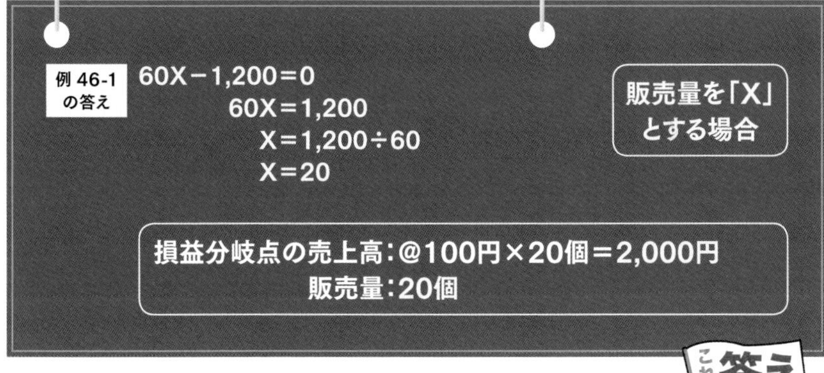

例 46-1 の答え
60X－1,200＝0
60X＝1,200
X＝1,200÷60
X＝20
販売量を「X」とする場合
損益分岐点の売上高：@100円×20個＝2,000円
販売量：20個
これが答え

● CVP分析の公式

損益分岐点の売上高を求めるCVP分析の公式は、次のとおりです。

$$\text{損益分岐点の売上高} = \frac{\text{固定費}}{\text{貢献利益率}}$$

5　目標営業利益を達成する売上高

営業利益＝
目標営業利益

目標営業利益を達成する売上高を求めるときは、「**営業利益＝目標利益**」として直接原価計算の損益計算書を作って解きます。

具体例を使って
やってみましょう

例 46-2　次の資料にもとづいて、目標営業利益600円を達成する売上高とそのときの販売量を計算しなさい。

［資料］

［原価データ］

① 直接材料費(変動費)　@20円
② 加　工　費(変動費)　@15円　(固定費)　400円
③ 販　売　費(変動費)　@ 5円　(固定費)　350円
④ 一般管理費(固定費)　450円

［その他］
製品1個あたりの販売単価は@100円である。

変動費：@ 40円
固定費：1,200円

変動費率：$\frac{@40円}{@100円}$＝0.4

● 売上高を「S」とする場合

P/L	
売 上 高	S
変 動 費	0.4S
貢献利益	0.6S
固 定 費	1,200
営業利益	600

ここを使って計算!

「営業利益＝600」として計算!

例 46-2 の答え

0.6S－1,200＝600
0.6S＝600＋1,200
S＝1,800÷0.6
S＝3,000

売上高を「S」とする場合

目標営業利益を達成する売上高：3,000円
販売量：3,000円÷@100円
＝30個

これが答え

● 販売量を「X」とする場合

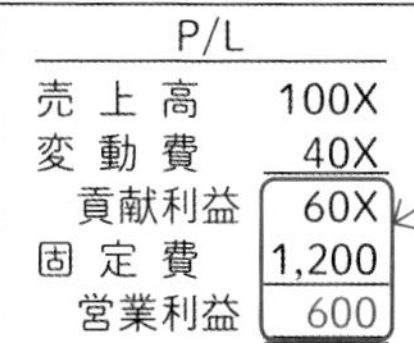

P/L	
売 上 高	100X
変 動 費	40X
貢献利益	60X
固 定 費	1,200
営業利益	600

ここを使って計算!

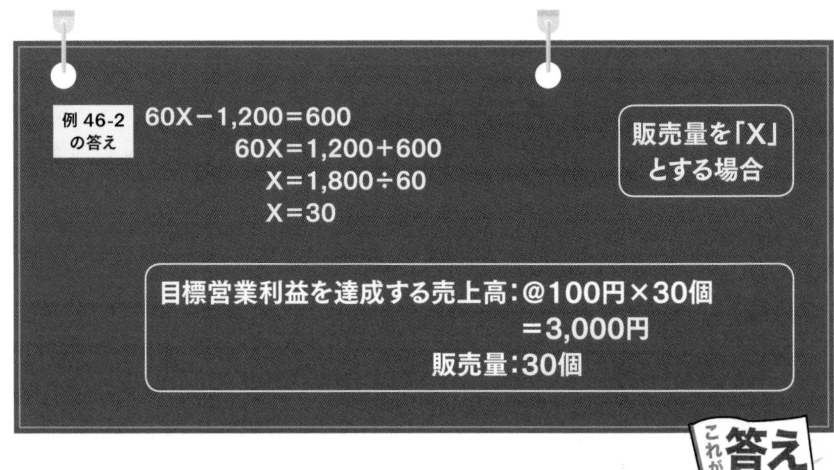

例 46-2 の答え
60X－1,200＝600
60X＝1,200＋600
X＝1,800÷60
X＝30
販売量を「X」とする場合
目標営業利益を達成する売上高：@100円×30個
＝3,000円
販売量：30個
これが答え

CVP分析の公式

目標営業利益を達成する売上高を求めるCVP分析の公式は、次のとおりです。

$$\text{目標営業利益を達成する売上高} = \frac{\text{固定費}+\text{目標営業利益}}{\text{貢献利益率}}$$

6　目標営業利益率を達成する売上高　こんどは「率」

目標営業利益率とは、売上高に対する目標営業利益の割合をいいます。

$$\text{目標営業利益率} = \frac{\text{目標営業利益}}{\text{売上高}}$$

したがって、目標営業利益率を達成する売上高を求めるときは「**営業利益＝目標営業利益率×売上高**」となるように直接原価計算の損益計算書を作って解きます。

例 46-3 **次の資料にもとづいて、目標営業利益率35％を達成する売上高とそのときの販売量を計算しなさい。**

［ 資料 ］

［原価データ］
① 直接材料費(変動費) @20円
② 加　工　費(変動費) @15円 (固定費) 400円
③ 販　売　費(変動費) @ 5円 (固定費) 350円
④ 一般管理費(固定費) 450円

［その他］
製品1個あたりの販売単価は@100円である。

変動費：@ 40円
固定費：1,200円

変動費率：$\frac{@40円}{@100円}$＝0.4

● 売上高を「S」とする場合

P/L	
売上高	S
変動費	0.4S
貢献利益	0.6S
固定費	1,200
営業利益	0.35S

ここを使って計算!

「営業利益＝0.35S」として計算!

例 46-3の答え

売上高を「S」とする場合

$$
\begin{aligned}
0.6S - 1,200 &= 0.35S \\
0.6S - 0.35S &= 1,200 \\
0.25S &= 1,200 \\
S &= 1,200 \div 0.25 \\
S &= 4,800
\end{aligned}
$$

目標営業利益率を達成する売上高：4,800円
販売量：4,800円÷@100円
＝48個

● 販売量を「X」とする場合

販売量をXとすると、販売単価が@100円なので、売上高は「100X」です。

そのため、営業利益は35X(0.35×100X)となります。

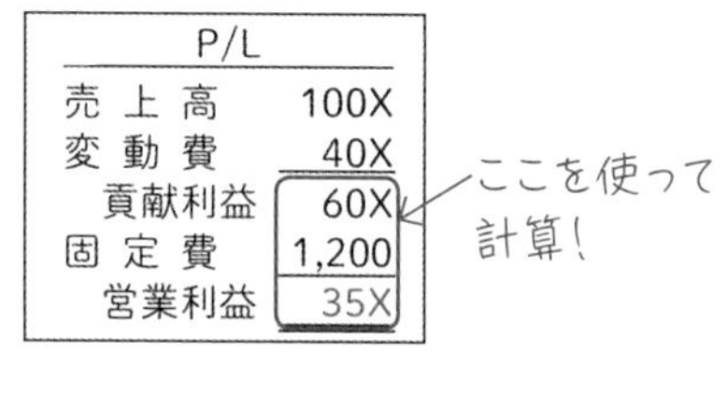

P/L	
売上高	100X
変動費	40X
貢献利益	60X
固定費	1,200
営業利益	35X

ここを使って計算！

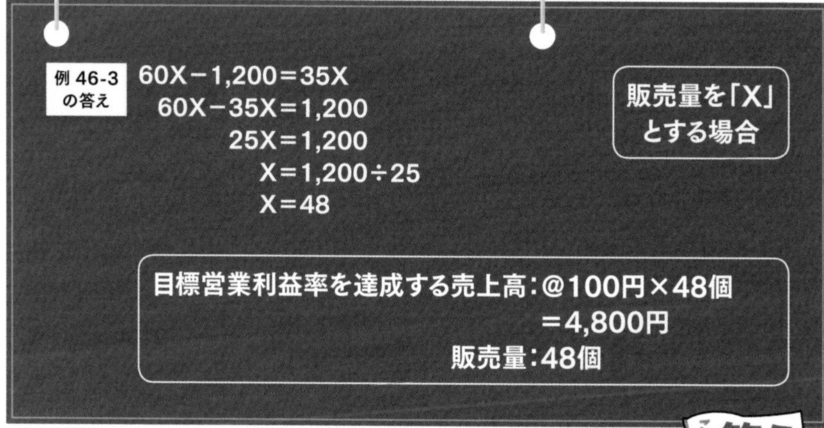

例46-3の答え

60X－1,200＝35X
60X－35X＝1,200
25X＝1,200
X＝1,200÷25
X＝48

販売量を「X」とする場合

目標営業利益率を達成する売上高：@100円×48個
＝4,800円
販売量：48個

これが答え

● CVP分析の公式

目標営業利益率を達成する売上高を求めるCVP分析の公式は、次のとおりです。

$$\text{目標営業利益率を達成する売上高} = \frac{\text{固定費}}{\text{貢献利益率} - \text{目標営業利益率}}$$

まとめ

●CVP分析

① 損益分岐点の売上高

→「営業利益＝0」

P/L	
売 上 高	S
変 動 費	0.4S
貢献利益	0.6S
固 定 費	1,200
営業利益	0

P/L	
売 上 高	100X
変 動 費	40X
貢献利益	60X
固 定 費	1,200
営業利益	0

② 目標営業利益を達成する売上高

→「営業利益＝目標営業利益」

P/L	
売 上 高	S
変 動 費	0.4S
貢献利益	0.6S
固 定 費	1,200
営業利益	600

P/L	
売 上 高	100X
変 動 費	40X
貢献利益	60X
固 定 費	1,200
営業利益	600

③ 目標営業利益率を達成する売上高

→「営業利益＝目標営業利益率×売上高」

P/L	
売 上 高	S
変 動 費	0.4S
貢献利益	0.6S
固 定 費	1,200
営業利益	0.35S

P/L	
売 上 高	100X
変 動 費	40X
貢献利益	60X
固 定 費	1,200
営業利益	35X ← 0.35×100X

7　安全余裕率　利益の余裕分がどれだけあるか

安全余裕率（あんぜんよゆうりつ）とは、予想売上高（または現在の売上高）が損益分岐点をどれだけ上回っているかを示す指標で、次の公式によって求めます。

$$安全余裕率 = \frac{予想売上高^{*} - 損益分岐点の売上高}{予想売上高^{*}} \times 100(\%)$$

＊または現在の売上高

例 46-4　次期の予想売上高は3,200円である。損益分岐点の売上高を2,000円としたときの安全余裕率を計算しなさい。

$$安全余裕率: \frac{3{,}200円 - 2{,}000円}{3{,}200円} \times 100 = 37.5\%$$

Lesson

最高点と最低点の差から計算！

47 高低点法

原価を変動費と固定費に分ける！
…っていうけど、どうやって？
う〜ん
どうやって？
どうやって分ければいいんだろう？
F社
原価
変動費
固定費

1 原価の固変分解

原価を変動費と固定費に分ける方法

原価を変動費と固定費に分ける方法（原価の固変分解）には、**高低点法**（こうていてんほう）や**費目別精査法**（ひもくべつせいさほう）があります。

ここでは、高低点法について見ていきます。

語句

費目別精査法（ひもくべつせいさほう）

過去のデータから費目ごとにひとつずつ変動費か固定費かに分けていく方法

2 高低点法

「生産量」が一番多いときと一番少ないときを選んで！

高低点法とは、過去の生産量と原価のデータから、最高の生産量のデータと最低の生産量のデータを抜き出して、原価を変動費と固定費に分ける（変動費率と固定費を計算する）方法です。

高低点法では、変動費率と固定費は次の計算式で求めます。

$$変動費率 = \frac{最高点の原価 - 最低点の原価}{最高点の生産量 - 最低点の生産量}$$

固定費＝最高点の原価－変動費率×最高点の生産量

（変動費率×最高点の生産量＝最高点の変動費）

または

固定費＝最低点の原価－変動費率×最低点の生産量

（変動費率×最低点の生産量＝最低点の変動費）

なお、このときに使うデータは、正常操業圏内にあるものから抜き出します。

「正常操業圏内」とは、「ふつうの範囲内」ということです

この範囲を超えた生産量のデータは除外します

例 47-1 次の資料にもとづいて、高低点法によって、変動費率と固定費を計算しなさい。なお、正常操業圏は月間生産量が25個から35個の間である。

［資料］　過去6か月の生産量と原価

月	生産量	原　価	
1月	27個	2,280円	←最低点
2月	30個	2,400円	
3月	32個	2,550円	
4月	35個	2,600円	←最高点
5月	16個	1,550円	←正常操業圏外
6月	28個	2,300円	

例 47-1の答え

変動費率：$\dfrac{2{,}600円-2{,}280円}{35個-27個}$＝@40円

固 定 費：2,600円－@40円×35個＝1,200円←最高点で計算

または

固 定 費：2,280円－@40円×27個＝1,200円←最低点で計算

変動費率：@40円　固 定 費：1,200円

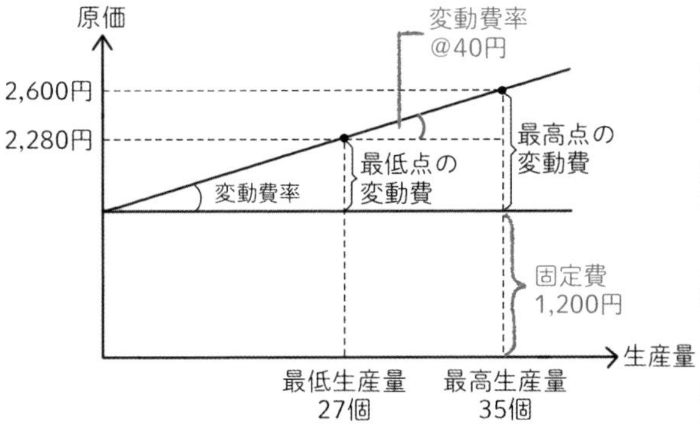
原価
変動費率
@40円
2,600円
2,280円
最高点の
変動費
最低点の
変動費
変動費率
固定費
1,200円
生産量
最低生産量
27個
最高生産量
35個

高低点法って
こういうこと!

テーマ14の全体像とまとめ

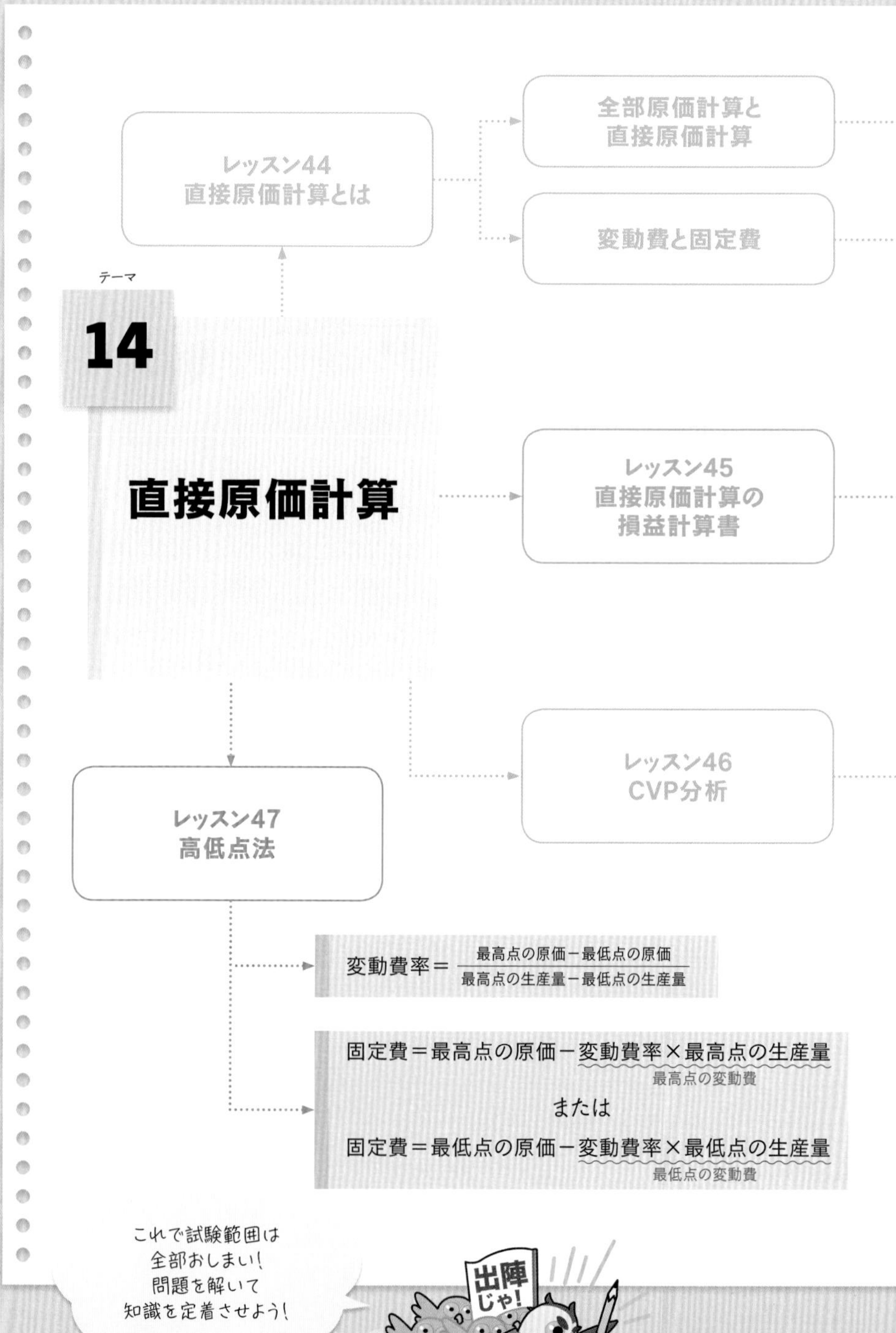
レッスン44
直接原価計算とは
全部原価計算と
直接原価計算
変動費と固定費
テーマ
14
直接原価計算
レッスン45
直接原価計算の
損益計算書
レッスン46
CVP分析
レッスン47
高低点法
変動費率＝最高点の原価－最低点の原価／最高点の生産量－最低点の生産量
固定費＝最高点の原価－変動費率×最高点の生産量
最高点の変動費
または
固定費＝最低点の原価－変動費率×最低点の生産量
最低点の変動費
これで試験範囲は
全部おしまい!
問題を解いて
知識を定着させよう!
出陣
じゃ!

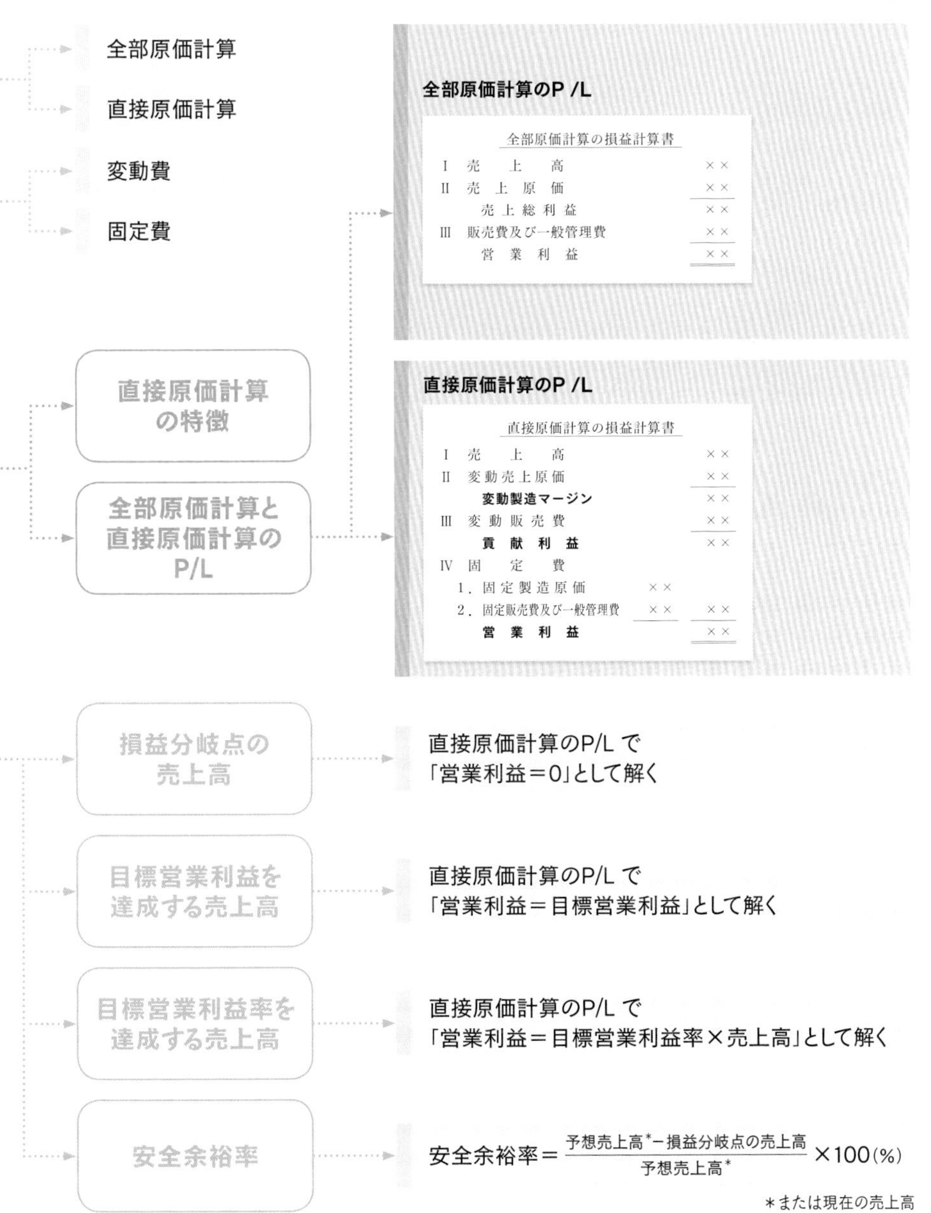

全部原価計算のP /L

全部原価計算の損益計算書

Ⅰ	売上高	××
Ⅱ	売上原価	××
	売上総利益	××
Ⅲ	販売費及び一般管理費	××
	営業利益	××

直接原価計算のP /L

直接原価計算の損益計算書

Ⅰ	売上高		××
Ⅱ	変動売上原価		××
	変動製造マージン		××
Ⅲ	変動販売費		××
	貢献利益		××
Ⅳ	固定費		
	1．固定製造原価	××	
	2．固定販売費及び一般管理費	××	××
	営業利益		××

直接原価計算のP/L で
「営業利益＝0」として解く

直接原価計算のP/L で
「営業利益＝目標営業利益」として解く

直接原価計算のP/L で
「営業利益＝目標営業利益率×売上高」として解く

$$安全余裕率＝\frac{予想売上高^{*}－損益分岐点の売上高}{予想売上高^{*}}×100(\%)$$

＊または現在の売上高

あとがきにかえて

これで日商簿記2級工業簿記の内容はすべておしまいです。最後まで、よく頑張りましたね！

……でも、これからが本番です。

基礎的な力はついていることと思いますが、本試験に合格するため、このあとは次のような学習をしてみてください。

❶ 問題編のテーマ別問題をもう一度、解く

基礎力がしっかり身についているか、もう一度、テーマ別問題を解いて確認してください。

❷ 問題編の「本試験レベルの問題　完全攻略10問」を解く

ここには工業簿記の本試験レベルの問題が10問あります。本試験レベルの問題なので、これらの問題が解けるようになれば、本試験でも8割程度得点できるはずです。だから、しっかり何度も解きなおしておいてくださいね。

❸ 別売の「新しい日商簿記2級　過去＆予想問題セレクション」を解く

本試験の形式になれるため、本書と同シリーズの「新しい日商簿記2級過去＆予想問題セレクション（別売）」を解いておきましょう。本試験と同様の気持ちで、時間（2時間）を計って解いてみてくださいね。

本試験では、下書用紙（計算用紙）として、一般的にA4サイズのコピー用紙が1枚配布されます。工業簿記ではボックス図や差異分析図などを下書用紙に書くので、書く場所や書き方も練習しておきましょうね。

ちなみに、ここで間違えた内容をメモしておく、「まちがいノート」を作って

おくといいと思いますよ。

❹ 本試験直前には…

本試験直前は、いままでやった問題を解きなおす時間にあてましょう。くれぐれも前日や当日に新しい問題を解いてしまわないように！

❺ 本試験前日には…

学習面では総復習を。それ以外に持ち物と試験会場までの行き方をチェックしておきましょう。

持ち物には次のものがあります。

・受験票 ・電卓 ・筆記用具（黒の鉛筆またはシャープペンシル、消しゴム）
・身分証明書（写真付き）

それ以外に、試験前にちょこっと確認できるもの（上記「まちがいノート」など）を持っていると、落ち着くかもしれません。

❻ 本試験当日には…

持ち物の再確認を！

2級は午後の試験なので、午前中にこれまで解いた標準的な問題を1回分、解いておくといいかもしれません。また、「試験会場についたらこれをやる」というもの（「まちがいノート」を見るとか、問題を解く順序、時間配分をイメージするなど）を決めておくといいかな、と思います。

索引

か

さ

索引

や

ら

問題編

テーマ別問題

本試験レベルの問題 完全攻略10問

テーマ別問題

各テーマの学習が終わったら、そのつど問題を解いておきましょう。すべての問題に解答用紙がついているので、解答用紙にしっかり記入してくださいね。

テーマ1 工業簿記の基礎

問題 1-1 原価計算の流れ

次の勘定連絡図（製品原価の計算の流れ）の（　　　）にあてはまる語句を答えなさい。

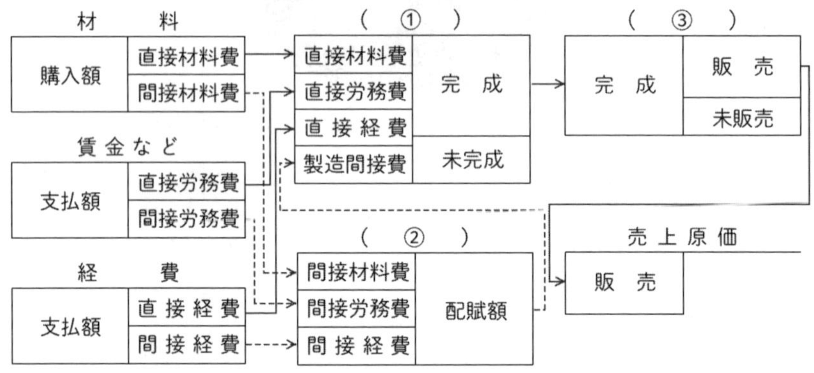

テーマ2 材料費

問題 2-1 材料費の分類

次の［資料］にもとづいて、直接材料費と間接材料費の金額を計算しなさい。

［資料］

素材費　10,000円　補助材料費　3,000円　工場消耗品費　1,000円

買入部品費　4,000円　消耗工具器具備品費　2,000円

問題 2-2 材料費の処理

次の各取引について、仕訳をしなさい。なお、勘定科目は次の中から最も適当なものを選ぶこと。

［勘定科目］現金　売掛金　買掛金　材料　仕掛品　製造間接費　製品

(1)　材料5,000円を仕入れ、代金は掛けとした。なお、引取運賃200円は現金で支払った。

(2)　以前に購入した材料800円を返品した。なお、同額の買掛金を減額する。

(3)　材料4,000円を消費した。このうち直接材料費は3,000円、間接材料費は1,000円である。

問題 2-3 材料費の計算

次の［資料］にもとづいて、(1) 先入先出法と (2) 平均法によって、当月の材料消費額を計算しなさい。

［資料］

月 初 有 高　10kg　@212円

当月仕入高　50kg　@200円

当月消費数量　40kg

問題 2-4　材料の棚卸減耗

次の［資料］にもとづいて、材料の棚卸減耗費を計上する仕訳をしなさい。なお、材料の消費単価の計算は平均法による。

［勘定科目］現金　材料　仕掛品　製造間接費

［資料］

月　初　有　高　20kg　@158円
当 月 仕 入 高　60kg　@150円
当 月 消 費 数 量　70kg
月末実地棚卸量　8 kg

問題 2-5　予定消費単価を用いた場合

次の一連の取引について仕訳しなさい。

［勘定科目］材料　仕掛品　製造間接費　材料消費価格差異

(1)　直接材料として材料60kgを消費した。なお、材料費は予定消費単価@200円を用いて計算している。

(2)　当月の材料の実際消費額を先入先出法により計算し、予定消費額との差額を材料消費価格差異勘定に振り替えた。なお、月初有高は10kg（@196円）、当月仕入高は70kg（@202円）であった。

テーマ3 労務費

問題 3-1 労務費の分類

次の［資料］にもとづいて、直接労務費と間接労務費の金額を計算しなさい。なお、すべて当月消費額である。

［資料］

直接工の直接作業賃金	25,000円	直接工の間接作業賃金	3,000円
間接工賃金	10,000円	工場事務員の給料	5,000円
従業員賞与手当	3,500円	退職給付費用	1,000円
法定福利費	500円		

問題 3-2 労務費の処理①

次の［資料］にもとづいて、当月の賃金消費額を計算しなさい。

［資料］

前月賃金未払額　5,000円　当月賃金支払額　30,000円

当月賃金未払額　4,000円

問題 3-3 労務費の処理②

次の一連の取引について、仕訳をしなさい。

［勘定科目］当座預金　仕掛品　未払賃金　預り金　賃金　製造間接費

(1) 月初において、前月の賃金未払額500円を未払賃金勘定から賃金勘定に振り替えた。

(2) 当月の賃金支給額8,000円から源泉所得税800円を差し引いた残額を当座預金口座から支払った。

(3) 当月の賃金消費額は7,700円で、直接労務費5,500円、間接労務費2,200円であった。

(4) 月末において、当月の賃金未払額200円を計上する。

問題 3-4 予定賃率を用いた場合

次の一連の取引について、仕訳をしなさい。

［勘定科目］仕掛品　製造間接費　賃金　賃率差異

(1) 当月の直接工の賃金消費額を計上する。直接工の実際作業時間は60時間（直接作業時間50時間、間接作業時間10時間）であった。なお、直接工の賃金消費額は予定賃率@500円を用いて計算する。

(2) 当月の直接工の実際賃金消費額は29,300円であった。予定消費額との差額を賃率差異として計上する。

テーマ4 経　費

問題 4-1 経費の分類

次の［資料］にもとづいて、直接経費と間接経費の金額を計算しなさい。なお、すべて当月消費額である。

［資料］

工場減価償却費	1,000円	外注加工賃	8,000円
保険料	500円	電気・ガス・水道代	2,000円
材料の棚卸減耗費	400円	特許権使用料	1,500円
福利施設負担額	600円	賃借料	800円

問題 4-2 経費の処理

次の各取引について、仕訳をしなさい。

［勘定科目］材料　仕掛品　買掛金　製造間接費　機械減価償却累計額

(1)　製品の製造のため、外注先の塗装業者に塗装を依頼していたが、塗装が完了したので加工品を受け取った。なお、外注加工賃は2,000円で来月末日に支払う予定である。

(2)　材料の棚卸しをしたところ、材料の減耗があったため、棚卸減耗費200円を計上した。

(3)　当月分の機械の減価償却費を計上する。なお、年間の減価償却費は7,200円と見積もられている。

テーマ5　個別原価計算と製造間接費の配賦

問題 5-1　個別原価計算と製造間接費の配賦

当社では、実際個別原価計算を採用している。次の［資料］にもとづいて、解答用紙に記載した原価計算表と各勘定を埋めなさい。

［資料］

1．№11は前月から製造に着手しており、当月に完成し、引渡済みである。なお、前月末までの原価は20,000円であった。

2．№12と№13は、当月から製造に着手しており、№12は完成した（引渡しは来月）が、№13は未完成である。

3．当月の製造原価の実際発生額は次のとおりである。

（1）　直接材料費

№11　5,000円　№12　30,000円　№13　25,000円

（2）　直接労務費

№11　10,000円　№12　70,000円　№13　40,000円

（3）　製造間接費　84,000円

4．製造間接費は直接作業時間をもとに各製造指図書に配賦する。なお、当月の実際直接作業時間は次のとおりである。

№11　5時間　№12　35時間　№13　20時間

問題 5-2 製造間接費の予定配賦

次の一連の取引について、(1) 製造間接費の各製品への予定配賦額を計算するとともに、(2) 仕訳を示し、(3) 製造間接費勘定と製造間接費配賦差異勘定に記入しなさい。

［勘定科目］材料　賃金　製造間接費　仕掛品　製造間接費配賦差異
減価償却累計額

(1)　製造間接費を直接作業時間を基準に予定配賦した。なお、年間の製造間接費予算は720,000円、年間予定直接作業時間は3,000時間である。また、当月の実際直接作業時間は230時間（№01は130時間、№02は100時間）であった。

(2)　当月の製造間接費実際発生額は次のとおりであった。
間接材料費　23,000円　間接労務費（間接工賃金）　20,000円
間接経費（機械の減価償却費）　13,000円

(3)　製造間接費の実際発生額と予定配賦額との差額を製造間接費配賦差異勘定に振り替えた。

問題 5-3　個別原価計算と製造間接費の予定配賦

当社では、実際個別原価計算を採用している。次の［資料］にもとづいて、仕掛品勘定と製品勘定を完成させなさい。なお、当月は9月である。

第4問対策

［資料］

(1)

製造指図書番号	直接材料費	直接労務費	直接作業時間	備　考
№21	35,000円	17,500円	70時間	8/2：製造着手 8/25：完　成 9/4：販　売
№22	5,000円 （8月分） 33,000円 （9月分）	7,500円 （8月分） 15,000円 （9月分）	30時間 （8月分） 60時間 （9月分）	8/16：製造着手 9/8：完　成 9/10：販　売
№23	62,000円	30,000円	120時間	9/7：製造着手 9/28：完　成
№24	8,000円	5,000円	20時間	9/27：製造着手 9/30：仕　掛

(2)　製造間接費は、直接作業時間を配賦基準として各製造指図書に予定配賦している。年間の製造間接費予算額は1,080,000円、年間の正常直接作業時間は3,600時間である。

問題 5-4 製造間接費の予定配賦

次の［資料］にもとづいて、当月の（1）製造間接費配賦差異を計算し、(2) 予算差異と（3）操業度差異に分析しなさい。なお、公式法変動予算を採用しており、製造間接費の配賦は機械作業時間によっている。

［資料］

1．予算データ（年間）

（1） 年間基準操業度　1,200時間

（2） 年間製造間接費予算（公式法変動予算）

変動費率：@300円　年間固定費：240,000円

2．実際データ（当月）

（1） 実際機械作業時間：90時間

（2） 製造間接費実際発生額：48,500円

テーマ 6 部門別個別原価計算

問題 6-1 直接配賦法

次の［資料］にもとづいて、直接配賦法による部門費配賦表を完成させなさい。また、補助部門費を製造部門に振り替える仕訳を完成させなさい。なお、部門共通費は従業員数を配賦基準として各部門に配賦すること。

第4問対策

［資料］

	配賦基準	合　計	第1製造部　門	第2製造部　門	動力部門	修繕部門	工場事務部　門
工場事務部門費	従業員数	46人	20人	15人	5人	2人	4人
修繕部門費	修繕時間	76時間	30時間	25時間	5時間	10時間	6時間
動力部門費	動力消費量	70kwh	30kwh	20kwh	10kwh	6kwh	4kwh

問題 6-2　相互配賦法

次の［資料］にもとづいて、相互配賦法（第１次配賦は純粋な相互配賦法で、第２次配賦は直接配賦法）による部門費配賦表を完成させなさい。

なお、配賦基準は工場事務部門費は従業員数、修繕部門費は修繕回数、倉庫部門費は材料出庫量による。

［資料］

配賦基準	合　計	第１製造部　　門	第２製造部　　門	倉庫部門	修繕部門	工場事務部　　門
従業員数	40人	10人	20人	５人	２人	３人
修繕回数	７回	３回	２回	１回	１回	—
材料出庫量	440kg	200kg	120kg	80kg	24kg	16kg

問題 6-3　製造部門費の製品への配賦

次の［資料］にもとづいて、製造部門別の配賦率、各製造指図書に配賦された製造部門費を製品に配賦する仕訳を示しなさい。なお、第１製造部門費は実際直接作業時間を、第２製造部門費は機械作業時間を配賦基準とする。

［勘定科目］仕掛品　第１製造部門費　第２製造部門費

［資料］

１．当月の各製造部門の実際発生額（補助部門費の配賦後）

第１製造部門　420,000円　第２製造部門　490,000円

２．各製造部門の製造指図書別実際直接作業時間

	№101	№102
第１製造部門	400時間	300時間
第２製造部門	450時間	250時間

３．各製造部門の製造指図書別実際機械作業時間

	№101	№102
第１製造部門	300時間	500時間
第２製造部門	650時間	350時間

問題 6-4　製造部門費の予定配賦

次の［資料］にもとづいて、製造部門別の予定配賦の仕訳と配賦差異を計上する仕訳を示しなさい。なお、製造部門費は直接作業時間を配賦基準としている。

［勘定科目］仕掛品　第１製造部門費　第２製造部門費　製造部門費配賦差異

［資料］

1．直接配賦法によって計算した年間製造部門費予算額

第１製造部門　756,000円　　第２製造部門　672,000円

2．年間基準操業度（直接作業時間）

第１製造部門　4,200時間　　第２製造部門　4,800時間

3．当月の実際直接作業時間

	№101	№102
第１製造部門	200時間	130時間
第２製造部門	120時間	250時間

4．当月の製造部門費実際発生額

第１製造部門　58,100円　　第２製造部門　52,300円

テーマ7 総合原価計算❶

問題 7-1 単純総合原価計算（月初仕掛品なし）

次の［資料］にもとづいて、完成品総合原価、完成品単位原価、月末仕掛品原価を計算しなさい。

［資料］

［生産データ］

月初仕掛品	0個	
当月投入	100	
合　　計	100個	
月末仕掛品	40	（50%）
完成品	60個	

［原価データ］

月初仕掛品原価	
直接材料費	0円
加工費	0円
当月製造費用	
直接材料費	12,000円
加工費	11,200円

（注）1．材料はすべて工程の始点で投入している。
　　　2．（　　）内の数値は加工進捗度を示す。

問題 7-2　単純総合原価計算（先入先出法）

次の［資料］にもとづいて、先入先出法によって総合原価計算表を完成させなさい。

［資料］

［生産データ］

月初仕掛品	100個	（50%）
当 月 投 入	500	
合　　計	600個	
月末仕掛品	200	（60%）
完 成 品	400個	

（注）1．材料はすべて工程の始点で投入している。

2．（　　）内の数値は加工進捗度を示す。

問題 7-3　単純総合原価計算（平均法）

次の［資料］にもとづいて、平均法によって仕掛品勘定を完成させなさい。

［資料］

［生産データ］

月初仕掛品	100個	（60%）
当 月 投 入	600	
合　　計	700個	
月末仕掛品	200	（40%）
完 成 品	500個	

（注）1．材料はすべて工程の始点で投入している。

2．（　　）内の数値は加工進捗度を示す。

テーマ 8　総合原価計算❷

問題 8-1　工程別総合原価計算

当社は工程別総合原価計算を採用している。次の［資料］にもとづいて、第1工程月末仕掛品の原料費と加工費、第2工程月末仕掛品の前工程費と加工費、第2工程完成品総合原価を計算しなさい。なお、第1工程は先入先出法、第2工程は平均法によって計算すること。

［資料］

［生産データ］

	第1工程		第2工程	
月初仕掛品	200個	(80%)	100個	(80%)
当月投入	800		700	
合　計	1,000個		800個	
月末仕掛品	300	(60%)	200	(50%)
完 成 品	700個		600個	

［原価データ］

	第1工程	第2工程
月初仕掛品原価		
原 料 費	23,700円	—
前工程費	—	22,400円
加 工 費	17,080円	8,480円
当月製造費用		
原 料 費	92,000円	—
加 工 費	70,560円	65,720円

（注）1．材料はすべて工程の始点で投入している。
　　　2．(　　) 内の数値は加工進捗度を示す。

問題 8-2　等級別総合原価計算

当社は、同一工程で等級製品XとYを生産している。次の資料にもとづいて、平均法によって月末仕掛品原価、完成品総合原価、等級製品Xの完成品単位原価、等級製品Yの完成品単位原価を計算しなさい。

第5問対策

［資料］

［生産データ］

月初仕掛品	100個	（50%）
当月投入	900	
合計	1,000個	
月末仕掛品	200	（60%）
完成品	800個	

［原価データ］

月初仕掛品原価

直接材料費	19,800円
加工費	11,670円

当月製造費用

直接材料費	160,200円
加工費	187,050円

（注）1．材料はすべて工程の始点で投入している。

2．（　　）内の数値は加工進捗度を示す。

3．完成品は製品Xが600個、製品Yが200個である。

［等価係数］

製品X：製品Y＝1：1.5

問題 8-3　組別総合原価計算

当社はA組製品とB組製品を生産しており、組別総合原価計算を採用している。原材料は各組製品に直課し、加工費は直接作業時間により各組製品に予定配賦している。次の［資料］にもとづいて、下記の各問に答えなさい。なお、原価配分方法はA組製品は先入先出法、B組製品は平均法である。

第5問対策

［資料］

［生産データ］

	A組製品		B組製品	
月初仕掛品	300kg	(40%)	200kg	(70%)
当月投入	1,000		900	
合　計	1,300kg		1,100kg	
月末仕掛品	500	(60%)	400	(50%)
完成品	800kg		700kg	

（注）1．材料はすべて工程の始点で投入している。
　　　2．（　　）内の数値は加工進捗度を示す。

［原価データ］

加工費予算額（年間）：1,700,000円
予定直接作業時間（年間）：85,000時間

［当月の直接作業時間］

A組製品：3,332時間　　B組製品：3,589時間

問1　加工費の予定配賦率を計算しなさい。
問2　解答用紙の組別総合原価計算表を完成させなさい。
問3　A組製品とB組製品の完成品単位原価を計算しなさい。

テーマ9 総合原価計算❸

問題 9-1 仕損・減損の処理①

次の［資料］にもとづいて、下記の各問に答えなさい。なお、原価配分方法は平均法によるものとし、完成品単位原価の計算において端数が生じる場合は円未満小数第4位を四捨五入し、小数点以下第3位まで記入すること。また、正常仕損品の処分価額はゼロである。

［資料］

［生産データ］

月初仕掛品	400個	(50%)
当月投入	700	
合　　計	1,100個	
正常仕損	100	
月末仕掛品	200	(50%)
完成品	800個	

（注）1．材料はすべて工程の始点で投入している。

2．(　　) 内の数値は加工進捗度を示す。

［原価データ］

	直接材料費	加工費
月初仕掛品	32,700円	17,000円
当月製造費用	55,300円	64,000円

問1　正常仕損が工程の終点で発生したため、正常仕損費を完成品のみに負担させる場合の完成品総合原価、完成品単位原価、月末仕掛品原価を計算しなさい。

問2　正常仕損が工程の始点で発生したため、正常仕損費を完成品と月末仕掛品の両者に負担させる場合の完成品総合原価、完成品単位原価、月末仕掛品原価を計算しなさい。

問題 9-2　仕損・減損の処理②

次の［資料］にもとづいて、下記の各問に答えなさい。なお、原価配分方法は先入先出法によるものとする。また、正常仕損品の処分価額はゼロである。

［資料］

［生産データ］

月初仕掛品	200個	（50%）
当月投入	800	
合　計	1,000個	
正常仕損	100	
月末仕掛品	300	（40%）
完成品	600個	

（注）1．材料はすべて工程の始点で投入している。

2．（　　）内の数値は加工進捗度を示す。

［原価データ］

	直接材料費	加　工　費
月初仕掛品	11,800円	5,400円
当月製造費用	89,600円	66,960円

問1　正常仕損が工程の終点で発生したため、正常仕損費を完成品のみに負担させる場合の完成品総合原価、完成品単位原価、月末仕掛品原価を計算しなさい。

問2　正常仕損が工程の始点で発生したため、正常仕損費を完成品と月末仕掛品の両者に負担させる場合の完成品総合原価、完成品単位原価、月末仕掛品原価を計算しなさい。

問題 9-3 仕損・減損の処理③

次の［資料］にもとづいて、下記の各問に答えなさい。なお、原価配分方法は平均法によるものとする。また、正常仕損品の処分価額は900円であり、直接材料費から控除する。

［資料］

［生産データ］

月初仕掛品	200個	(25%)
当月投入	800	
合　　計	1,000個	
正常仕損	100	
月末仕掛品	400	(50%)
完成品	500個	

(注) 1．材料はすべて工程の始点で投入している。
　　2．(　　) 内の数値は加工進捗度を示す。

［原価データ］

	直接材料費	加工費
月初仕掛品	9,800円	4,600円
当月製造費用	35,200円	57,000円

問1　正常仕損が工程の終点で発生したため、正常仕損費を完成品のみに負担させる場合の完成品総合原価、完成品単位原価、月末仕掛品原価を計算しなさい。

問2　正常仕損費を完成品と月末仕掛品の両者に負担させる場合の完成品総合原価、完成品単位原価、月末仕掛品原価を計算しなさい。

問題 9-4　材料の追加投入

次の［資料］にもとづいて、完成品総合原価、完成品単位原価、月末仕掛品原価を計算しなさい。なお、原価配分方法は平均法によるものとする。

［資料］

［生産データ］

月初仕掛品	300個	(50%)
当 月 投 入	600	
合　　計	900個	
月末仕掛品	200	(80%)
完 成 品	700個	

(注) (　　) 内の数値は加工進捗度を示す。

［原価データ］

	A原料費	B原料費	C原料費	加　工　費
月 初 仕 掛 品	30,600円	0円	9,220円	12,710円
当月製造費用	59,400円	21,000円	35,500円	56,090円

(注) A原料は工程の始点で、B原料は工程の終点で、C原料は工程を通じて平均的に投入している。

テーマ10 工業簿記における財務諸表

問題 10-1 工業簿記における財務諸表①

次の［資料］にもとづいて、解答用紙の製造原価報告書を完成させなさい。なお、当社では直接労務費の200％で製造間接費を予定配賦している。また、主要材料消費高は直接材料費、直接工賃金消費高は直接労務費として処理する。

第４問 対策

［資料］

1．棚卸資産有高

	期首有高	期末有高
主要材料	3,000円	2,400円
補助材料	1,000円	800円
仕掛品	6,000円	5,000円

2．賃金・給料未払高

	期首未払高	期末未払高
直接工賃金	3,000円	4,000円
間接工賃金	2,600円	1,200円
給料	2,000円	1,800円

3．材料当期仕入高

主要材料	18,000円
補助材料	10,000円

4．賃金・給料当期支払高

直接工賃金	20,000円
間接工賃金	12,000円
給料	5,000円

5．当期経費実際発生額

電力料	6,000円
賃借料	3,000円
減価償却費	8,000円

問題 10-2 工業簿記における財務諸表②

次の［資料］にもとづいて、解答用紙の製造原価報告書と損益計算書を完成させなさい。なお、当社では直接労務費の120%で製造間接費を予定配賦している。また、主要材料消費高は直接材料費、直接工賃金消費高は直接労務費として処理する。

第４問 対策

［資料］

1．棚卸資産有高

	期首有高	当期仕入高	期末有高
素　　　材	90,000円	200,000円	65,000円
補 助 材 料	4,000円	38,000円	3,600円
仕　掛　品	160,000円	—	135,000円
製　　　品	80,000円	—	105,000円

2．賃金未払高

	期首未払高	当期支払高	期末未払高
直 接 工 賃 金	42,000円	180,000円	38,000円
間 接 工 賃 金	18,000円	60,000円	12,000円

3．その他の原価実際発生額（上記以外）

工場職員給料	58,000円	本社建物減価償却費	20,000円
工場消耗品費	8,000円	販売員給料	72,000円
工場の通信費	15,000円	工場建物の固定資産税	5,000円
工場の水道光熱費	12,000円	工場建物減価償却費	18,000円
消耗工具器具備品費	3,000円	本社役員給与	80,000円

その他販売費及び一般管理費　23,000円

テーマ11 本社工場会計

問題11-1 本社工場会計

当社は、本社会計から工場会計を独立させている。次の各取引について、本社の仕訳と工場の仕訳を示しなさい。なお、仕訳がないときには、借方科目欄に「仕訳なし」と記入すること。

[本社元帳に設置されている勘定]

売掛金　買掛金　減価償却累計額　売上　売上原価　工場

[工場元帳に設置されている勘定]

材料　賃金　製造間接費　仕掛品　製品　本社

(1) 本社で材料60,000円を掛けで購入し、検品のうえ、工場の材料倉庫に受け入れた。

(2) 工場で材料（直接材料40,000円、間接材料10,000円）を消費した。

(3) 工場で賃金（直接労務費30,000円、間接労務費12,000円）を消費した。

(4) 製造間接費を直接労務費の150%で各製造指図書に予定配賦した。

(5) 当月分の工場減価償却費5,000円を計上した。

(6) 当月において、製品120,000円が完成した。

(7) 本社が得意先に製品150,000円（原価100,000円）を掛けで売り上げ、工場の倉庫から送付した。

テーマ 12 標準原価計算❶

問題 12-1 パーシャル・プランとシングル・プラン

次の［資料］にもとづいて、(A) パーシャル・プランと (B) シングル・プランによる勘定記入を示しなさい。

［資料］

1．製品1個あたりの標準原価

直接材料費：@80円 × 2kg ＝160円

直接労務費：@200円×0.5時間＝100円

製造間接費：@300円×0.5時間＝150円

製品1個あたりの標準原価： 410円

2．当月の生産・販売データ

月初仕掛品	0個		月初製品	10個
当月投入	50		当月完成	40
合計	50個		合計	50個
月末仕掛品	10	(20%)	月末製品	20
完成品	40個		当月販売	30個

＊1 材料はすべて工程の始点で投入している。

＊2 （ ）内の数値は加工進捗度を示す。

3．当月の実際原価

直接材料費実際発生額：8,100円

直接労務費実際発生額：4,150円

製造間接費実際発生額：6,520円

テーマ13 標準原価計算❷

問題 13-1 直接材料費差異の分析

当社は標準原価計算を採用している。次の［資料］にもとづいて、直接材料費の総差異を計算し、価格差異と数量差異に分析しなさい。

［資料］

1．生産データ

月初仕掛品	0個	
当月投入	50	
合　計	50個	
月末仕掛品	10	（50%）
完成品	40個	

＊1　材料はすべて工程の始点で投入している。

＊2　（　　）内の数値は加工進捗度を示す。

2．標準原価カード（直接材料費のみ）

標準原価カード

標準直接材料費	@40円 （標準単価）	×	3 kg （標準消費量）	＝	120円

3．実際原価データ

直接材料費：@42円×155kg＝6,510円

問題 13-2 直接労務費差異の分析

当社は標準原価計算を採用している。次の［資料］にもとづいて、直接労務費の総差異を計算し、賃率差異と時間差異に分析しなさい。

［資料］

1．生産データ

月初仕掛品	0個	
当 月 投 入	50	
合　　計	50個	
月末仕掛品	10	（50%）
完 成 品	40個	

＊1　材料はすべて工程の始点で投入している。

＊2　（　　）内の数値は加工進捗度を示す。

2．標準原価カード（直接労務費のみ）

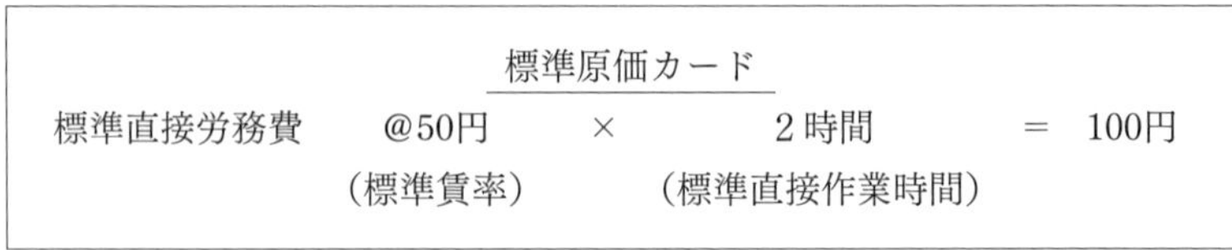

標準原価カード

標準直接労務費	@50円	×	2時間	＝	100円
	（標準賃率）		（標準直接作業時間）		

3．実際原価データ

直接労務費：@48円×95時間＝4,560円

問題 13-3 製造間接費差異の分析

当社は標準原価計算を採用している。次の［資料］にもとづいて、下記の各問に答えなさい。

［資料］

1．生産データ

月初仕掛品	0個	
当月投入	50	
合　計	50個	
月末仕掛品	10	（50%）
完成品	40個	

＊1　材料はすべて工程の始点で投入している。

＊2　（　）内の数値は加工進捗度を示す。

2．標準原価カード（製造間接費のみ）

標準原価カード

標準製造間接費	@30円	×	2時間	=	60円
	（標準配賦率）		（標準直接作業時間）		

3．公式法変動予算による製造間接費予算

変動費率：@10円　　固定費（年間）：22,800円

年間基準操業度：1,140時間（直接作業時間）

4．実際原価、実際直接作業時間

製造間接費実際発生額：3,010円

実際直接作業時間：93時間

問1　製造間接費の総差異を計算し、予算差異、操業度差異、能率差異に分析しなさい。なお、能率差異は変動費部分と固定費部分からなるものとする。

問2　製造間接費の総差異を計算し、予算差異、操業度差異、能率差異に分析しなさい。なお、能率差異は変動費部分のみで計算する。

テーマ 14 直接原価計算

問題 14-1 直接原価計算の損益計算書

次の［資料］にもとづいて、解答用紙の直接原価計算による損益計算書を完成させなさい。

［資料］

1．当期の販売数量は500個、販売単価は@100円である。

2．変動売上原価は@30円、変動販売費は@10円である。

3．当期の固定製造原価は7,000円、固定販売費及び一般管理費は2,000円である。

問題 14-2 全部原価計算と直接原価計算の損益計算書

次の［資料］にもとづいて、解答用紙の（A）全部原価計算による損益計算書と（B）直接原価計算による損益計算書を完成させなさい。

［資料］

1．販売単価：@250円

2．変動費（製品単位あたり）：変動製造原価　@60円
　　　　　　　　　　　　　　変動販売費　@30円

3．固定費（期間総額）　：固定製造原価　40,000円
　　　　　　　　　　　　固定販売費　20,000円
　　　　　　　　　　　　一般管理費　30,000円

4．生産・販売データ

	第1期	第2期
期首製品在庫量	0個	0個
当期製品生産量	800個	800個
当期製品販売量	800個	600個
期末製品在庫量	0個	200個

※　第1期、第2期ともに期首および期末仕掛品はない。

問題 14-3　ＣＶＰ分析①

次の［資料］にもとづいて、下記の各問に答えなさい。

［資料］

1．販売単価：@500円

2．変動費（製品単位あたり）：変動製造原価　@200円

変動販売費　@100円

3．固定費（期間総額）　：360,000円

問1　貢献利益率を計算しなさい。

問2　損益分岐点における売上高を計算しなさい。

問3　営業利益が90,000円となる売上高とそのときの販売数量を計算しなさい。

問4　営業利益率が15%となるときの売上高を計算しなさい。

問5　上記の資料を前提に、当期の売上高が1,200,000円であったときの安全余裕率を計算しなさい。

問題 14-4　ＣＶＰ分析②

次の当期の直接原価計算による損益計算書にもとづいて、次期の予算を策定している。下記の各問に答えなさい。なお、製品の販売単価は@400円である。

第５問対策

損益計算書

売上高	240,000円
変動売上原価	48,000円
変動製造マージン	192,000円
変動販売費	24,000円
貢献利益	168,000円
固定費	70,000円
営業利益	98,000円

問１　当期の貢献利益率を計算しなさい。

問２　損益分岐点における売上高を計算しなさい。

問３　販売単価、製品１個あたりの変動費、固定費が当期と変わらなかったとした場合、次期の目標営業利益105,000円を達成するための売上高を計算しなさい。

問題 14-5　高低点法

次の［資料］にもとづいて、製品1個あたりの変動費と月間の固定製造原価を計算しなさい。なお、当社では高低点法によって原価分解を行っており、正常操業圏は生産量が200個から300個の範囲内である。

［資料］過去6か月間の製造原価発生額

	生産量	製造原価
1月	210個	220,500円
2月	195個	213,850円
3月	275個	241,600円
4月	280個	255,500円
5月	230個	228,400円
6月	250個	233,150円

本試験レベルの問題　完全攻略10問

２級の工業簿記でよく出題されるパターンの問題を解いて
工業簿記を完全攻略しましょう。

１問目　工業簿記の勘定の流れ

次の［資料］にもとづいて、答案用紙に記載された各勘定と損益計算書を完成しなさい。なお、製造間接費は直接労務費の150％を予定配賦している。配賦差異は売上原価に賦課する。

［資料］

1．棚卸資産

	期首有高	当期仕入高	期末有高
原料	125,000円	975,000円	104,000円
仕掛品	230,000円	－	255,000円
製品	284,000円	－	250,000円

2．賃金・給料

	期首未払高	当期支払高	期末未払高
直接工賃金	87,000円	650,000円	82,000円
間接工賃金	34,000円	285,000円	32,000円
工場従業員給料	22,000円	205,000円	19,000円

※　直接工は直接作業のみに従事している。

3．製造経費当期発生高

電力料	185,000円
工場減価償却費	105,000円
その他	202,000円

4．販売費及び一般管理費

販売費	265,000円
本社減価償却費	150,000円
その他一般管理費	190,000円

2問目　費目別計算、製造間接費の配賦

次の一連の取引について、仕訳しなさい。ただし、勘定科目は次の中から最も適当と思われるものを選ぶこと。

材　　　料　仕 掛 品　買 掛 金　材料副費
賃金・給料　賃率差異　製造間接費

(1)　当月に素材300kg（購入代価500円/kg）、買入部品100個（購入代価80円/個）工場消耗品5,000円（購入代価）を購入し、代金は掛けとした。なお、材料の購入にさいして、購入代価の10％を材料副費として予定配賦している。

(2)　当月に素材120,000円、買入部品7,000円、工場消耗品3,000円を消費した。

(3)　当月の賃金・給料の消費額を計上する。直接工の直接作業時間は450時間、間接作業時間は50時間であった。なお、直接工の賃金消費額については予定賃率700円/時間で予定配賦している。また、間接工の当月賃金支払高は140,000円、前月未払高は10,000円、当月未払高は15,000円であった。

(4)　直接工の賃金実際発生額と予定消費額の差額を賃率差異に計上する。なお、直接工の当月の賃金支払高は357,000円、前月未払高は15,000円、当月未払高は20,000円であった。

(5)　直接工の直接作業時間にもとづいて、製造間接費を各製造指図書に予定配賦する。なお、当工場の年間の製造間接費予算額は4,800,000円、年間予定直接作業時間は6,000時間である。

3問目　本社工場会計

当社は工場会計を本社会計から独立させている。材料と製品の倉庫は工場に置き、材料購入を含めて支払い関係はすべて本社が行っている。当月の以下の取引について、工場での仕訳を示しなさい。なお、工場元帳には、次の勘定が設定されている。

材　料　　賃　金　　製造間接費　　仕 掛 品
製　品　　本　社

(1) 当月に製品用の素材1,000kg（購入価額600円/kg）および工場消耗品（購入価額15,000円）を購入し、倉庫に搬入した。

(2) 当月に製造のため、素材800kgを出庫した。なお、月初に素材200kg（購入価額630円/kg）があり、材料費は月次総平均法で計算している。

(3) 工場における賃金の消費額を計上する。直接工は直接作業のみ1,200時間行った。当工場で適用する予定総平均賃率は900円である。また、間接工については、前月賃金未払高20,000円、当月賃金支払高700,000円、当月賃金未払高25,000円であった。

(4) 本社で支払った当月の間接経費45,000円を計上した。

(5) 販売した製品の製造原価は1,800,000円であった。

4問目　個別原価計算

当社では、実際個別原価計算を採用している。次の［資料］にもとづいて、下記の各問に答えなさい。

［資料］

1．

製造指図書番号	直接材料費	直接労務費	直接作業時間	備　考
№81	84,000円	42,000円	60時間	8/12：製造着手 8/27：完　成 9/ 3：販　売
№82	15,000円 （8月分） 84,000円 （9月分）	14,000円 （8月分） 56,000円 （9月分）	20時間 （8月分） 80時間 （9月分）	8/21：製造着手 9/ 7：完　成 9/ 9：販　売
№83	150,000円	49,500円	70時間	9/ 5：製造着手 9/20：一部仕損 9/28：完　成 9/30：在　庫
№83-2	18,000円	3,500円	5時間	9/20：補修開始 9/23：補修完了
№84	22,000円	7,000円	10時間	9/26：製造着手 9/30：仕　掛

なお、№83-2は仕損が生じた№83を補修して合格品とするために発行した指図書であり、仕損は正常なものであった。

2．製造間接費は、直接作業時間を配賦基準として各製造指図書に予定配賦している。製造間接費予算（公式法変動予算）の資料は次のとおりである。

変動費　300円/時間　　年間固定費　1,080,000円

年間予定直接作業時間　2,160時間

3．9月の製造間接費実際発生額は143,000円であり、月次損益計算書上、製造間接費の配賦差異は原価差異として売上原価に賦課する。

問1　9月の仕掛品勘定と月次損益計算書を作成しなさい。

問2　製造間接費の予定配賦額と実際発生額の差額を求めるとともに、上記の予算を用いて予算差異と操業度差異に分析しなさい。

5問目　部門別個別原価計算

当社は、直接作業時間を配賦基準として製造間接費を部門別に予定配賦している。製造部門には第1製造部門と第2製造部門があり、補助部門には修繕部門、材料倉庫部門、工場事務部門がある。次の資料にもとづいて、下記の各問に答えなさい。

［資料］

1．当社の部門別製造間接費予算（年間）

第1製造部門	第2製造部門	修繕部門	材料倉庫部門	工場事務部門
2,588,000円	1,944,000円	360,000円	280,000円	300,000円

2．当社の予定直接作業時間（年間）

第1製造部門	第2製造部門
5,400時間	6,000時間

3．補助部門費の配賦資料

	配賦基準	第1製造部門	第2製造部門	修繕部門	材料倉庫部門	工場事務部門
修繕部門費	修繕回数	30回	20回	6回	4回	－
材料倉庫部門費	材料出庫量	4,000kg	3,000kg	－	－	－
工場事務部門費	従業員数	28人	22人	4人	4人	2人

問1　直接配賦法により、解答用紙の予算部門別配賦表を完成させなさい。また、第1製造部門と第2製造部門の予定配賦率を計算しなさい。

問2　第1製造部門の当月の実際直接作業時間が430時間、第1製造部門費の実際発生額が253,000円であったとした場合の製造間接費（第1製造部門費）勘定の記入を示しなさい。

6問目　単純総合原価計算＋仕損の処理＋材料の追加投入

当社は製品甲を製造・販売し、製品原価の計算は単純総合原価計算により行っている。次の資料にもとづいて、解答用紙に記載されている金額を答えなさい。なお、原価投入額合計を完成品総合原価と月末仕掛品原価に配分する方法として平均法を用いること。

［資料］

1．生産データ

月初仕掛品	200個	（40％）
当月投入量	4,200	
合　計	4,400個	
正常仕損品	100	
月末仕掛品	300	（50％）
完　成　品	4,000個	

2．原価データ

月初仕掛品原価	
A 原 料 費	28,200円
B 原 料 費	14,740
加　工　費	32,680
小　計	75,620円
当月製造費用	
A 原 料 費	499,800円
B 原 料 費	325,260
加　工　費	817,320
小　計	1,642,380円
合　計	1,718,000円

（注）1．A原料は工程の始点で、B原料は工程を通じて平均的に投入している。

2．（　　）内は加工費の進捗度を示す。

3．正常仕損は工程の終点で発生し、その処分価額は12,000円である。正常仕損費はすべて完成品に負担させる。

7問目　工程別総合原価計算＋仕損の処理

当社は工程別総合原価計算を採用している。次の資料にもとづいて、第１工程月末仕掛品の原料費と加工費、第２工程月末仕掛品の前工程費と加工費、第２工程完成品総合原価を計算しなさい。なお、第１工程は平均法、第２工程は先入先出法によって計算すること。

［資料］

１．生産データ

	第１工程		第２工程	
月初仕掛品	300個	（60%）	200個	（50%）
当月投入	3,200		3,000	
合　計	3,500個		3,200個	
正常仕損品	100		100	
月末仕掛品	400	（30%）	300	（50%）
完成品	3,000個		2,800個	

２．原価データ

	第１工程	第２工程
月初仕掛品原価		
原料費	36,400円	—
前工程費	—	52,000円
加工費	22,080円	22,400円
当月製造費用		
原料費	473,600円	—
加工費	258,720円	354,000円

（注）１．材料はすべて工程の始点で投入している。
　　　２．（　　）内の数値は加工進捗度を示す。

３．第１工程の途中で発生する正常仕損品に処分価額はなく、正常仕損費は完成品と月末仕掛品の両者に負担させる。第２工程の終点で発生する正常仕損品の処分価額は14,000円であり、第２工程の正常仕損費は完成品のみに負担させる。

8問目　標準原価計算（勘定記入）

T社は、製品Zを製造・販売しており、原価計算方式はパーシャル・プランの標準原価計算を採用している。次の資料にもとづいて、当月の仕掛品勘定および月次損益計算書を完成しなさい。なお、製品Zの販売単価は3,200円である。

［資料］

1．製品Z1個あたりの標準原価

直接材料費	300円/kg　×3kg　=	900円
加　工　費	400円/時間×2時間=	800円
		1,700円

2．当月の生産・販売実績

月初仕掛品	500個	（20%）	月初製品	300個
当月着手	1,900		完成品	2,000
合　計	2,400個		合　計	2,300個
月末仕掛品	400	（50%）	月末製品	200
完成品	2,000個		販売品	2,100個

（注）1．材料はすべて工程の始点で投入している。

2．（　　）内は加工費の進捗度を示す。

3．当月の原価実績

製造費用

直接材料費	1,783,000円
加　工　費	1,695,000円

販売費及び一般管理費

販売員給料	720,000円
広告宣伝費	510,000円
そ　の　他	380,000円

4．原価差異は月ごとに損益計算書に計上しており、その全額を売上原価に賦課する。

9問目　標準原価計算（差異分析）

O社は、製品Yを製造・販売しており、原価計算方式はパーシャル・プランの標準原価計算を採用している。次の資料にもとづいて、下記の各問に答えなさい。

［資料］

1．製品Yの1個あたりの標準原価は次のとおりである。

直接材料費	400円/kg （標準単価）	×	3 kg/個 （標準消費量）	＝	1,200円
直接労務費	1,000円/時間 （標準賃率）	×	0.5時間/個 （標準直接作業時間）	＝	500円
製造間接費	1,800円/時間 （標準配賦率）	×	0.5時間/個 （標準直接作業時間）	＝	900円
					2,600円

2．当月の生産量は2,500個である。なお、月初および月末仕掛品は存在しなかった。

3．製造間接費は変動予算が設定されており、年間の正常直接作業時間は16,800時間、年間変動製造間接費予算は11,760,000円、年間固定製造間接費予算は18,480,000円である。

4．当月の実際製造費用は次のとおりであった。なお、材料の実際消費量は7,650kg、実際直接作業時間は1,310時間であった。

直接材料費：3,021,750円

直接労務費：1,388,600円

製造間接費；2,538,000円

問1　当月の完成品標準原価を計算しなさい。

問2　当月の原価差異の総額を計算しなさい。

問3　直接材料費差異を計算しなさい。また、価格差異と数量差異に分析しなさい。

問4　直接労務費の作業時間差異を計算しなさい。

問5　公式法変動予算にもとづく、製造間接費予算差異と操業度差異を計算しなさい。なお、操業度差異は基準操業度と実際操業度の差に固定費率を掛けて計算する。

10問目　直接原価計算

P社は、製品Nを製造・販売している。製品Nの販売単価は600円/個であり、当期の全部原価計算による損益計算書は次のとおりである。

全部原価計算による損益計算書（単位：円）

売　上　高	360,000
売　上　原　価	156,000
売上総利益	204,000
販売費及び一般管理費	106,800
営　業　利　益	97,200

当期の製造原価のうち固定費は72,000円、販売費のうち固定費は18,000円、一般管理費28,800円はすべて固定費であり、固定費以外はすべて変動費であった。また、期首と期末に仕掛品および製品の在庫は存在しなかった。

問１　解答用紙の直接原価計算による損益計算書を完成させなさい。

問２　当期の損益分岐点の売上高を計算しなさい。

問３　販売単価、単位あたり変動費、固定費の条件について変化がないものとした場合、営業利益115,200円を達成するために必要な売上高を計算しなさい。

問４　現在の売上高が何％落ち込むと、損益分岐点の売上高になるか。

問５　損益分岐点の売上高を30,000円引き下げるためには固定費をいくら引き下げる必要があるか。

問 題 編

テーマ別問題

本試験レベルの問題 完全攻略10問

テーマ別問題　解答・解説

テーマ1　工業簿記の基礎

問題 1-1

①	②	③
仕掛品	製造間接費	製　品

テーマ2　材料費

問題 2-1

直接材料費　14,000 円

間接材料費　6,000 円

直接材料費：10,000円（素材費）＋4,000円（買入部品費）＝14,000円

間接材料費：3,000円（補助材料費）＋1,000円（工場消耗品費）＋2,000円（消耗工具器具備品費）

＝6,000円

問題 2-2

	借方科目	金　額	貸方科目	金　額
(1)	材　　料	5,200	買　掛　金 現　　　金	5,000 200
(2)	買　掛　金	800	材　　料	800
(3)	仕　掛　品 製造間接費	3,000 1,000	材　　料	4,000

問題 2-3

(1)　先入先出法　8,120 円

(2)　平　均　法　8,080 円

解　説

(1)　先入先出法

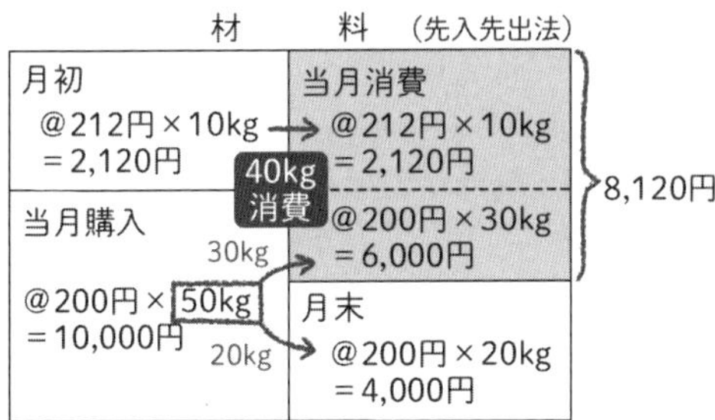

当月消費額：@212円×10kg＋@200円×30kg＝8,120円

　または

①月 末 有 高：@200円×20kg＝4,000円

②当月消費額：2,120円＋10,000円－4,000円＝8,120円

(2)　平均法

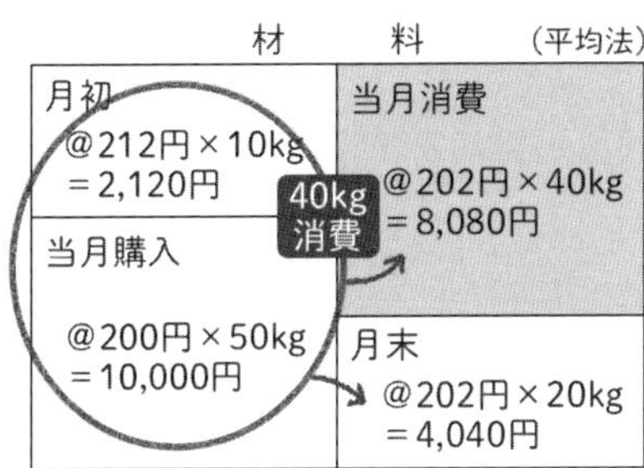

平 均 単 価：$\dfrac{@212円\times10kg+@200円\times50kg}{10kg+50kg}=@202円$

当月消費額：@202円×40kg＝8,080円

問題 2-4

借方科目	金　額	貸方科目	金　額
製造間接費	304	材　　料	304

解　説

月末帳簿棚卸量と平均単価を計算して、月末帳簿棚卸量と月末実地棚卸量の差に平均単価を掛けて棚卸減耗費を計算します。

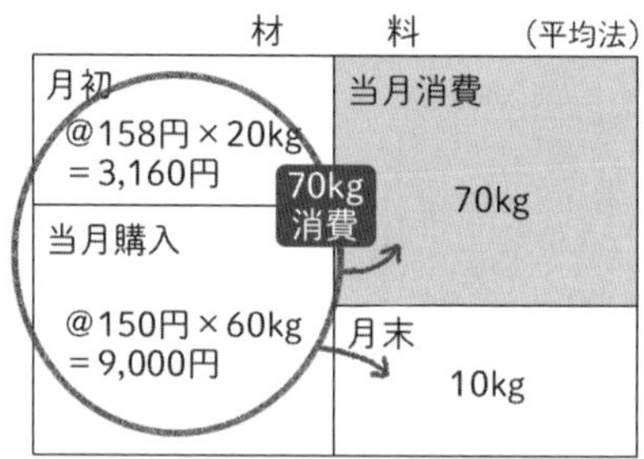

平　均　単　価：$\dfrac{@158円 \times 20kg + @150円 \times 60kg}{20kg + 60kg} = @152円$

月末帳簿棚卸量：20kg＋60kg－70kg＝10kg

材料棚卸減耗費：@152円×(10kg－8kg)＝304円

問題 2-5

	借方科目	金　額	貸方科目	金　額
(1)	仕　掛　品	12,000	材　　料	★12,000
(2)	材料消費価格差異	60	材　　料	60

★ @200円×60kg＝12,000円

解　説

先入先出法によって、当月の実際消費額を計算し、材料消費価格差異を計算します。

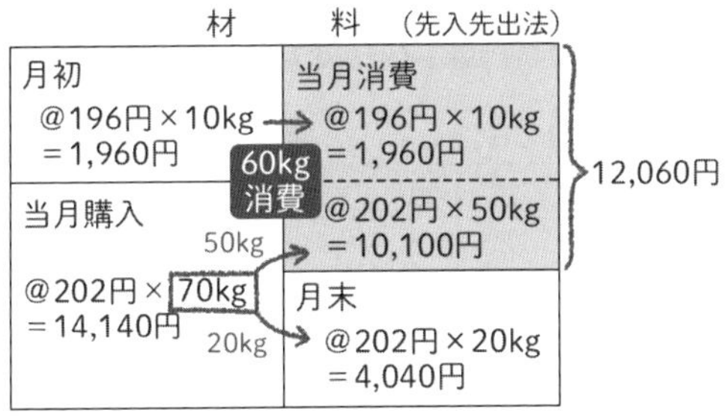

当月実際消費額：@196円×10kg＋@202円×50kg＝12,060円

　または

①月　末　有　高：@202円×20kg＝4,040円

②当月実際消費額：1,960円＋14,140円－4,040円＝12,060円

材料消費価格差異：12,000円（予定消費額）－12,060円（実際消費額）＝△60円（借方差異・不利差異）

テーマ3　労務費

問題 3-1

直接労務費　25,000 円

間接労務費　23,000 円

直接労務費：25,000円（直接工の直接作業賃金）

間接労務費：3,000円（直接工の間接作業賃金）＋10,000円（間接工賃金）＋5,000円（工場事務員の給料）＋3,500円（従業員賞与手当）＋1,000円（退職給付費用）＋500円（法定福利費）＝23,000円

問題 3-2

当月賃金消費額　29,000 円

当月賃金消費額：30,000円（当月支払額）＋4,000円（当月未払額）－5,000円（前月未払額）＝29,000円

問題 3-3

	借方科目	金額	貸方科目	金額
(1)	未払賃金	500	賃金	500
(2)	賃金	8,000	預り金 当座預金	800 7,200
(3)	仕掛品 製造間接費	5,500 2,200	賃金	7,700
(4)	賃金	200	未払賃金	200

問題 3-4

	借方科目	金額	貸方科目	金額
(1)	仕掛品 製造間接費	❶ 25,000 ❷ 5,000	賃金	30,000
(2)	賃金	700	賃率差異	❸ 700

❶ @500円×50時間＝25,000円
❷ @500円×10時間＝5,000円
❸ 30,000円－29,300円＝700円（貸方差異・有利差異）

テーマ4 経費

問題 4-1

直接経費 9,500 円

間接経費 5,300 円

直接経費：8,000円（外注加工賃）＋1,500円（特許権使用料）＝9,500円

間接経費：1,000円（工場減価償却費）＋500円（保険料）＋2,000円（電気・ガス・水道代）＋400円（材料の棚卸減耗費）＋600円（福利施設負担額）＋800円（賃借料）＝5,300円

問題 4-2

	借方科目	金　額	貸方科目	金　額
(1)	仕　掛　品	2,000	買　掛　金	2,000
(2)	製造間接費	200	材　　料	200
(3)	製造間接費	★ 600	機械減価償却累計額	600

★ 7,200円÷12か月＝600円

テーマ 5 個別原価計算と製造間接費の配賦

問題 5-1

原　価　計　算　表　　（単位：円）

費　目	No.11	No.12	No.13	合　計
前月繰越	20,000	−	−	20,000
直接材料費	5,000	30,000	25,000	60,000
直接労務費	10,000	70,000	40,000	120,000
製造間接費	7,000	49,000	28,000	84,000
合　計	42,000	149,000	93,000	284,000
備　考	完成・引渡済	完成・未引渡	未完成	−

仕　掛　品

前月繰越	(20,000)	製　品	(191,000)
直接材料費	(60,000)	次月繰越	(93,000)
直接労務費	(120,000)		
製造間接費	(84,000)		
	(284,000)		(284,000)

製　品

仕　掛　品	(191,000)	売上原価	(42,000)
		次月繰越	(149,000)
	(191,000)		(191,000)

解　説

（1）製造間接費の配賦

配賦率：$\frac{84,000円}{5時間+35時間+20時間}$＝@1,400円

配賦額：No.11　@1,400円×5時間＝ 7,000円
No.12　@1,400円×35時間＝49,000円
No.13　@1,400円×20時間＝28,000円

（2）各勘定の金額

仕掛品勘定

製　　品：完成したNo.11とNo.12の原価を記入
42,000円＋149,000円＝191,000円

次月繰越：未完成のNo.13の原価（93,000円）を記入

製品勘定

売上原価：当期に販売したNo.11の原価（42,000円）を記入

次月繰越：未販売のNo.12の原価（149,000円）を記入

問題 5-2

(1)　各製品への配賦額

No.01：31,200 円 ❶

No.02：24,000 円 ❶

(2)

	借方科目	金　額	貸方科目	金　額
(1)	仕　掛　品	❶ 55,200	製造間接費	55,200
(2)	製造間接費	56,000	材　料 賃　金 減価償却累計額	23,000 20,000 13,000
(3)	製造間接費配賦差異	❷ 800	製造間接費	800

❶ 予定配賦率：$\frac{720,000円}{3,000時間}$＝@240円

No.01：@240円×130時間＝31,200円

No.02：@240円×100時間＝24,000円

合　計：31,200円＋24,000円＝55,200円

❷ 55,200円（予定配賦額）－56,000円（実際発生額）＝△800円（借方差異・不利差異）

(3)

製造間接費

間接材料費	(23,000)	予定配賦額	(55,200)
間接労務費	(20,000)	原価差異	(800)
間接経費	(13,000)		
	(56,000)		(56,000)

製造間接費配賦差異

原価差異	(800)		

問題 5-3

仕掛品

月初有高	(21,500)	当月完成	(215,500)
直接材料費	(103,000)	月末有高	(19,000)
直接労務費	(50,000)		
製造間接費	(60,000)		
	(234,500)		(234,500)

製品

月初有高	(73,500)	売上原価	(161,000)
当月完成	(215,500)	月末有高	(128,000)
	(289,000)		(289,000)

解説

(1) 資料の整理

備考欄から各製品の状態を把握します。

No.21：前月（8月）に完成、当月（9月）に販売

→月初：製品、月末：売上原価

No.22：前月（8月）に製造着手、当月（9月）に完成・販売

→月初：仕掛品、月末：売上原価

No.23：当月（9月）に製造着手、完成

→月末：製品

№24：当月（9月）に製造着手、未完成

→月末：仕掛品

(2) 製造間接費の配賦

予定配賦率：$\frac{1,080,000円}{3,600時間}$＝@300円

予定配賦額：№21（前月） @300円× 70時間＝21,000円

№22（前月） @300円× 30時間＝ 9,000円

（当月） @300円× 60時間＝18,000円

№23（当月） @300円×120時間＝36,000円

№24（当月） @300円× 20時間＝ 6,000円

(3) 仕掛品と製品のボックス図

仕掛品と製品のボックス図を書くと、次のとおりです。

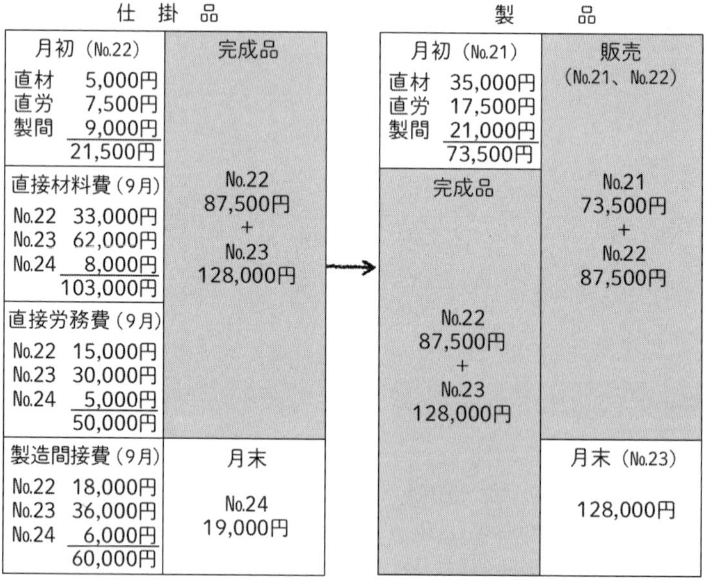

仕　掛　品

借方	貸方
月初（№22） 直材 5,000円 直労 7,500円 製間 9,000円 21,500円	完成品 №22 87,500円 ＋ №23 128,000円
直接材料費（9月） №22 33,000円 №23 62,000円 №24 8,000円 103,000円	
直接労務費（9月） №22 15,000円 №23 30,000円 №24 5,000円 50,000円	
製造間接費（9月） №22 18,000円 №23 36,000円 №24 6,000円 60,000円	月末 №24 19,000円

→

製　　品

借方	貸方
月初（№21） 直材 35,000円 直労 17,500円 製間 21,000円 73,500円	販売 （№21、№22） №21 73,500円 ＋ №22 87,500円
完成品 №22 87,500円 ＋ №23 128,000円	月末（№23） 128,000円

仕掛品ボックス

完成品：No.22　21,500円（月初）＋33,000円（直接材料費）＋15,000円（直接労務費）＋18,000円（製造間接費）＝87,500円

No.23　62,000円（直接材料費）＋30,000円（直接労務費）＋36,000円（製造間接費）＝128,000円

合計　87,500円＋128,000円＝215,500円

製品ボックス

販　売：73,500円（No.21）＋87,500円（No.22）＝161,000円

問題 5-4

製造間接費配賦差異：	3,500	円（借方差異（○）・貸方差異）
予　算　差　異：	1,500	円（借方差異（○）・貸方差異）
操　業　度　差　異：	2,000	円（借方差異（○）・貸方差異）

※　借方差異または貸方差異を○で囲むこと

解　説

分析図を書いて、製造間接費配賦差異、予算差異、操業度差異を計算します。

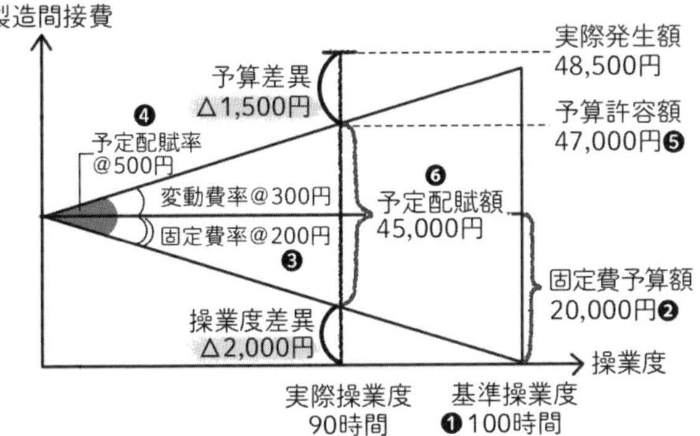

❶ 基 準 操 業 度（月間）：1,200時間÷12か月＝100時間
❷ 固定費予算額（月間）：240,000円÷12か月＝20,000円
❸ 固 定 費 率：$\frac{240,000円}{1,200時間}$＝@200円
❹ 予定配賦率：@300円＋@200円＝@500円
❺ 予算許容額：@300円×90時間（変動費）＋20,000円（固定費）＝47,000円
❻ 予定配賦額：@500円×90時間＝45,000円

(1) 製造間接費配賦差異：45,000円（予定配賦額）－48,500円（実際発生額）＝△3,500円（借方差異・不利差異）

(2) 予　算　差　異：47,000円（予算許容額）－48,500円（実際発生額）＝△1,500円（借方差異・不利差異）

(3) 操　業　度　差　異：@200円（固定費率）×（90時間（実際操業度）－100時間（基準操業度））＝△2,000円
（借方差異・不利差異）

テーマ6　部門別個別原価計算

問題 6-1

部　門　費　配　賦　表　　（単位：円）

摘　要	合　計	製造部門		補助部門		
		第1製造部　門	第2製造部　門	動力部門	修繕部門	工場事務部　門
部門個別費	390,600	131,820	187,500	38,500	22,280	10,500
部門共通費	64,400	28,000	21,000	7,000	2,800	5,600
部　門　費	455,000	159,820	208,500	45,500	25,080	16,100
工場事務部門費	16,100	9,200	6,900			
修繕部門費	25,080	13,680	11,400			
動力部門費	45,500	27,300	18,200			
製造部門費	455,000	210,000	245,000			

借方科目	金　額	貸方科目	金　額
第1製造部門費	（❶ 50,180）	工場事務部門費	（　16,100）
第2製造部門費	（❷ 36,500）	修 繕 部 門 費	（　25,080）
		動 力 部 門 費	（　45,500）

❶ 9,200円＋13,680円＋27,300円＝50,180円
❷ 6,900円＋11,400円＋18,200円＝36,500円

解　説

（1）　部門共通費の配賦

$$\left.\begin{array}{l}\text{第1製造部門：}\\\text{第2製造部門：}\\\text{動 力 部 門：}\\\text{修 繕 部 門：}\\\text{工場事務部門：}\end{array}\right.\frac{64{,}400\text{円}}{46\text{人}}\times\begin{cases}20\text{人}=28{,}000\text{円}\\15\text{人}=21{,}000\text{円}\\5\text{人}=7{,}000\text{円}\\2\text{人}=2{,}800\text{円}\\4\text{人}=5{,}600\text{円}\end{cases}$$

（2）　補助部門費の配賦

工場事務部門費

$$\left.\begin{array}{l}\text{第1製造部門：}\\\text{第2製造部門：}\end{array}\right.\frac{16{,}100\text{円}}{20\text{人}+15\text{人}}\times\begin{cases}20\text{人}=9{,}200\text{円}\\15\text{人}=6{,}900\text{円}\end{cases}$$

修繕部門費

$$\left.\begin{array}{l}\text{第1製造部門：}\\\text{第2製造部門：}\end{array}\right.\frac{25{,}080\text{円}}{30\text{時間}+25\text{時間}}\times\begin{cases}30\text{時間}=13{,}680\text{円}\\25\text{時間}=11{,}400\text{円}\end{cases}$$

動力部門費

$$\left.\begin{array}{l}\text{第1製造部門：}\\\text{第2製造部門：}\end{array}\right.\frac{45{,}500\text{円}}{30\text{kwh}+20\text{kwh}}\times\begin{cases}30\text{kwh}=27{,}300\text{円}\\20\text{kwh}=18{,}200\text{円}\end{cases}$$

問題 6-2

部門費配賦表　　　　(単位：円)

摘要	合計	製造部門		補助部門		
		第1製造部門	第2製造部門	倉庫部門	修繕部門	工場事務部門
部門費	765,000	258,960	252,440	108,000	86,400	59,200
第1次配賦						
工場事務部門費	59,200	16,000	32,000	8,000	3,200	−
修繕部門費	86,400	43,200	28,800	14,400	−	−
倉庫部門費	108,000	60,000	36,000	−	7,200	4,800
第2次配賦				22,400	10,400	4,800
工場事務部門費	4,800	1,600	3,200			
修繕部門費	10,400	6,240	4,160			
倉庫部門費	22,400	14,000	8,400			
製造部門費	765,000	400,000	365,000			

解説

(1) 第1次配賦

工場事務部門費

第1製造部門：
第2製造部門：
倉庫部門：
修繕部門：

$$\frac{59{,}200\text{円}}{10\text{人}+20\text{人}+5\text{人}+2\text{人}}\times\begin{cases}10\text{人}=16{,}000\text{円}\\20\text{人}=32{,}000\text{円}\\5\text{人}=\ \ 8{,}000\text{円}\\2\text{人}=\ \ 3{,}200\text{円}\end{cases}$$

修繕部門費

第1製造部門：
第2製造部門：
倉庫部門：

$$\frac{86{,}400\text{円}}{3\text{回}+2\text{回}+1\text{回}}\times\begin{cases}3\text{回}=43{,}200\text{円}\\2\text{回}=28{,}800\text{円}\\1\text{回}=14{,}400\text{円}\end{cases}$$

倉庫部門費

第１製造部門：
第２製造部門：
修　繕　部　門：
工場事務部門：

$$\frac{108{,}000円}{200kg+120kg+24kg+16kg}\times\begin{cases}200kg=60{,}000円\\120kg=36{,}000円\\24kg=\ \ 7{,}200円\\16kg=\ \ 4{,}800円\end{cases}$$

(2)　第２次配賦

工場事務部門費

第１製造部門：
第２製造部門：

$$\frac{4{,}800円}{10人+20人}\times\begin{cases}10人=1{,}600円\\20人=3{,}200円\end{cases}$$

修繕部門費

第１製造部門：
第２製造部門：

$$\frac{10{,}400円}{3回+2回}\times\begin{cases}3回=6{,}240円\\2回=4{,}160円\end{cases}$$

倉庫部門費

第１製造部門：
第２製造部門：

$$\frac{22{,}400円}{200kg+120kg}\times\begin{cases}200kg=14{,}000円\\120kg=\ \ 8{,}400円\end{cases}$$

問題 6-3

製造部門別の配賦率

第１製造部門：　600 円/時間　　第２製造部門：　490 円/時間

各製造指図書に配賦された製造部門費

No.101：　558,500 円　　No.102：　351,500 円

借方科目	金　額	貸方科目	金　額
仕　掛　品	910,000	第１製造部門費	420,000
		第２製造部門費	490,000

解　説

（1） 製造部門別の配賦率

$$第1製造部門：\frac{420,000円}{400時間+300時間}=@600円$$

$$第2製造部門：\frac{490,000円}{650時間+350時間}=@490円$$

（2） 各製造指図書に配賦された製造部門費

№101：@600円×400時間＋@490円×650時間＝558,500円

№102：@600円×300時間＋@490円×350時間＝351,500円

問題 6-4

製造部門別の予定配賦

借方科目	金　額	貸方科目	金　額
仕　　掛　　品	111,200	第1製造部門費	59,400
		第2製造部門費	51,800

配賦差異の計上

借方科目	金　額	貸方科目	金　額
第1製造部門費	1,300	製造部門費配賦差異	1,300
製造部門費配賦差異	500	第2製造部門費	500

解　説

（1） 製造部門別の予定配賦率

$$第1製造部門：\frac{756,000円}{4,200時間}=@180円$$

$$第2製造部門：\frac{672,000円}{4,800時間}=@140円$$

（2） 製造部門費の予定配賦額

第1製造部門：№101：@180円×200時間＝36,000円

№102：@180円×130時間＝23,400円

59,400円

第2製造部門：№101：@140円×120時間＝16,800円

№102：@140円×250時間＝35,000円

51,800円

(3)　配賦差異の計算

第１製造部門：59,400円（予定配賦額）－58,100円（実際発生額）＝1,300円（貸方差異・有利差異）

第２製造部門：51,800円（予定配賦額）－52,300円（実際発生額）＝△500円（借方差異・不利差異）

テーマ7　総合原価計算❶

問題 7-1

完成品総合原価：	15,600	円
完成品単位原価：	260	円/個
月末仕掛品原価：	7,600	円

解　説

仕掛品のボックス図を書いて、計算します。

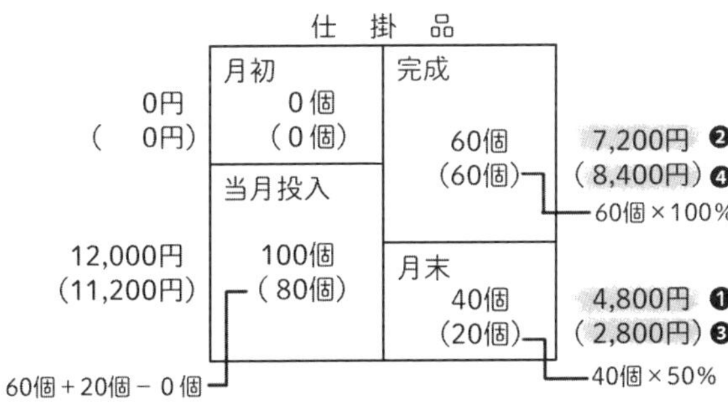

直接材料費

❶ 月末仕掛品：$\frac{12,000円}{100個}$×40個＝4,800円

❷ 完　成　品：12,000円－4,800円＝7,200円

加　工　費

❸ 月末仕掛品：$\frac{11,200円}{80個}$×20個＝2,800円

❹ 完　成　品：11,200円－2,800円＝8,400円

完成品総合原価：7,200円＋8,400円＝15,600円

完成品単位原価：15,600円÷60個＝@260円

月末仕掛品原価：4,800円＋2,800円＝7,600円

問題 7-2

総合原価計算表　　（単位：円）

	直接材料費	加工費	合計
月初仕掛品原価	11,700	5,950	17,650
当月製造費用	52,500	52,170	104,670
合計	64,200	58,120	122,320
月末仕掛品原価	21,000	13,320	34,320
完成品総合原価	43,200	44,800	88,000
完成品単位原価	108 円/個	112 円/個	220 円/個

解説

先入先出法では、月末仕掛品はあとから投入したものが残っていると考えて計算します。

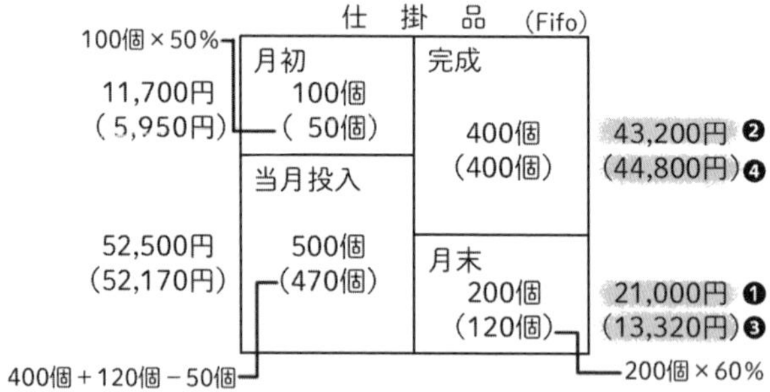

直接材料費

❶ 月末仕掛品：$\frac{52{,}500円}{500個}$×200個＝21,000円

❷ 完　成　品：11,700円＋52,500円－21,000円＝43,200円

加工費

❸ 月末仕掛品：$\frac{52{,}170円}{470個}$×120個＝13,320円

❹ 完　成　品：5,950円＋52,170円－13,320円＝44,800円

完成品単位原価：直接材料費　43,200円÷400個＝@108円

加　工　費　44,800円÷400個＝@112円

問題 7-3

仕　掛　品

月初有高：		当月完成高：	
原料費	12,800	原料費	(61,000)
加工費	7,340	加工費	(52,500)
当月製造費用：		月末有高：	
原料費	72,600	原料費	(24,400)
加工費	53,560	加工費	(8,400)
	(146,300)		(146,300)

解　説

平均法では、平均単価を計算し、平均単価によって月末仕掛品原価と完成品原価を計算します。

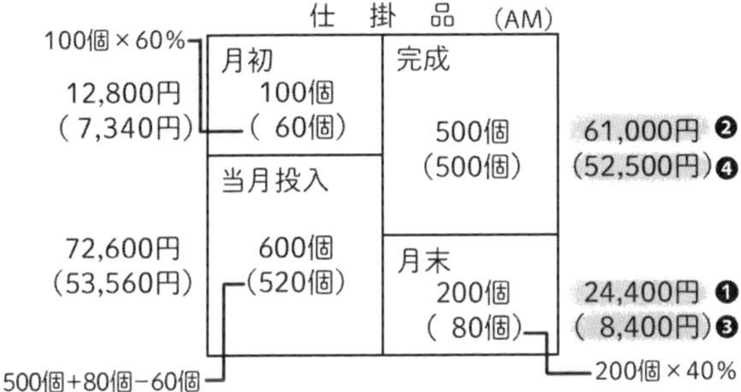

原料費

平均単価：$\dfrac{12{,}800円+72{,}600円}{500個+200個}$＝@122円

❶ 月末仕掛品：@122円×200個＝24,400円

❷ 完　成　品：@122円×500個＝61,000円

加工費

平均単価：$\dfrac{7{,}340円+53{,}560円}{500個+80個}$＝@105円

❸ 月末仕掛品：@105円×80個＝8,400円

❹ 完　成　品：@105円×500個＝52,500円

テーマ8 総合原価計算❷

問題 8-1

第1工程月末仕掛品の原料費：	34,500	円
第1工程月末仕掛品の加工費：	17,640	円
第2工程月末仕掛品の前工程費：	43,400	円
第2工程月末仕掛品の加工費：	10,600	円
第2工程完成品総合原価：	193,800	円

解　説

第1工程は先入先出法、第2工程は平均法で計算します。

第1工程

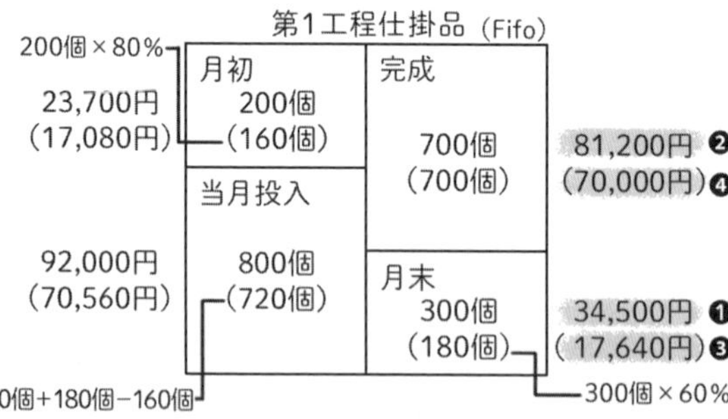

原料費

❶ 月末仕掛品：$\frac{92,000円}{800個}$×300個＝34,500円

❷ 完　成　品：23,700円＋92,000円 −34,500円＝81,200円

加工費

❸ 月末仕掛品：$\frac{70,560円}{720個}$×180個＝17,640円

❹ 完　成　品：17,080円＋70,560円 −17,640円＝70,000円

第1工程完了品原価：81,200円＋70,000円＝151,200円
→第2工程の当月投入前工程費

第２工程

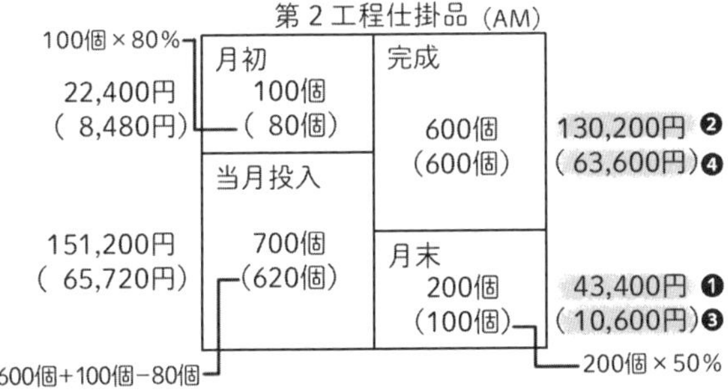

前工程費

平均単価：$\frac{22{,}400円+151{,}200円}{600個+200個}$＝@217円

❶ 月末仕掛品：@217円×200個＝43,400円

❷ 完　成　品：@217円×600個＝130,200円

加工費

平均単価：$\frac{8{,}480円+65{,}720円}{600個+100個}$＝@106円

❸ 月末仕掛品：@106円×100個＝10,600円

❹ 完　成　品：@106円×600個＝63,600円

第２工程完成品総合原価：130,200円＋63,600円＝193,800円

問題 8-2

月末仕掛品原価：	61,920	円
完成品総合原価：	316,800	円
製品Ｘの完成品単位原価：	352	円/個
製品Ｙの完成品単位原価：	528	円/個

解　説

平均法で完成品総合原価を計算したあと、等価係数を用いた積数によって原価を製品Ｘと製品Ｙに按分します。

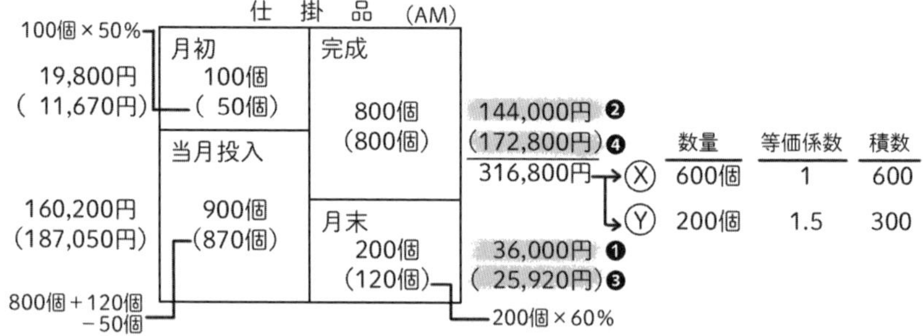

直接材料費

平均単価：$\dfrac{19{,}800\text{円}+160{,}200\text{円}}{800\text{個}+200\text{個}}$＝@180円

❶ 月末仕掛品：@180円×200個＝36,000円

❷ 完　成　品：@180円×800個＝144,000円

加　工　費

平均単価：$\dfrac{11{,}670\text{円}+187{,}050\text{円}}{800\text{個}+120\text{個}}$＝@216円

❸ 月末仕掛品：@216円×120個＝25,920円

❹ 完　成　品：@216円×800個＝172,800円

(1)　月末仕掛品原価：36,000円＋25,920円＝61,920円

(2)　完成品総合原価：144,000円＋172,800円＝316,800円

(3)　各等級製品の積数

製品X：600個×１＝600　　製品Y：200個×1.5＝300

(4)　製品Xの完成品総合原価と単位原価

完成品総合原価：316,800円×$\dfrac{600}{600+300}$＝211,200円

完成品単位原価：211,200円÷600個＝@352円

(5)　製品Yの完成品総合原価と単位原価

完成品総合原価：316,800円×$\dfrac{300}{600+300}$＝105,600円

完成品単位原価：105,600円÷200個＝@528円

問題 8-3

問１　加工費の予定配賦率　20 円/時間

問２

組別総合原価計算表　（単位：円）

	A組製品		B組製品	
	原料費	加工費	原料費	加工費
月初仕掛品原価	32,300	9,760	23,800	16,420
当月製造費用	105,000	(66,640)	97,200	(71,780)
合　計	(137,300)	(76,400)	(121,000)	(88,200)
月末仕掛品原価	(52,500)	(20,400)	(44,000)	(19,600)
完成品総合原価	(84,800)	(56,000)	(77,000)	(68,600)

問３　A組製品の完成品単位原価：　176 円/kg

B組製品の完成品単位原価：　208 円/kg

解　説

加工費を予定配賦してから、組製品ごとにボックス図を作って計算します。

(1)　加工費の予定配賦率と各組製品への配賦額

予定配賦率：$\frac{1{,}700{,}000\text{円}}{85{,}000\text{時間}}$＝@20円

A組製品への配賦額：@20円×3,332時間＝66,640円

B組製品への配賦額：@20円×3,589時間＝71,780円

（2） 製品原価の計算

A組製品

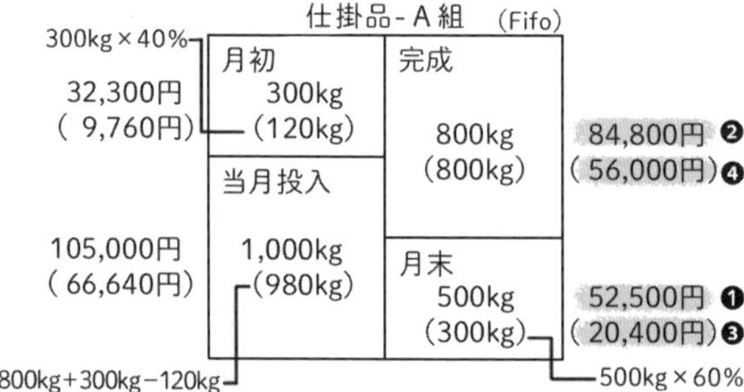

仕掛品-A組 (Fifo)
300kg×40%
32,300円
(9,760円)
月初
300kg
(120kg)
当月投入
1,000kg
(980kg)
105,000円
(66,640円)
800kg+300kg−120kg
完成
800kg
(800kg)
84,800円 ❷
(56,000円)❹
月末
500kg
(300kg)
52,500円 ❶
(20,400円)❸
500kg×60%

原料費

❶ 月末仕掛品：$\frac{105{,}000円}{1{,}000kg}$×500kg＝52,500円

❷ 完　成　品：32,300円＋105,000円－52,500円＝84,800円

加工費

❸ 月末仕掛品：$\frac{66{,}640円}{980kg}$×300kg＝20,400円

❹ 完　成　品：9,760円＋66,640円－20,400円＝56,000円

完成品総合原価：84,800円＋56,000円＝140,800円

完成品単位原価：140,800円÷800kg＝@176円

B組製品

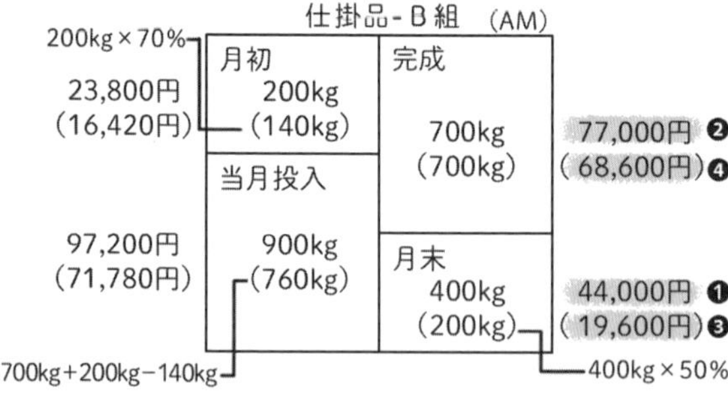

仕掛品-B組 (AM)
200kg×70%
23,800円
(16,420円)
月初
200kg
(140kg)
当月投入
900kg
(760kg)
97,200円
(71,780円)
700kg+200kg−140kg
完成
700kg
(700kg)
77,000円 ❷
(68,600円)❹
月末
400kg
(200kg)
44,000円 ❶
(19,600円)❸
400kg×50%

原料費

平均単価：$\frac{23{,}800円＋97{,}200円}{700kg＋400kg}$＝@110円

❶ 月末仕掛品：@110円×400kg＝44,000円

❷ 完　成　品：@110円×700kg＝77,000円

加工費

平均単価：$\frac{16{,}420円＋71{,}780円}{700kg＋200kg}$＝@98円

❸ 月末仕掛品：@98円×200kg＝19,600円

❹ 完　成　品：@98円×700kg＝68,600円

完成品総合原価：77,000円＋68,600円＝145,600円

完成品単位原価：145,600円÷700kg＝@208円

テーマ9 総合原価計算❸

問題 9-1

問1	完成品総合原価：	144,900	円
	完成品単位原価：	181.125	円/個
	月末仕掛品原価：	24,100	円
問2	完成品総合原価：	142,400	円
	完成品単位原価：	178	円/個
	月末仕掛品原価：	26,600	円

解　説

問1　完成品のみ負担

完成品のみ負担の場合には、正常仕損は完成品に含めて計算します。

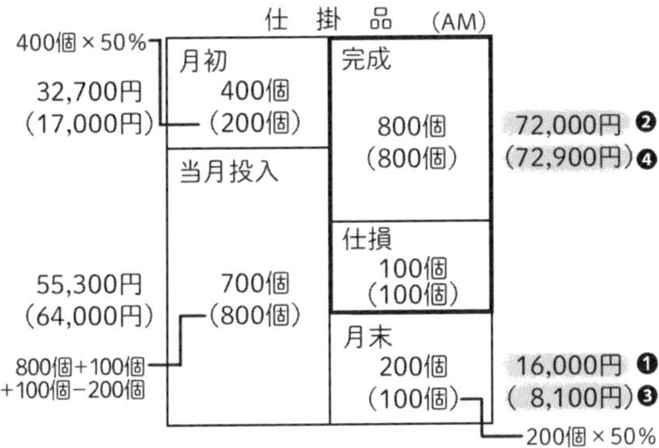

直接材料費

平均単価：$\frac{32,700円+55,300円}{800個+100個+200個}$＝@80円

❶ 月末仕掛品：@80円×200個＝16,000円

❷ 完　成　品：@80円×（800個＋100個）
＝72,000円

加　工　費

平均単価：$\frac{17,000円+64,000円}{800個+100個+100個}$＝@81円

❸ 月末仕掛品：@81円×100個＝8,100円

❹ 完　成　品：@81円×（800個＋100個）
＝72,900円

完成品総合原価：72,000円＋72,900円＝144,900円

完成品単位原価：144,900円÷800個＝@181.125円

月末仕掛品原価：16,000円＋8,100円＝24,100円

問２　両者負担

両者負担の場合には、正常仕損はなかったものとして計算します。

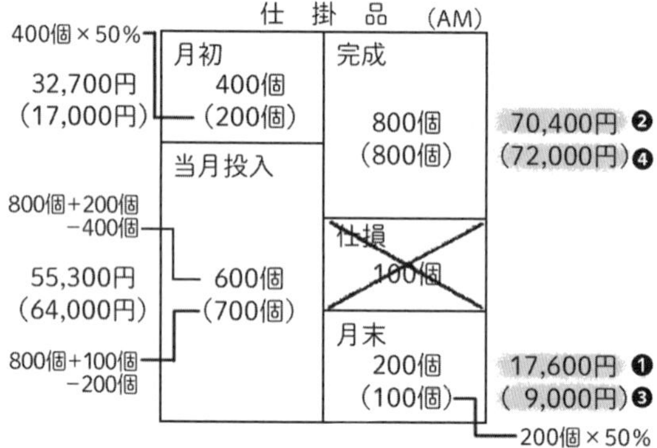

直接材料費

平均単価：$\frac{32,700円+55,300円}{800個+200個}$＝@88円

❶ 月末仕掛品：@88円×200個＝17,600円

❷ 完　成　品：@88円×800個＝70,400円

加　工　費

平均単価：$\frac{17,000円+64,000円}{800個+100個}$＝@90円

❸ 月末仕掛品：@90円×100個＝9,000円

❹ 完　成　品：@90円×800個＝72,000円

完成品総合原価：70,400円＋72,000円＝142,400円

完成品単位原価：142,400円÷800個＝@178円

月末仕掛品原価：17,600円＋9,000円＝26,600円

問題 9-2

問１	完成品総合原価：	129,000	円
	完成品単位原価：	215	円/個
	月末仕掛品原価：	44,760	円
問２	完成品総合原価：	122,400	円
	完成品単位原価：	204	円/個
	月末仕掛品原価：	51,360	円

解　説

問１　完成品のみ負担

完成品のみ負担の場合には、正常仕損は完成品に含めて計算します。

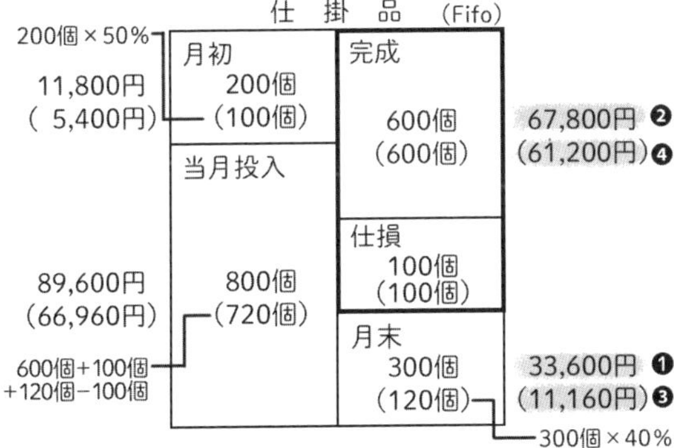

直接材料費

❶ 月末仕掛品：$\frac{89{,}600円}{800個}$×300個＝33,600円

❷ 完　成　品：11,800円＋89,600円−33,600円＝67,800円

加　工　費

❸ 月末仕掛品：$\frac{66{,}960円}{720個}$×120個＝11,160円

❹ 完　成　品：5,400円＋66,960円−11,160円＝61,200円

完成品総合原価：67,800円＋61,200円＝129,000円

完成品単位原価：129,000円÷600個＝@215円

月末仕掛品原価：33,600円＋11,160円＝44,760円

問2　両者負担

両者負担の場合には、正常仕損はなかったものとして計算します。なお、先入先出法の場合には、当月投入量から正常仕損量を差し引いて計算することに注意しましょう。

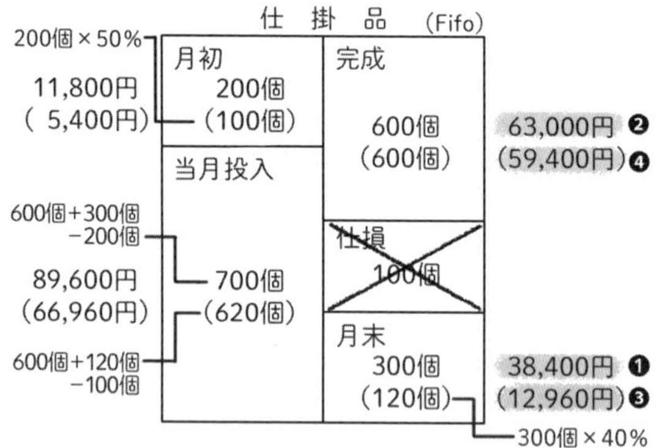

直接材料費

❶ 月末仕掛品：$\frac{89,600円}{700個}$×300個＝38,400円

❷ 完　成　品：11,800円＋89,600円−38,400円＝63,000円

加　工　費

❸ 月末仕掛品：$\frac{66,960円}{620個}$×120個＝12,960円

❹ 完　成　品：5,400円＋66,960円−12,960円＝59,400円

完成品総合原価：63,000円＋59,400円＝122,400円

完成品単位原価：122,400円÷600個＝@204円

月末仕掛品原価：38,400円＋12,960円＝51,360円

問題 9-3

問１　完成品総合原価：　72,300 円

完成品単位原価：　144.6 円/個

月末仕掛品原価：　33,400 円

問２　完成品総合原価：　68,500 円

完成品単位原価：　137 円/個

月末仕掛品原価：　37,200 円

解　説

問１　完成品のみ負担

完成品のみ負担の場合には、正常仕損品の処分価額は完成品総合原価から差し引きます。

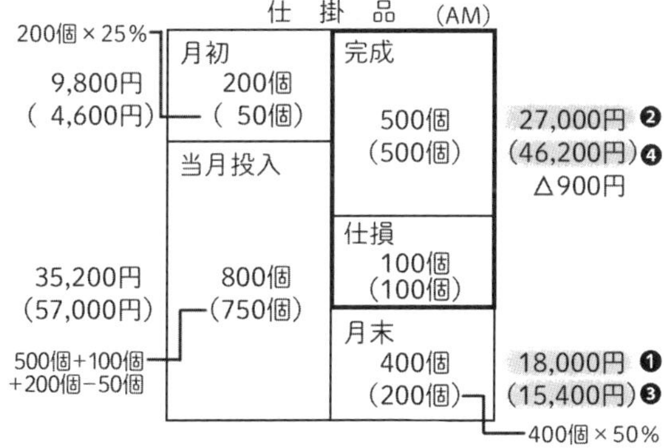

直接材料費

平均単価：$\frac{9{,}800円+35{,}200円}{500個+100個+400個}$＝@45円

❶ 月末仕掛品：@45円×400個＝18,000円

❷ 完　成　品：@45円×(500個＋100個)
＝27,000円

加　工　費

平均単価：：$\frac{4{,}600円+57{,}000円}{500個+100個+200個}$＝@77円

❸ 月末仕掛品：@77円×200個＝15,400円

❹ 完　成　品：@77円×(500個＋100個)
＝46,200円

完成品総合原価：27,000円＋46,200円－900円＝72,300円

完成品単位原価：72,300円÷500個＝@144.6円

月末仕掛品原価：18,000円＋15,400円＝33,400円

問２　両者負担

両者負担の場合には、正常仕損品の処分価額は、さきに当月投入の直接材料費から差し引いて計算します。

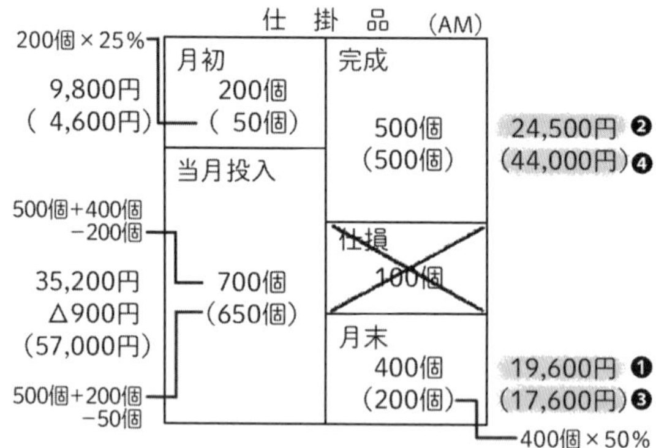

直接材料費

平均単価：$\dfrac{9{,}800円＋35{,}200円－900円}{500個＋400個}$＝@49円

❶ 月末仕掛品：@49円×400個＝19,600円

❷ 完　成　品：@49円×500個＝24,500円

加　工　費

平均単価：$\dfrac{4{,}600円＋57{,}000円}{500個＋200個}$＝@88円

❸ 月末仕掛品：@88円×200個＝17,600円

❹ 完　成　品：@88円×500個＝44,000円

完成品総合原価：24,500円＋44,000円＝68,500円

完成品単位原価：68,500円÷500個＝@137円

月末仕掛品原価：19,600円＋17,600円＝37,200円

問題 9-4

完成品総合原価： 183,400 円

完成品単位原価： 262 円/個

月末仕掛品原価： 41,120 円

解　説

B原料は工程の終点で投入しているので、完成品のみに含まれています。また、C原料は工程を通じて平均的に投入しているので、加工費と同様に完成品換算量を用いて計算します。

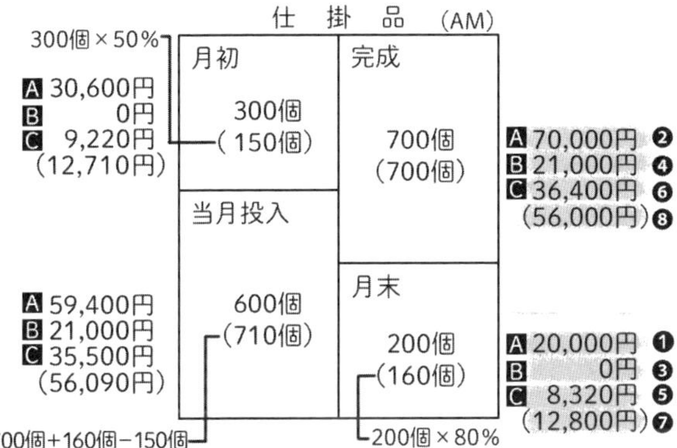

A原料費

平均単価：$\dfrac{30{,}600円+59{,}400円}{700個+200個}$＝@100円

❶ 月末仕掛品：@100円×200個＝20,000円

❷ 完　成　品：@100円×700個＝70,000円

B原料費

❸ 月末仕掛品：0円

❹ 完　成　品：21,000円

C原料費

平均単価：$\dfrac{9{,}220円+35{,}500円}{700個+160個}$＝@52円

❺ 月末仕掛品：@52円×160個＝8,320円

❻ 完　成　品：@52円×700個＝36,400円

加　工　費

平均単価：$\dfrac{12{,}710円+56{,}090円}{700個+160個}$＝@80円

❼ 月末仕掛品：@80円×160個＝12,800円

❽ 完　成　品：@80円×700個＝56,000円

完成品総合原価：70,000円＋21,000円＋36,400円＋56,000円＝183,400円
完成品単位原価：183,400円÷700個＝@262円
月末仕掛品原価：20,000円＋0円＋8,320円＋12,800円＝41,120円

テーマ10 工業簿記における財務諸表

問題 10-1

製造原価報告書　（単位：円）

材料費			
主要材料費	(18,600)		
補助材料費	(10,200)		(28,800)
労務費			
直接工賃金	(21,000)		
間接工賃金	(10,600)		
給料	(4,800)		(36,400)
経費			
電力料	(6,000)		
賃借料	(3,000)		
減価償却費	(8,000)		(17,000)
合計			(82,200)
製造間接費配賦差異		[−]	(600)
当期総製造費用			(81,600)
期首仕掛品棚卸高			(6,000)
合計			(87,600)
期末仕掛品棚卸高			(5,000)
当期製品製造原価			(82,600)

※［　］内は借方差異ならば「−」を、貸方差異ならば「＋」を記入すること。

解説

材料費、労務費、経費を集計して製造原価報告書を作成します。

なお、製造間接費配賦差異は、借方差異ならば製造原価報告書において減算し、貸方差異ならば製造原価報告書において加算します。

(1) 材料費

主要材料費：3,000円＋18,000円－2,400円＝18,600円 →直接材料費
　　　　　　期首有高　当期仕入高　期末有高

補助材料費：1,000円＋10,000円－800円＝10,200円 →間接材料費
　　　　　　期首有高　当期仕入高　期末有高

(2) 労務費

直接工賃金：20,000円＋4,000円－3,000円＝21,000円 →直接労務費
　　　　　　当期支払高　期末未払高　期首未払高

間接工賃金：12,000円＋1,200円－2,600円＝10,600円 →間接労務費
　　　　　　当期支払高　期末未払高　期首未払高

給　　　料：5,000円＋1,800円－2,000円＝4,800円 →間接労務費
　　　　　　当期支払高　期末未払高　期首未払高

(3) 経　費

間 接 経 費：6,000円＋3,000円＋8,000円＝17,000円
　　　　　　電力料　賃借料　減価償却費

(4) 製造間接費

実際発生額：10,200円＋10,600円＋4,800円＋17,000円＝42,600円
　　　　　　間接材料費　間接労務費　間接経費

予定配賦額：21,000円×200％＝42,000円
　　　　　　直接労務費

製造間接費配賦差異：42,000円－42,600円＝△600円（借方差異・不利差異）
　　　　　　　　　　予定配賦額　実際発生額

問題 10-2

製造原価報告書 (単位：円)

Ⅰ. 直接材料費			
期首材料棚卸高	(90,000)		
当期材料仕入高	(200,000)		
合計	(290,000)		
期末材料棚卸高	(65,000)		(225,000)
Ⅱ. 直接労務費			(176,000)
Ⅲ. 製造間接費			
間接材料費	(49,400)		
間接労務費	(112,000)		
間接経費	(50,000)		(211,400)
合計			(612,400)
製造間接費配賦差異		[−]	(200)
当期総製造費用			(612,200)
期首仕掛品棚卸高			(160,000)
合計			(772,200)
期末仕掛品棚卸高			(135,000)
当期製品製造原価			(637,200)

※［ ］内は加算するならば「+」を、減算するならば「−」を記入すること。

損益計算書

(単位：円)

Ⅰ．売上高			850,000
Ⅱ．売上原価			
期首製品棚卸高		(80,000)	
当期製品製造原価		(637,200)	
合計		(717,200)	
期末製品棚卸高		(105,000)	
差引		(612,200)	
原価差異	[＋]	(200)	(612,400)
売上総利益			(237,600)
Ⅲ．販売費及び一般管理費			(195,000)
営業利益			(42,600)

※［　］内は加算するならば「＋」を、減算するならば「－」を記入すること。

解説

製造間接費配賦差異は、借方差異ならば製造原価報告書では減算、損益計算書では加算し、貸方差異ならば製造原価報告書では加算、損益計算書では減算します。

(1) 材料

素材費：90,000円(期首有高)＋200,000円(当期仕入高)－65,000円(期末有高)＝225,000円 →直接材料費

補助材料費：4,000円(期首有高)＋38,000円(当期仕入高)－3,600円(期末有高)＝38,400円 →間接材料費

(2) 賃金

直接工賃金：180,000円(当期支払高)＋38,000円(期末未払高)－42,000円(期首未払高)＝176,000円 →直接労務費

間接工賃金：60,000円(当期支払高)＋12,000円(期末未払高)－18,000円(期首未払高)＝54,000円 →間接労務費

(3) 製造間接費実際発生額

間接材料費：38,400円(補助材料費)＋8,000円(工場消耗品費)＋3,000円(消耗工具器具備品費)＝49,400円

間接労務費：54,000円(間接工賃金)＋58,000円(工場職員給料)＝112,000円

間接経費：15,000円(工場の通信費)＋5,000円(工場建物の固定資産税)＋12,000円(工場の水道光熱費)＋18,000円(工場建物減価償却費)＝50,000円

合計：49,400円＋112,000円＋50,000円＝211,400円

(4) 製造間接費予定配賦額と配賦差異

予定配賦額：176,000円(直接労務費)×120%＝211,200円

配賦差異：211,200円(予定配賦額)－211,400円(実際発生額)＝△200円（借方差異・不利差異）

(5) 販売費及び一般管理費

販売費及び一般管理費：20,000円(本社建物減価償却費)＋72,000円(販売員給料)＋80,000円(本社役員給与)＋23,000円(その他販売費及び一般管理費)

＝195,000円

テーマ11 本社工場会計

問題 11-1

		借方科目	金額	貸方科目	金額
(1)	本社	工場	60,000	買掛金	60,000
	工場	材料	60,000	本社	60,000
(2)	本社	仕訳なし			
	工場	仕掛品 製造間接費	40,000 10,000	材料	50,000
(3)	本社	仕訳なし			
	工場	仕掛品 製造間接費	30,000 12,000	賃金	42,000
(4)	本社	仕訳なし			
	工場	仕掛品	45,000	製造間接費	45,000
(5)	本社	工場	5,000	減価償却累計額	5,000
	工場	製造間接費	5,000	本社	5,000
(6)	本社	仕訳なし			
	工場	製品	120,000	仕掛品	120,000
(7)	本社	売掛金 売上原価	150,000 100,000	売上 工場	150,000 100,000
	工場	本社	100,000	製品	100,000

解　説

取引の仕訳をしたあと、本社と工場の仕訳に分けます。

(1)　材料の仕入

	借方	金額	貸方	金額
取引の仕訳：	(材　料)	60,000	(買　掛　金)	60,000
本社の仕訳：	(工　場)	60,000	(買　掛　金)	60,000
工場の仕訳：	(材　料)	60,000	(本　社)	60,000

(2)　材料の消費

	借方	金額	貸方	金額
取引の仕訳：	(仕　掛　品)	40,000	(材　料)	50,000
	(製 造 間 接 費)	10,000		
本社の仕訳：	仕 訳 な し			
工場の仕訳：	(仕　掛　品)	40,000	(材　料)	50,000
	(製 造 間 接 費)	10,000		

(3)　賃金の消費

	借方	金額	貸方	金額
取引の仕訳：	(仕　掛　品)	30,000	(賃　金)	42,000
	(製 造 間 接 費)	12,000		
本社の仕訳：	仕 訳 な し			
工場の仕訳：	(仕　掛　品)	30,000	(賃　金)	42,000
	(製 造 間 接 費)	12,000		

(4)　製造間接費の予定配賦

	借方	金額	貸方	金額
取引の仕訳：	(仕　掛　品)	45,000	(製 造 間 接 費)	★45,000
本社の仕訳：	仕 訳 な し			
工場の仕訳：	(仕　掛　品)	45,000	(製 造 間 接 費)	45,000

★ 30,000円×150％＝45,000円

(5)　工場減価償却費の計上

	借方	金額	貸方	金額
取引の仕訳：	(製 造 間 接 費)	5,000	(減価償却累計額)	5,000
本社の仕訳：	(工　場)	5,000	(減価償却累計額)	5,000
工場の仕訳：	(製 造 間 接 費)	5,000	(本　社)	5,000

(6)　製品の完成

	借方	金額	貸方	金額
取引の仕訳：	(製　品)	120,000	(仕　掛　品)	120,000
本社の仕訳：	仕 訳 な し			
工場の仕訳：	(製　品)	120,000	(仕　掛　品)	120,000

(7) 製品の売上

	借方科目	金額	貸方科目	金額
取引の仕訳：	(売掛金)	150,000	(売上)	150,000
	(売上原価)	100,000	(製品)	100,000
本社の仕訳：	(売掛金)	150,000	(売上)	150,000
	(売上原価)	100,000	(工場)	100,000
工場の仕訳：	(本社)	100,000	(製品)	100,000

テーマ12 標準原価計算❶

問題 12-1

(A) パーシャル・プランの場合

仕掛品

借方	金額	貸方	金額
直接材料費	(8,100)	製品	(16,400)
直接労務費	(4,150)	月末有高	(2,100)
製造間接費	(6,520)	原価差異	(270)
原価差異	( )		
	(18,770)		(18,770)

製品

借方	金額	貸方	金額
月初有高	(4,100)	売上原価	(12,300)
仕掛品	(16,400)	月末有高	(8,200)
	(20,500)		(20,500)

(B) シングル・プランの場合

仕掛品

借方	金額	貸方	金額
直接材料費	(8,000)	製品	(16,400)
直接労務費	(4,200)	月末有高	(2,100)
製造間接費	(6,300)	原価差異	( )
原価差異	( )		
	(18,500)		(18,500)

製　　品

月初有高	(4,100)	売上原価	(12,300)
仕掛品	(16,400)	月末有高	(8,200)
	(20,500)		(20,500)

※　金額が記入されない項目については空欄のままにすること。

解　説

仕掛品勘定の当月製造費用について、パーシャル・プランでは実際原価で記入し、シングル・プランでは標準原価で記入します。それ以外についてはすべて標準原価で記入するので、パーシャル・プランでは仕掛品勘定で原価差異が把握されますが、シングル・プランでは仕掛品勘定で原価差異は把握されません(各費目別の勘定で把握されます)。

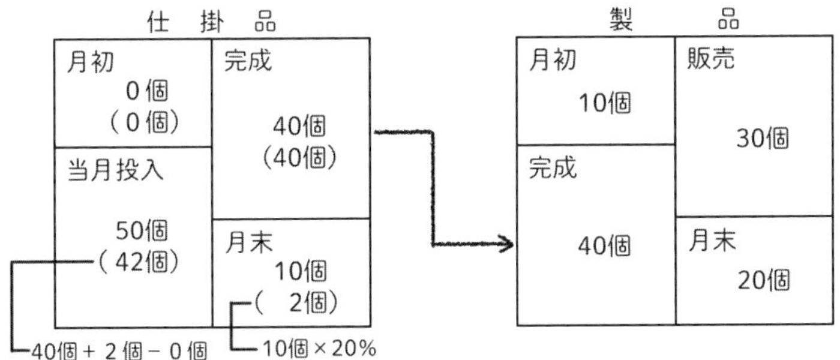

(A)　パーシャル・プランの場合

①　仕掛品勘定

当月製造費用

実際原価で記入します。

完成品原価(製品)

@410円×40個＝16,400円

月末有高

直接材料費：@160円×10個＝1,600円
直接労務費：@100円×２個＝　200円
製造間接費：@150円×２個＝　300円
2,100円

原価差異

原価差異は貸借差額で計算します。

② 製品勘定

月初有高

@410円×10個＝4,100円

完成品原価（仕掛品）

@410円×40個＝16,400円

月末有高

@410円×20個＝8,200円

（B） シングル・プランの場合

① 仕掛品勘定

当月製造費用

直接材料費：@160円×50個＝8,000円

直接労務費：@100円×42個＝4,200円

製造間接費：@150円×42個＝6,300円

完成品原価（製品）

パーシャル・プランの場合と同じ。

月末有高

パーシャル・プランの場合と同じ。

原価差異

原価差異は把握されません。

② 製品勘定

パーシャル・プランの場合と同じです。

テーマ13 標準原価計算❷

問題 13-1

直接材料費差異（総差異）：	510	円（(借方差異)・貸方差異）
価格差異：	310	円（(借方差異)・貸方差異）
数量差異：	200	円（(借方差異)・貸方差異）

※ 借方差異または貸方差異を○で囲むこと

解説

直接材料費の差異分析図を書いて、各差異を計算します。

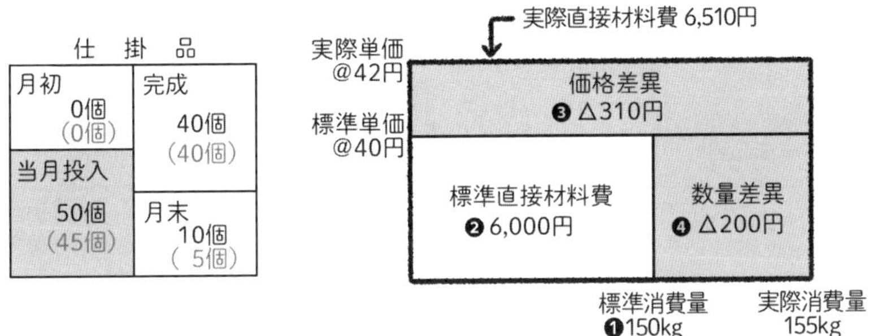

❶ 標準消費量：3 kg×50個＝150kg

❷ 標準直接材料費：@40円×150kg＝6,000円

直接材料費差異

総 差 異：6,000円－6,510円＝△510円（借方差異・不利差異）

価格差異：(@40円－@42円)×155kg＝△310円（借方差異・不利差異）……………❸

数量差異：@40円×(150kg－155kg)＝△200円（借方差異・不利差異）……………❹

問題 13-2

直接労務費差異（総差異）： 60 円（**借方差異**・貸方差異）

賃率差異： 190 円（借方差異・**貸方差異**）

時間差異： 250 円（**借方差異**・貸方差異）

※ 借方差異または貸方差異を○で囲むこと

解 説

直接労務費の差異分析図を書いて、各差異を計算します。

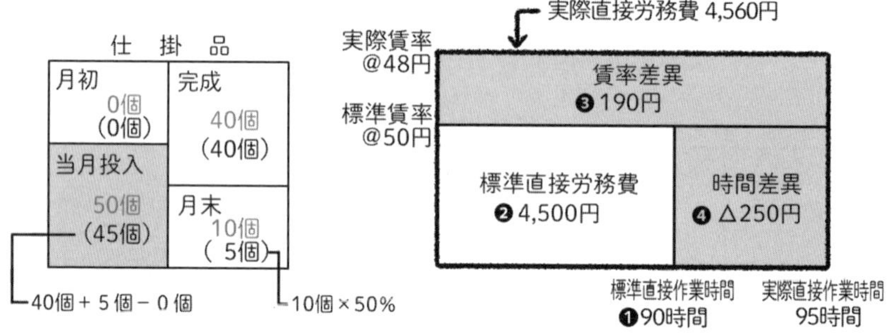

❶ 標準直接作業時間：2時間×45個＝90時間

❷ 標準直接労務費：@50円×90時間＝4,500円

直接労務費差異

総 差 異：4,500円－4,560円＝△60円（借方差異・不利差異）

賃率差異：(@50円－@48円)×95時間＝190円（貸方差異・有利差異）……………❸

時間差異：@50円×(90時間－95時間)＝△250円（借方差異・不利差異）…………❹

問題 13-3

問 1

製造間接費差異（総差異）：	310	円（借方差異・貸方差異）
予 算 差 異：	180	円（借方差異・貸方差異）
操業度差異：	40	円（借方差異・貸方差異）
能 率 差 異：	90	円（借方差異・貸方差異）

※　借方差異または貸方差異を○で囲むこと

問 2

製造間接費差異（総差異）：	310	円（借方差異・貸方差異）
予 算 差 異：	180	円（借方差異・貸方差異）
操業度差異：	100	円（借方差異・貸方差異）
能 率 差 異：	30	円（借方差異・貸方差異）

※　借方差異または貸方差異を○で囲むこと

解　説

製造間接費の差異分析図を書いて、各差異を計算します。

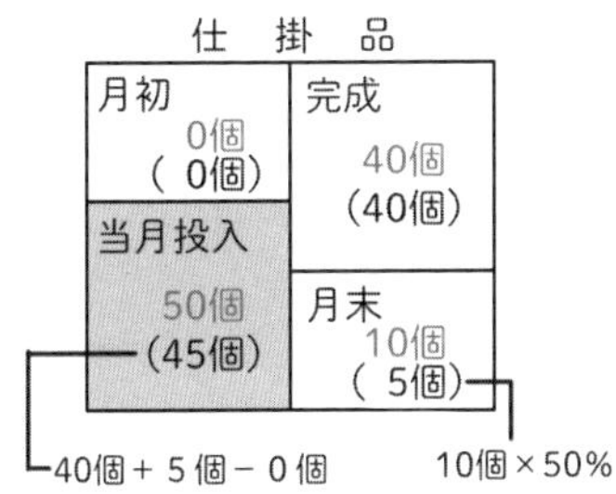

問１　能率差異は変動費部分と固定費部分からなるものとする場合

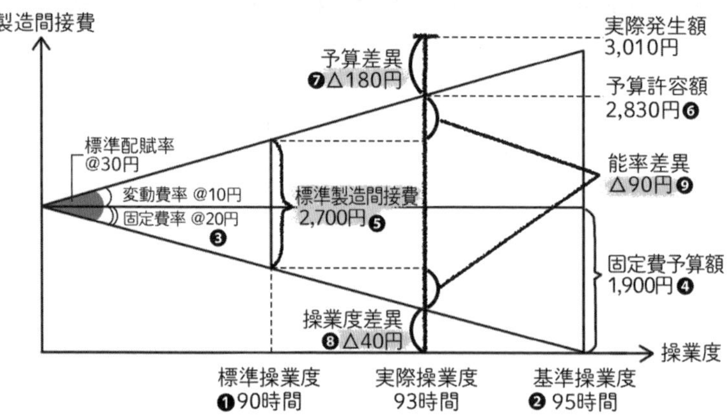

❶標準操業度：２時間×45個＝90時間

❷基準操業度：1,140時間÷12か月＝95時間

❸固定費率：@30円（標準配賦率）－@10円（変動費率）＝@20円

❹固定費予算額：22,800円÷12か月＝1,900円

❺標準製造間接費：@30円×90時間＝2,700円

❻予算許容額：@10円（変動費率）×93時間（実際操業度）＋1,900円（固定費予算額）＝2,830円

製造間接費差異

総差異：2,700円（標準製造間接費）－3,010円（実際発生額）＝△310円（借方差異・不利差異）

予算差異：2,830円（予算許容額）－3,010円（実際発生額）＝△180円（借方差異・不利差異）……❼

操業度差異：@20円×(93時間－95時間)＝△40円（借方差異・不利差異）……❽

能率差異：@30円×(90時間－93時間)＝△90円（借方差異・不利差異）……❾

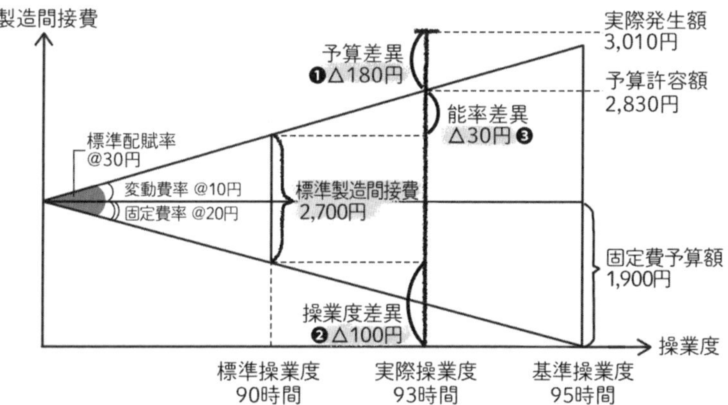

製造間接費差異

総　差　異：2,700円（標準製造間接費）－3,010円（実際発生額）＝△310円（借方差異・不利差異）

予 算 差 異：2,830円（予算許容額）－3,010円（実際発生額）＝△180円（借方差異・不利差異）……………………❶

操業度差異：@20円×(90時間－95時間)＝△100円（借方差異・不利差異）………❷

能 率 差 異：@10円×(90時間－93時間)＝△ 30円（借方差異・不利差異）………❸

テーマ14 直接原価計算

問題 14-1

直接原価計算による損益計算書　（単位：円）

Ⅰ．売　上　高			(50,000)
Ⅱ．変動売上原価			(15,000)
[変動製造マージン]			(35,000)
Ⅲ．変動販売費			(5,000)
[貢　献　利　益]			(30,000)
Ⅳ．固　定　費			
1．固定製造原価	(7,000)		
2．固定販売費及び一般管理費	(2,000)		(9,000)
[営　業　利　益]			(21,000)

解　説

売　上　高：@100円×500個＝50,000円

変動売上原価：@ 30円×500個＝15,000円

変動販売費：@ 10円×500個＝ 5,000円

問題 14-2

(A)　全部原価計算による損益計算書

損　益　計　算　書　　　　　　　　(単位：円)

	第1期	第2期
売　上　高	(200,000)	(150,000)
売　上　原　価	(88,000)	(66,000)
売　上　総　利　益	(112,000)	(84,000)
販売費・一般管理費	(74,000)	(68,000)
営　業　利　益	(38,000)	(16,000)

(B)　直接原価計算による損益計算書

損　益　計　算　書　　　　　　　　(単位：円)

	第1期	第2期
売　上　高	(200,000)	(150,000)
変動売上原価	(48,000)	(36,000)
変動製造マージン	(152,000)	(114,000)
変動販売費	(24,000)	(18,000)
貢　献　利　益	(128,000)	(96,000)
固　定　費	(90,000)	(90,000)
営　業　利　益	(38,000)	(6,000)

解　説

全部原価計算では、固定製造原価も製品原価として計算しますが、直接原価計算では、変動製造原価のみ製品原価として計算します。

ボックス図

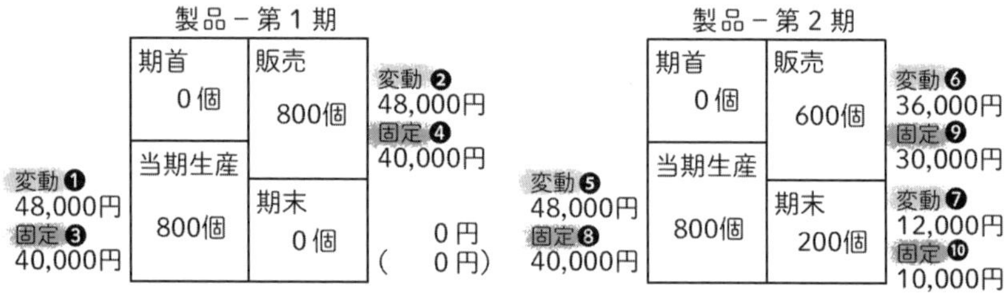

① 第１期

変動製造原価

❶ 当期生産：@60円×800個＝48,000円

❷ 販　　売：@60円×800個＝48,000円

固定製造原価

❸ 当期生産：当期発生額＝40,000円

❹ 販　　売：40,000円

② 第２期

変動製造原価

❺ 当期生産：@60円×800個＝48,000円

❻ 販　　売：@60円×600個＝36,000円

❼ 期　　末：@60円×200個＝12,000円

固定製造原価

❽ 当期生産：当期発生額＝40,000円

❾ 販　　売：$40{,}000円 \times \frac{600個}{800個} = 30{,}000円$

❿ 期　　末：$40{,}000円 \times \frac{200個}{800個} = 10{,}000円$

(A) 全部原価計算による損益計算書

① 第１期

売 上 高：@250円×800個＝200,000円

売上原価：❷48,000円＋❹40,000円＝88,000円

販売費・一般管理費：@30円×800個（変動販売費）＋20,000円（固定販売費）＋30,000円（一般管理費）＝74,000円

② 第２期

売 上 高：@250円×600個＝150,000円

売上原価：❻36,000円＋❾30,000円＝66,000円

販売費・一般管理費：@30円×600個（変動販売費）＋20,000円（固定販売費）＋30,000円（一般管理費）＝68,000円

（B） 直接原価計算による損益計算書

① 第１期

売　上　高：@250円×800個＝200,000円

変動売上原価：❷48,000円

変 動 販 売 費：@30円×800個＝24,000円

固　定　費：40,000円（固定製造原価）＋20,000円（固定販売費）＋30,000円（一般管理費）＝90,000円

② 第２期

売　上　高：@250円×600個＝150,000円

変動売上原価：❻36,000円

変 動 販 売 費：@30円×600個＝18,000円

固　定　費：40,000円（固定製造原価）＋20,000円（固定販売費）＋30,000円（一般管理費）＝90,000円

問題 14-3

問１　貢献利益率：40 %

問２　売 上 高：900,000 円

問３　売 上 高：1,125,000 円　販 売 数 量：2,250 個

問４　売 上 高：1,440,000 円

問５　安全余裕率：25 %

解　説

直接原価計算の損益計算書を作って計算します。

問１　貢献利益率

製品単位あたり変動費：@200円＋@100円＝@300円

製品単位あたり貢献利益：@500円－@300円＝@200円

貢献利益率：$\frac{@200円}{@500円}$＝0.4→40％（変動費率：１－0.4＝0.6）

問２　損益分岐点の売上高

<table>
<tr><th>売上高をＳとする場合</th><th>販売数量をＸとする場合</th></tr>
<tr><td>P/L
売上高　S
変動費　0.6S
貢献利益　0.4S
固定費　360,000
営業利益　0</td><td>P/L
売上高　500X
変動費　300X
貢献利益　200X
固定費　360,000
営業利益　0</td></tr>
<tr><td>0.4Ｓ－360,000＝0
0.4Ｓ＝360,000
Ｓ＝360,000÷0.4
Ｓ＝900,000（円）</td><td>200Ｘ－360,000＝0
200Ｘ＝360,000
Ｘ＝360,000÷200
Ｘ＝1,800（個）
売上高：@500円×1,800個
＝900,000円</td></tr>
</table>

問３　営業利益が90,000円となる売上高、販売数量

<table>
<tr><th>売上高をＳとする場合</th><th>販売数量をＸとする場合</th></tr>
<tr><td>P/L
売上高　S
変動費　0.6S
貢献利益　0.4S
固定費　360,000
営業利益　90,000</td><td>P/L
売上高　500X
変動費　300X
貢献利益　200X
固定費　360,000
営業利益　90,000</td></tr>
<tr><td>0.4Ｓ－360,000＝90,000
0.4Ｓ＝90,000＋360,000
0.4Ｓ＝450,000
Ｓ＝450,000÷0.4
Ｓ＝1,125,000（円）
販売数量：1,125,000円÷@500円
＝2,250個</td><td>200Ｘ－360,000＝90,000
200Ｘ＝90,000＋360,000
200Ｘ＝450,000
Ｘ＝450,000÷200
Ｘ＝2,250（個）
売上高：@500円×2,250個
＝1,125,000円</td></tr>
</table>

問4　営業利益率が15%となる売上高

売上高をSとする場合	販売数量をXとする場合
P/L 売上高　S 変動費　0.6S 貢献利益　0.4S 固定費　360,000 営業利益　0.15S	P/L 売上高　500X 変動費　300X 貢献利益　200X 固定費　360,000 営業利益　75X ← 0.15×500X
0.4S −360,000＝0.15S 0.4S −0.15S ＝360,000 0.25S ＝360,000 S ＝360,000÷0.25 S ＝1,440,000（円）	200X −360,000＝75X 200X −75X＝360,000 125X＝360,000 X＝360,000÷125 X＝2,880（個） 売上高：@500円×2,880個 ＝1,440,000円

問5　安全余裕率

安全余裕率：$\dfrac{1{,}200{,}000\text{円}-900{,}000\text{円}}{1{,}200{,}000\text{円}}\times 100=25\%$

問題 14-4

問1　貢献利益率：　70 %

問2　売　上　高：　100,000 円

問3　売　上　高：　250,000 円

解　説

問1　貢献利益率

貢献利益率：$\dfrac{168{,}000\text{円}}{240{,}000\text{円}}=0.7\rightarrow 70\%$（変動費率：1 −0.7＝0.3）

問２　損益分岐点の売上高

販売数量をＸとして解くときは、さきに製品１個あたりの変動費を計算しておきましょう。

当期の販売数量：240,000円÷＠400円＝600個

製品１個あたりの変動費：(48,000円＋24,000円)÷600個＝＠120円

売上高をＳとする場合	販売数量をＸとする場合
P/L 売上高　S 変動費　0.3S 貢献利益　0.7S 固定費　70,000 営業利益　0	P/L 売上高　400X 変動費　120X 貢献利益　280X 固定費　70,000 営業利益　0
0.7Ｓ－70,000＝0 0.7Ｓ＝70,000 Ｓ＝70,000÷0.7 Ｓ＝100,000（円）	280Ｘ－70,000＝0 280Ｘ＝70,000 Ｘ＝70,000÷280 Ｘ＝250（個） 売上高：＠400円×250個 ＝100,000円

問３　目標営業利益105,000円を達成するための売上高

売上高をＳとする場合	販売数量をＸとする場合
P/L 売上高　S 変動費　0.3S 貢献利益　0.7S 固定費　70,000 営業利益　105,000	P/L 売上高　400X 変動費　120X 貢献利益　280X 固定費　70,000 営業利益　105,000
0.7Ｓ－70,000＝105,000 0.7Ｓ＝105,000＋70,000 0.7Ｓ＝175,000 Ｓ＝175,000÷0.7 Ｓ＝250,000（円）	280Ｘ－70,000＝105,000 280Ｘ＝105,000＋70,000 280Ｘ＝175,000 Ｘ＝175,000÷280 Ｘ＝625（個） 売上高：＠400円×625個 ＝250,000円

問題 14-5

製品１個あたりの変動費：　500　円/個

月間固定製造原価：　115,500　円

解　説

正常操業圏は200個から300個なので、２月（生産量が195個）は正常操業圏外です。したがって、最低生産量は１月の210個、最高生産量は４月の280個となります。

製品１個あたりの変動費：$\frac{255{,}500円-220{,}500円}{280個-210個}$＝@500円

月間固定製造原価（最低生産量）：220,500円－@500円×210個＝115,500円

または

月間固定製造原価（最高生産量）：255,500円－@500円×280個＝115,500円

本試験レベルの問題　完全攻略10問　解答・解説

1問目

製造間接費

間接労務費	(485,000)	仕掛品	(967,500)
間接経費	(492,000)	原価差異	(9,500)
原価差異	(　　　)		
	(977,000)		(977,000)

※　原価差異は借方または貸方のいずれかに記入すること。

仕掛品

期首有高	(230,000)	当期完成高	(2,583,500)
直接材料費	(996,000)	期末有高	(255,000)
直接労務費	(645,000)		
製造間接費	(967,500)		
	(2,838,500)		(2,838,500)

損益計算書　(単位：円)

Ⅰ．売上高			4,050,000
Ⅱ．売上原価			
期首製品棚卸高		(284,000)	
当期製品製造原価		(2,583,500)	
合計		(2,867,500)	
期末製品棚卸高		(250,000)	
差引		(2,617,500)	
原価差異	[+]	(9,500)	(2,627,000)
売上総利益			(1,423,000)
Ⅲ．販売費及び一般管理費			
販売費		(265,000)	
一般管理費		(340,000)	(605,000)
営業利益			(818,000)

※［　］内は加算するならば「＋」を、減算するならば「－」を記入すること。

解　説

製造間接費配賦差異は、借方差異ならば製造原価報告書では減算、損益計算書では加算し、貸方差異ならば製造原価報告書では加算、損益計算書では減算します。

(1)　原　料

原　料　費：125,000円＋975,000円－104,000円＝996,000円 →直接材料費
期首有高　当期仕入高　期末有高

(2)　賃金・給料

直接工賃金：650,000円＋82,000円－87,000円＝645,000円 →直接労務費
当期支払高　期末未払高　期首未払高

間接工賃金：285,000円＋32,000円－34,000円＝283,000円 →間接労務費
当期支払高　期末未払高　期首未払高

工場従業員給料：205,000円＋19,000円－22,000円＝202,000円 →間接労務費
当期支払高　期末未払高　期首未払高

(3)　製造間接費予定配賦額

予定配賦額：645,000円×150％＝967,500円
直接労務費

(4)　製造間接費実際発生額

間接労務費：283,000円＋202,000円＝485,000円
間接工賃金　工場従業員給料

間 接 経 費：185,000円＋105,000円＋202,000円＝492,000円
電力料　工場減価償却費　その他

実際発生額：485,000円＋492,000円＝977,000円

(5)　製造間接費配賦差異

配 賦 差 異：967,500円－977,000円＝△9,500円（借方差異・不利差異）
予定配賦額　実際発生額

(6)　販売費及び一般管理費

販　売　費：265,000円

一般管理費：150,000円＋190,000円＝340,000円
本社減価償却費　その他一般管理費

以上より、勘定の流れ（一部）を示すと、次のとおりです。

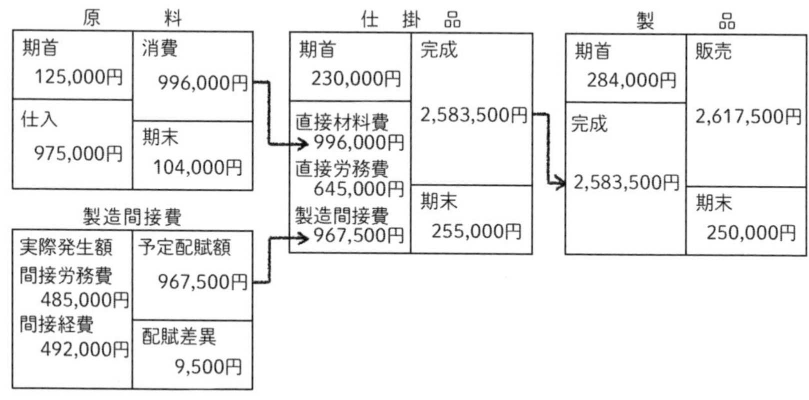

2問目

	借方科目	金　額	貸方科目	金　額
(1)	材　　料	179,300	買　掛　金 材 料 副 費	163,000 16,300
(2)	仕　掛　品 製造間接費	127,000 3,000	材　　料	130,000
(3)	仕　掛　品 製造間接費	315,000 180,000	賃 金・給 料	495,000
(4)	賃 率 差 異	12,000	賃 金・給 料	12,000
(5)	仕　掛　品	360,000	製造間接費	360,000

解　説

費目別計算と製造間接費の配賦に関する仕訳問題です。

(1)　材料の購入

①　素　材

購入代価：@500円×300kg ＝150,000円

材料副費：150,000円×10％＝　15,000円

合　　計：　　　　　　　　165,000円

② 買入部品

購入代価：@80円×100個＝8,000円
材料副費：8,000円×10％ ＝ 800円
合　　計：　　　　　　　8,800円

③ 工場消耗品

購入代価：　　　　　　　5,000円
材料副費：5,000円×10％ ＝ 500円
合　　計：　　　　　　　5,500円

買 掛 金：150,000円＋8,000円＋5,000円＝163,000円
材料副費：15,000円＋800円＋500円＝16,300円
購入原価：163,000円＋16,300円＝179,300円

（2） 材料の消費

素材と買入部品の消費額は直接材料費、工場消耗品の消費額は間接材料費です。

直接材料費：120,000円＋7,000円＝127,000円
間接材料費：3,000円

（3） 賃金の消費

直接工の賃金消費額は予定賃率を用いて計算します。また、直接工の直接作業賃金は直接労務費、それ以外の賃金・給料の消費額は間接労務費です。

直接労務費：@700円×450時間＝315,000円

間接労務費：直接工間接作業賃金　@700円×50時間　＝　35,000円
　　　　　　間　接　工　賃　金　140,000円（当月支払高）＋15,000円（当月未払高）－10,000円（前月未払高）＝145,000円
　　　　　　　　　　　　　　　　　　　　　　　　　　　　　　180,000円

（4） 賃率差異の計上

予定消費額：315,000円（直接作業賃金）＋35,000円（間接作業賃金）＝350,000円
実際消費額：357,000円（当月支払高）＋20,000円（当月未払高）－15,000円（前月未払高）＝362,000円
賃 率 差 異：350,000円－362,000円＝△12,000円（借方差異・不利差異）

（5） 製造間接費の予定配賦

予定配賦率：$\dfrac{4,800,000円}{6,000時間}$＝@800円

予定配賦額：@800円×450時間＝360,000円

3問目

	借方科目	金　額	貸方科目	金　額
(1)	材　　料	615,000	本　　社	615,000
(2)	仕 掛 品	484,000	材　　料	484,000
(3)	仕 掛 品 製造間接費	1,080,000 705,000	賃　　金	1,785,000
(4)	製造間接費	45,000	本　　社	45,000
(5)	本　　社	1,800,000	製　　品	1,800,000

解　説

本社工場会計に関する仕訳問題です。

取引の仕訳をしたあと、本社と工場の仕訳に分けます。

(1)　材料の仕入

	借方	金額	貸方	金額
取引の仕訳：	(材　　料)	★615,000	(買 掛 金 な ど)	615,000
本社の仕訳：	(工　　場)	615,000	(買 掛 金 な ど)	615,000
工場の仕訳：	(材　　料)	615,000	(本　　社)	615,000

★ @600円×1,000kg＋15,000円＝615,000円

(2)　材料の消費

	借方	金額	貸方	金額
取引の仕訳：	(仕　掛　品)	484,000	(材　　料)	★484,000
本社の仕訳：	仕 訳 な し			
工場の仕訳：	(仕　掛　品)	484,000	(材　　料)	484,000

★ 平均単価：$\frac{@630円\times200kg+@600円\times1,000kg}{200kg+1,000kg}$＝@605円

消 費 額：@605円×800kg＝484,000円

(3)　賃金の消費

	借方	金額	貸方	金額
取引の仕訳：	(仕　掛　品) (製 造 間 接 費)	❶1,080,000 ❷705,000	(賃　　金)	1,785,000
本社の仕訳：	仕 訳 な し			
工場の仕訳：	(仕　掛　品) (製 造 間 接 費)	1,080,000 705,000	(賃　　金)	1,785,000

❶ 直接工賃金：@900円×1,200時間＝1,080,000円

❷ 間接工賃金：700,000円＋25,000円－20,000円＝705,000円
（700,000円：当月支払高、25,000円：当月未払高、20,000円：前月未払高）

(4) 間接経費の計上

	借方	金額	貸方	金額
取引の仕訳：	(製造間接費)	45,000	(現金など)	45,000
本社の仕訳：	(工場)	45,000	(現金など)	45,000
工場の仕訳：	(製造間接費)	45,000	(本社)	45,000

(5) 製品の販売

	借方	金額	貸方	金額
取引の仕訳：	(売上原価)	1,800,000	(製品)	1,800,000
本社の仕訳：	(売上原価)	1,800,000	(工場)	1,800,000
工場の仕訳：	(本社)	1,800,000	(製品)	1,800,000

4問目

問1

仕　掛　品

9/1	月初有高	(45,000)	9/30	製　品	(530,000)
30	直接材料費	(274,000)	〃	月末有高	(37,000)
〃	直接労務費	(116,000)			
〃	製造間接費	(132,000)			
		(567,000)			(567,000)

損益計算書　(単位：円)

Ⅰ．売上高			1,170,000
Ⅱ．売上原価			
期首製品棚卸高		(174,000)	
当期製品製造原価		(530,000)	
合　計		(704,000)	
期末製品棚卸高		(281,000)	
差　引		(423,000)	
原価差異	[+]	(11,000)	(434,000)
売上総利益			(736,000)
Ⅲ．販売費及び一般管理費			480,000
営業利益			(256,000)

※ [　] 内は加算するならば「+」を、減算するならば「−」を記入すること。

問2

製造間接費配賦差異：　11,000 円（(借方差異)・貸方差異）

予算差異：　3,500 円（(借方差異)・貸方差異）

操業度差異：　7,500 円（(借方差異)・貸方差異）

※　借方差異または貸方差異を○で囲むこと

解　説

問1

(1)　資料の整理

備考欄から各製品の状態を把握します。

No.81：前月（8月）に完成、当月（9月）に販売

　　　→月初：製品、月末：売上原価

No.82：前月（8月）に製造着手、当月（9月）に完成・販売

　　　→月初：仕掛品、月末：売上原価

No.83：当月（9月）に製造着手、完成・在庫

　　　→月末：製品

No.83-2：No.83の補修指図書

　　　→No.83に賦課する

No.84：当月（9月）に製造着手、仕掛

　　　→月末：仕掛品

(2)　製造間接費の配賦

変動費率：@300円

固定費率：$\frac{1,080,000円}{2,160時間}$＝@500円

予定配賦率：@300円＋@500円＝@800円

予定配賦額：No.81　（8月）　@800円×60時間＝48,000円

No.82　（8月）　@800円×20時間＝16,000円

（9月）　@800円×80時間＝64,000円

No.83　（9月）　@800円×70時間＝56,000円

No.83-2（9月）　@800円×5時間＝ 4,000円

No.84　（9月）　@800円×10時間＝ 8,000円

9月分の予定配賦額：64,000円（No.82）＋56,000円（No.83）＋4,000円（No.83-2）＋8,000円（No.84）＝132,000円

製造間接費配賦差異：132,000円（予定配賦額）－143,000円（実際発生額）＝△11,000円（借方差異・不利差異）

(3) 仕掛品と製品のボックス図

仕掛品と製品のボックス図を書くと、次のとおりです。

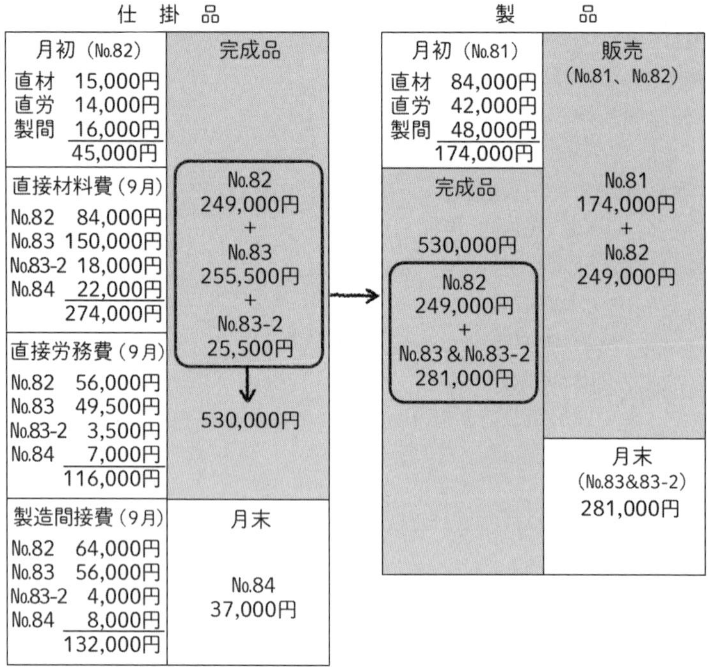

［仕掛品ボックス］

完成品：No.82　45,000円（月初）＋84,000円（直接材料費）＋56,000円（直接労務費）＋64,000円（製造間接費）＝249,000円

No.83　150,000円（直接材料費）＋49,500円（直接労務費）＋56,000円（製造間接費）＝255,500円

No.83-2　18,000円（直接材料費）＋3,500円（直接労務費）＋4,000円（製造間接費）＝25,500円

（No.83とNo.83-2の合計）281,000円

合　計　249,000円＋281,000円＝530,000円→製品勘定へ

［製品ボックス］

販　売：174,000円（No.81）＋249,000円（No.82）＝423,000円

問2

分析図を書いて、製造間接費配賦差異、予算差異、操業度差異を計算します。

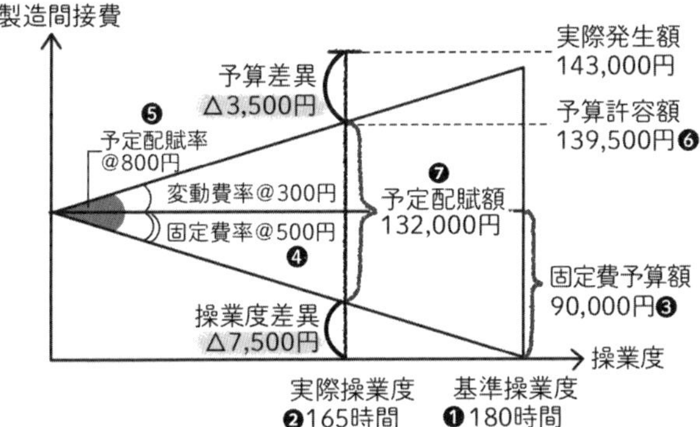

❶ 基準操業度（月間）：2,160時間÷12か月＝180時間

❷ 実際操業度（9月）：80時間＋70時間＋5時間＋10時間＝165時間
（No.82）（No.83）（No.83-2）（No.84）

❸ 固定費予算額（月間）：1,080,000円÷12か月＝90,000円

❹ 固定費率：$\dfrac{90,000円}{180時間}$＝@500円

❺ 予定配賦率：@300円＋@500円＝@800円

❻ 予算許容額：@300円×165時間＋90,000円＝139,500円
（変動費）（固定費）

❼ 予定配賦額：@800円×165時間＝132,000円

(1) 製造間接費配賦差異：132,000円－143,000円＝△11,000円（借方差異・不利差異）
（予定配賦額）（実際発生額）

(2) 予　算　差　異：139,500円－143,000円＝△3,500円（借方差異・不利差異）
（予算許容額）（実際発生額）

(3) 操　業　度　差　異：@500円×(165時間－180時間)＝△7,500円
（固定費率）（実際操業度）（基準操業度）
（借方差異・不利差異）

5問目

問1

予算部門別配賦表 （単位：円）

摘要	合計	製造部門		補助部門		
		第1製造部門	第2製造部門	修繕部門	材料倉庫部門	工場事務部門
部門費	5,472,000	2,588,000	1,944,000	360,000	280,000	300,000
修繕部門費	360,000	216,000	144,000			
材料倉庫部門費	280,000	160,000	120,000			
工場事務部門費	300,000	168,000	132,000			
製造部門費	5,472,000	3,132,000	2,340,000			

第1製造部門の予定配賦率： 580 円/時間

第2製造部門の予定配賦率： 390 円/時間

問2

製造間接費（第1製造部門）

実際発生額	（ 253,000 ）	予定配賦額	（ 249,400 ）
配賦差異	（ ）	配賦差異	（ 3,600 ）
	（ 253,000 ）		（ 253,000 ）

※ 配賦差異は借方または貸方のみに記入すること

解　説

部門別個別原価計算の問題です。

直接配賦法なので、補助部門費は製造部門にのみ配賦します。

問1

（1） 補助部門費の配賦

修繕部門費

第1製造部門：$\dfrac{360{,}000円}{30回+20回} \times \begin{cases} 30回=216{,}000円 \\ 20回=144{,}000円 \end{cases}$
第2製造部門：

材料倉庫部門費

第1製造部門：$\dfrac{280{,}000円}{4{,}000kg+3{,}000kg} \times \begin{cases} 4{,}000kg=160{,}000円 \\ 3{,}000kg=120{,}000円 \end{cases}$
第2製造部門：

工場事務部門費

第1製造部門：$\dfrac{300{,}000円}{28人+22人} \times \begin{cases} 28人=168{,}000円 \\ 22人=132{,}000円 \end{cases}$
第2製造部門：

（2） 製造部門費の予定配賦率

第1製造部門の予定配賦率：$\dfrac{3{,}132{,}000円}{5{,}400時間}=@580円$

第2製造部門の予定配賦率：$\dfrac{2{,}340{,}000円}{6{,}000時間}=@390円$

問2

第1製造部門の予定配賦額：@580円×430時間＝249,400円

第1製造部門費配賦差異：$\underbrace{249{,}400円}_{予定配賦額}-\underbrace{253{,}000円}_{実際発生額}$＝△3,600円（借方差異・不利差異）

6問目

月末仕掛品のA原料費 ＝	36,000	円
月末仕掛品のB原料費 ＝	12,000	円
月 末 仕 掛 品 の 加 工 費 ＝	30,000	円
完 成 品 総 合 原 価 ＝	1,628,000	円
完 成 品 単 位 原 価 ＝	407	円/個

解　説

仕損と材料の追加投入がある、単純総合原価計算の問題です。

B原料は工程を通じて平均的に投入しているので、加工費と同様に完成品換算量を用いて計算します。また、正常仕損費は完成品のみ負担で処理するので、正常仕損品に処分価額がある場合には、完成品総合原価から正常仕損品の処分価額を差し引きます。

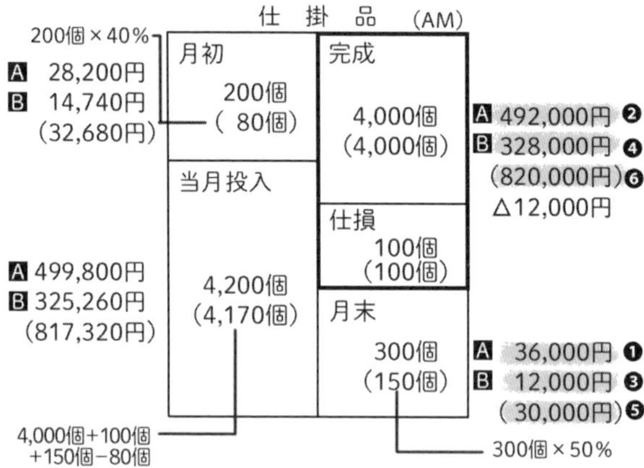

A 原 料 費

平均単価：$\dfrac{28{,}200円+499{,}800円}{4{,}000個+100個+300個}$＝@120円

❶ 月末仕掛品：@120円×300個＝36,000円

❷ 完　成　品：@120円×(4,000個＋100個)＝492,000円

B 原 料 費

平均単価：$\dfrac{14{,}740円+325{,}260円}{4{,}000個+100個+150個}$＝@80円

❸ 月末仕掛品：@80円×150個＝12,000円

❹ 完　成　品：@80円×(4,000個＋100個)＝328,000円

加 工 費

平均単価：$\dfrac{32{,}680円+817{,}320円}{4{,}000個+100個+150個}$＝@200円

❺ 月末仕掛品：@200円×150個＝30,000円

❻ 完　成　品：@200円×(4,000個＋100個)＝820,000円

完成品総合原価：492,000円＋328,000円＋820,000円－12,000円＝1,628,000円

完成品単位原価：1,628,000円÷4,000個＝@407円

7問目

第１工程月末仕掛品の原料費：	60,000	円
第１工程月末仕掛品の加工費：	10,800	円
第２工程月末仕掛品の前工程費：	72,000	円
第２工程月末仕掛品の加工費：	18,000	円
第２工程完成品総合原価：	1,044,400	円

解　説

仕損がある場合の工程別総合原価計算の問題です。

第１工程の正常仕損費は両者負担で処理します。

第１工程

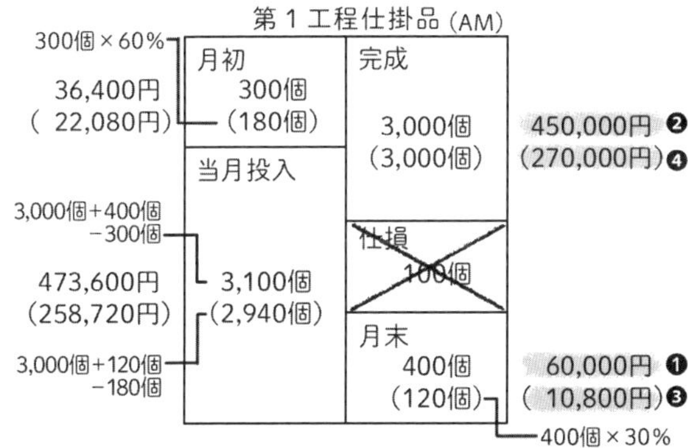

原料費

平均単価：$\frac{36{,}400円+473{,}600円}{3{,}000個+400個}$＝@150円

❶ 月末仕掛品：@150円×400個＝60,000円

❷ 完　成　品：@150円×3,000個＝450,000円

加工費

平均単価：$\frac{22{,}080円+258{,}720円}{3{,}000個+120個}$＝@90円

❸ 月末仕掛品：@90円×120個＝10,800円

❹ 完　成　品：@90円×3,000個＝270,000円

第1工程完了品原価：450,000円＋270,000円＝720,000円

→第２工程の当月投入前工程費

第２工程

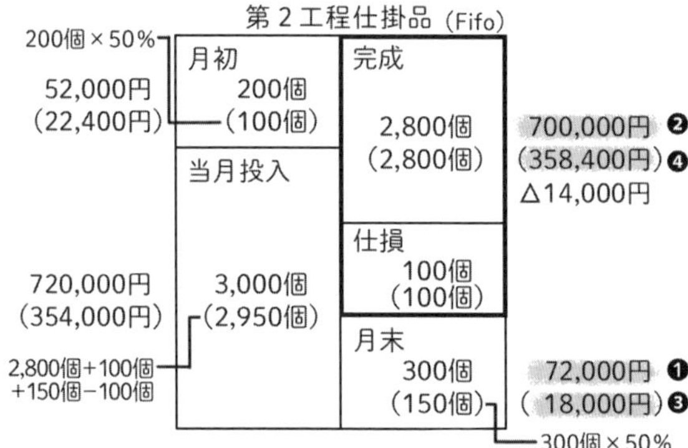

前工程費

❶ 月末仕掛品：$\frac{720,000円}{3,000個}$×300個＝72,000円

❷ 完　成　品：52,000円＋720,000円－72,000円＝700,000円

加工費

❸ 月末仕掛品：$\frac{354,000円}{2,950個}$×150個＝18,000円

❹ 完　成　品：22,400円＋354,000円－18,000円＝358,400円

第２工程完成品総合原価：700,000円＋358,400円－14,000円＝1,044,400円
（14,000円：仕損品の処分価額）

8問目

仕　掛　品

月初有高	(530,000)	完成高	(3,400,000)
直接材料費	(1,783,000)	月末有高	(520,000)
加工費	(1,695,000)	原価差異	(88,000)
	(4,008,000)		(4,008,000)

月次損益計算書（一部）　（単位：円）

Ⅰ．売　上　高		（　6,720,000）
Ⅱ．売 上 原 価		
月初製品棚卸高	（　510,000）	
当月製品製造原価	（　3,400,000）	
合　計	（　3,910,000）	
月末製品棚卸高	（　340,000）	
差　引	（　3,570,000）	
原 価 差 異	（　88,000）	（　3,658,000）
売 上 総 利 益		（　3,062,000）
Ⅲ．販売費及び一般管理費		（　1,610,000）
営 業 利 益		（　1,452,000）

解　説

パーシャル・プランによる勘定記入と損益計算書を作成する問題です。

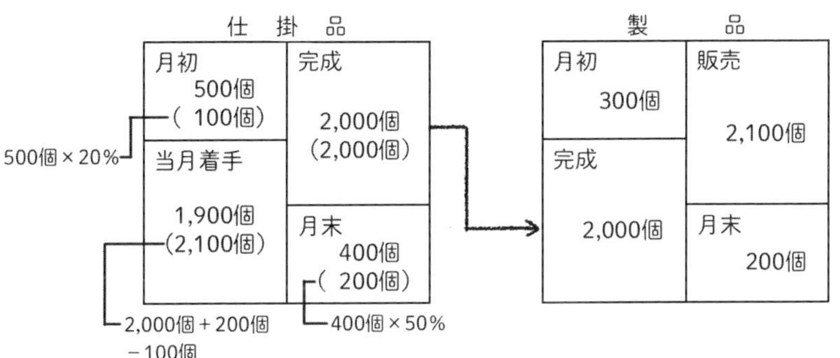

（1）仕掛品勘定

月 初 有 高

直接材料費：@900円×500個＝450,000円

加　工　費：@800円×100個＝ 80,000円

530,000円

当月製造費用

実際原価で記入します。

完　成　高

@1,700円×2,000個＝3,400,000円

月 末 有 高

直接材料費：@900円×400個＝360,000円

加　工　費：@800円×200個＝160,000円

520,000円

原 価 差 異

原価差異は貸借差額で計算します。なお、標準製造費用（当月着手分の標準原価）よりも実際製造費用のほうが多いので、借方差異（不利差異）です。

標準製造費用：直接材料費　@900円×1,900個＝1,710,000円

加　工　費　@800円×2,100個＝1,680,000円

3,390,000円

実際製造費用：直接材料費　1,783,000円

加　工　費　1,695,000円

3,478,000円

原価差異：3,390,000円（標準製造費用）－3,478,000円（実際製造費用）＝△88,000円（借方差異・不利差異）

（2）月次損益計算書

売　　上　　高：@3,200円×2,100個＝6,720,000円

月初製品棚卸高：@1,700円×300個＝510,000円

当月製品製造原価：@1,700円×2,000個＝3,400,000円

月末製品棚卸高：@1,700円×200個＝340,000円

原　価　差　異：借方差異（不利差異）なので、売上原価に加算します。

販売費及び一般管理費：720,000円＋510,000円＋380,000円＝1,610,000円

9問目

問1	当月の完成品標準原価：	6,500,000	円
問2	原価差異の総額：	448,350	円（(借方差異)・貸方差異）
問3	直接材料費差異：	21,750	円（(借方差異)・貸方差異）
	価格差異：	38,250	円（借方差異・(貸方差異)）
	数量差異：	60,000	円（(借方差異)・貸方差異）
問4	作業時間差異：	60,000	円（(借方差異)・貸方差異）
問5	予算差異：	81,000	円（(借方差異)・貸方差異）
	操業度差異：	99,000	円（(借方差異)・貸方差異）

※　借方差異または貸方差異を○で囲むこと

解　説

標準原価計算の差異分析の問題です。なお、問5の操業度差異の計算で、「操業度差異は基準操業度と実際操業度の差に固定費率を掛けて計算」とありますが、借方差異・貸方差異を判定するため、いつもやっているように、「実際操業度と基準操業度の差に固定費率を掛けて計算」しましょう。

仕　掛　品

月初 0個 （0個）	完成 2,500個 （2,500個）
当月投入 2,500個 （2,500個）	月末 0個 （0個）

問1

当月の完成品標準原価：@2,600円×2,500個＝6,500,000円

問2

実際原価：3,021,750円（直接材料費）＋1,388,600円（直接労務費）＋2,538,000円（製造間接費）＝6,948,350円

総 差 異：6,500,000円（標準原価）－6,948,350円（実際原価）＝△448,350円（借方差異・不利差異）

問3

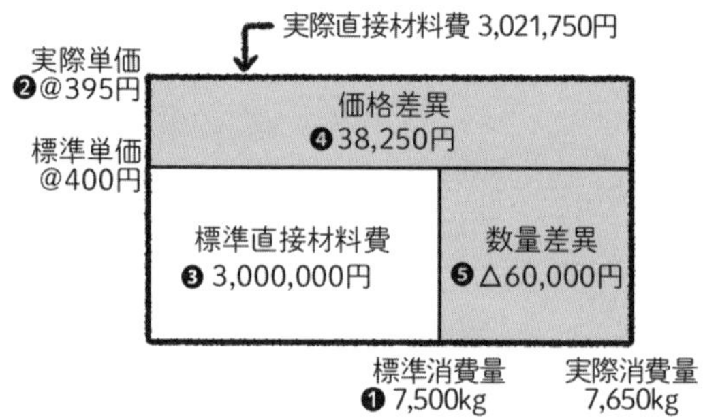

❶ 標 準 消 費 量： 3 kg×2,500個＝7,500kg

❷ 実　際　単　価：3,021,750円÷7,650kg＝@395円

❸ 標準直接材料費：@400円×7,500kg＝3,000,000円

直接材料費差異

総 差 異：3,000,000円－3,021,750円＝△21,750円（借方差異・不利差異）

価格差異：（@400円－@395円）×7,650kg＝38,250円（貸方差異・有利差異）………❹

数量差異：@400円×（7,500kg－7,650kg）＝△60,000円（借方差異・不利差異）……❺

問4

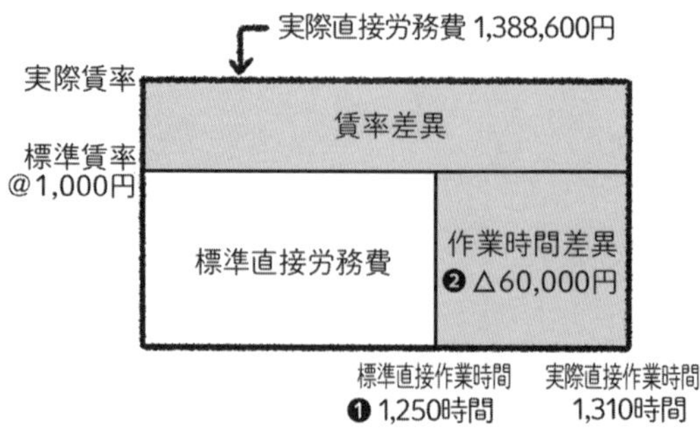

❶ 標準直接作業時間：0.5時間×2,500個＝1,250時間

直接労務費差異

作業時間差異：@1,000円×（1,250時間－1,310時間）

＝△60,000円（借方差異・不利差異）……………………………………❷

問5

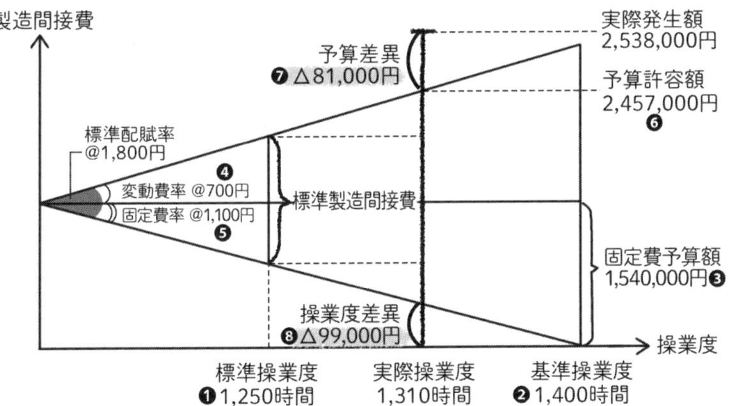

❶ 標 準 操 業 度：0.5時間×2,500個＝1,250時間

❷ 基 準 操 業 度：16,800時間÷12か月＝1,400時間

❸ 固定費予算額：18,480,000円÷12か月＝1,540,000円

❹ 変　動　費　率：11,760,000円÷16,800時間＝@700円

❺ 固　定　費　率：@1,800円（標準配賦率）－@700円（変動費率）＝@1,100円

❻ 予 算 許 容 額：@700円（変動費率）×1,310時間（実際操業度）＋1,540,000円（固定費予算額）＝2,457,000円

製造間接費差異

予 算 差 異：2,457,000円（予算許容額）－2,538,000円（実際発生額）＝△81,000円（借方差異・不利差異）………❼

操業度差異：@1,100円×（1,310時間－1,400時間）＝△99,000円

（借方差異・不利差異）…………❽

10問目

問1

直接原価計算による損益計算書　　（単位：円）

売上高		（360,000）
変動売上原価		（84,000）
変動製造マージン		（276,000）
変動販売費		（60,000）
貢献利益		（216,000）
固定費		
固定製造原価	（72,000）	
固定販売費及び一般管理費	（46,800）	（118,800）
営業利益		（97,200）

問2　198,000 円

問3　390,000 円

問4　45 %

問5　18,000 円

解説

全部原価計算では、固定製造原価も製品原価として計算しますが、直接原価計算では、変動製造原価のみ製品原価として計算します。

(1) 全部原価計算による損益計算書からデータの読み取り

全部原価計算による損益計算書から必要なデータを計算すると、次のとおりです。

販売数量：360,000円（売上高）÷@600円（販売単価）＝600個→生産量

売上原価に含まれる変動製造原価：156,000円（売上原価）－72,000円（固定製造原価）＝84,000円

製品1個あたりの変動製造原価：84,000円÷600個（生産量）＝@140円

変動販売費：106,800円（販売費及び一般管理費）－18,000円（固定販売費）－28,800円（一般管理費）＝60,000円

製品1個あたりの変動販売費：60,000円÷600個（生産量）＝@100円

以上より、データをまとめると次のとおりです。

販売単価：@600円		生産・販売数量：600個		
変動費：変動製造原価	@140円	固定費：固定製造原価	72,000円	
変動販売費	@100円	固定販売費	18,000円	
	@240円	一般管理費	28,800円	
			118,800円	

(2) 直接原価計算による損益計算書…問1

売　上　高：@600円×600個＝360,000円

変動売上原価：@140円×600個＝84,000円

変動販売費：@100円×600個＝60,000円

固定製造原価：72,000円

固定販売費及び一般管理費：18,000円＋28,800円＝46,800円

(3) 損益分岐点の売上高…問2

貢献利益率：$\frac{216,000円}{360,000円}=0.6$

変動費率：1－0.6＝0.4

売上高をSとする場合	販売数量をXとする場合
P/L 売上高　S 変動費　0.4S 貢献利益　0.6S 固定費　118,800 営業利益　0	P/L 売上高　600X 変動費　240X 貢献利益　360X 固定費　118,800 営業利益　0
0.6S－118,800＝0 0.6S＝118,800 S＝118,800÷0.6 S＝198,000（円）	360X－118,800＝0 360X＝118,800 X＝118,800÷360 X＝330（個） 売上高：@600円×330個 ＝198,000円

(4) 目標営業利益115,200円を達成するときの売上高…問3

売上高をSとする場合	販売数量をXとする場合
P/L 売上高　S 変動費　0.4S 貢献利益　0.6S 固定費　118,800 営業利益　115,200	P/L 売上高　600X 変動費　240X 貢献利益　360X 固定費　118,800 営業利益　115,200
0.6S－118,800＝115,200 0.6S＝115,200＋118,800 0.6S＝234,000 S＝234,000÷0.6 S＝390,000（円）	360X－118,800＝115,200 360X＝115,200＋118,800 360X＝234,000 X＝234,000÷360 X＝650（個） 売上高：@600円×650個 ＝390,000円

(5) 安全余裕率…問4

現在の売上高360,000円が162,000円下がると、損益分岐点の売上高198,000円（問2より）となります。

減少分：360,000円－198,000円＝162,000円

したがって、減少率は次のようになります。

減少率：$\frac{162{,}000円}{360{,}000円}\times 100 = 45\%$

なお、この減少率は安全余裕率のことを意味します。

(6) 損益分岐点の売上高を30,000円引き下げるときの固定費の引下額…問5

損益分岐点の売上高が198,000円から168,000円（198,000円－30,000円）となったときに営業利益がゼロとなる固定費の金額を求めます。

したがって、直接原価計算の損益計算書の売上高（S）を168,000円、営業利益を0円、固定費をA円として計算します。

なお、売上高が168,000円のときの販売数量は280個（168,000円÷@600円）なので、販売数量をXとして解くときは、Xに280（個）を代入して解きます。

売上高をSとする場合	販売数量をXとする場合
P/L 売上高　168,000 変動費　0.4×168,000 　貢献利益　0.6×168,000 固定費　A 　営業利益　0	P/L 売上高　600×280 変動費　240×280 　貢献利益　360×280 固定費　A 　営業利益　0
0.6×168,000－A＝0 A＝100,800（円）	360×280－A＝0 A＝100,800（円）

上記のように、損益分岐点の売上高を30,000円引き下げるときの固定費は100,800円ですが、問題は「いくら引き下げる必要があるか」と問われているので、固定費の引下額を解答します。

固定費の引下額：118,800円－100,800円＝18,000円
（118,800円：現在の固定費）

滝澤ななみ（たきざわ・ななみ）

資格試験受験書のベストセラー著者として、日商簿記、FP、宅建士などで多くの著作を行っている。主な著作は『スッキリわかる日商簿記』シリーズ、『みんなが欲しかった簿記の教科書・問題集』シリーズ、『みんなが欲しかったFPの教科書・問題集』シリーズ、『みんなが欲しかった宅建士の教科書・問題集』シリーズ（以上TAC出版）『スカッと!解ける日商簿記』シリーズ（中央経済社）などがある。独学で資格試験に挑戦する一人ひとりに寄り添った「やさしくわかりやすい説明手法」に定評がある。「いかに専門用語の羅列をなくし、視覚や知識の定着にやさしくアプローチできるか」といった表現手法を日々研究し、著作活動に生かしている。一方で、日商簿記、FP、宅建士以外にも、多くの資格試験に精通し、「やさしくわかりやすい」資格試験書籍のフィールドを広げるべく、他分野での監修活動も行っている。主な監修分野には、「介護福祉士」「ケアマネージャー」などの医療福祉分野、「中小企業診断士」「社会保険労務士」などの経営・労務分野などがある。
〈facebook〉 http://www.facebook.com/773taki

カバー・本文デザイン／鍋田哲平
本文DTP／図書印刷株式会社
本文イラスト／福田玲子
ふくろうイラスト／いぐちかなえ
編集／佐藤真由美
企画制作／株式会社SAMURAI Office

ベストライセンスシリーズ Let's Start!

新しい日商簿記2級工業簿記
テキスト&問題集 2020年度版

2020年4月20日 第1刷発行

著　　者 滝澤ななみ
発 行 者 川端下誠／峰岸延也
編集発行 株式会社講談社ビーシー
〒112-0013 東京都文京区音羽1-2-2
電話 03-3943-5771（事業開発局）
発売発行 株式会社講談社
〒112-8001 東京都文京区音羽2-12-21
電話 03-5395-4415（販売）
電話 03-5395-3615（業務）
印 刷 所 図書印刷株式会社
製 本 所 図書印刷株式会社

ISBN 978-4-06-518820-0 ⓒ Nanami Takizawa 2020 Printed in Japan 457p 21cm

Let's Start!

新しい日商簿記２級工業簿記
テキスト&問題集　2020年度版

別　冊

○テーマ別問題　解答用紙
○本試験レベルの問題　完全攻略10問　解答用紙

この冊子には、「テーマ別問題（答案用紙ありの問題）」と、「本試験レベルの問題完全攻略10問」の解答用紙が収録されています。

〈別冊の使い方〉

この用紙を残したまま、冊子をていねいに抜き取ってください。
色紙は本体から取れませんのでご注意ください。また、冊子をコピーすれば、何度でも活用することができます。

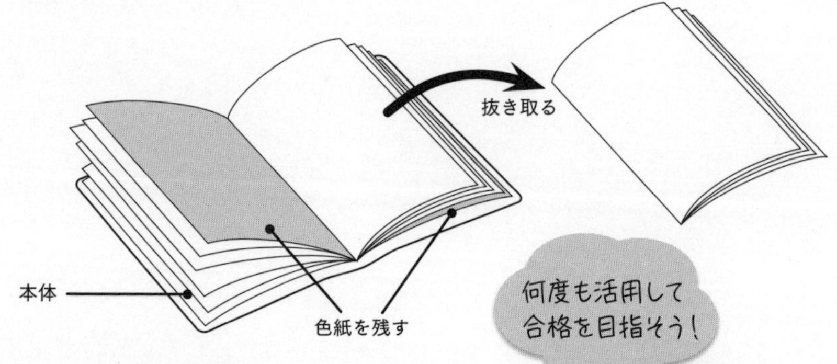

〈別冊ご利用時の注意〉

抜き取りの際の損傷についてのお取替えは
ご遠慮願います。

冊子内容は下記からもダウンロードすることができます。

https://bestlicense.jp/boki

※ダウンロードデータを許可なく配布したりWebサイト等に転載したりすることはできません。また、本データは予告なく終了することがあります。あらかじめご了承ください。

Let's Start!

新しい日商簿記２級工業簿記
テキスト&問題集　2020年度版

解答用紙

本冊子には、以下の解答用紙が収録されています。

◯テーマ別問題　解答用紙

◯本試験レベルの問題　完全攻略10問　解答用紙

冊子内容は下記からもダウンロードすることができます。

https://bestlicense.jp/boki

※ダウンロードデータを許可なく配布したりWebサイト等に転載したりすることはできません。
　また、本データは予告なく終了することがあります。あらかじめご了承ください。

テーマ別問題

問題 1-1　原価計算の流れ

①	②	③

問題 2-1　材料費の分類

直接材料費 ＿＿＿＿ 円

間接材料費 ＿＿＿＿ 円

問題 2-2　材料費の処理

	借方科目	金　額	貸方科目	金　額
(1)				
(2)				
(3)				

問題 2-3　材料費の計算

(1)　先入先出法 ＿＿＿＿ 円

(2)　平　均　法 ＿＿＿＿ 円

問題 2-4　材料の棚卸減耗

借方科目	金　額	貸方科目	金　額

問題 2-5　予定消費単価を用いた場合

	借方科目	金　額	貸方科目	金　額
(1)				
(2)				

問題 3-1　労務費の分類

直接労務費 [　　　　] 円

間接労務費 [　　　　] 円

問題 3-2　労務費の処理①

当月賃金消費額 [　　　　] 円

問題 3-3 労務費の処理②

	借方科目	金　額	貸方科目	金　額
(1)				
(2)				
(3)				
(4)				

問題 3-4 予定賃率を用いた場合

	借方科目	金　額	貸方科目	金　額
(1)				
(2)				

問題 4-1 経費の分類

直接経費　　　　　　円

間接経費　　　　　　円

問題 4-2 経費の処理

	借方科目	金　額	貸方科目	金　額
(1)				
(2)				
(3)				

問題 5-1 個別原価計算と製造間接費の配賦

原　価　計　算　表　　　　(単位：円)

費　目	No.11	No.12	No.13	合　計
前月繰越				
直接材料費				
直接労務費				
製造間接費				
合　計				
備　考				–

仕　掛　品

前月繰越	(　　)	製　品	(　　)
直接材料費	(　　)	次月繰越	(　　)
直接労務費	(　　)		
製造間接費	(　　)		
	(　　)		(　　)

製　品

仕掛品	(　　)	売上原価	(　　)
		次月繰越	(　　)
	(　　)		(　　)

問題 5-2 製造間接費の予定配賦

(1)　各製品への配賦額

No.01：　　　　　　円

No.02：　　　　　　円

(2)

	借方科目	金　額	貸方科目	金　額
(1)				
(2)				
(3)				

(3)

製造間接費

間接材料費	(　　　)	予定配賦額	(　　　)
間接労務費	(　　　)	原価差異	(　　　)
間接経費	(　　　)		
	(　　　)		(　　　)

製造間接費配賦差異

原価差異	(　　　)		

問題 5-3　個別原価計算と製造間接費の予定配賦

仕　掛　品

月初有高	(　　)	当月完成	(　　)
直接材料費	(　　)	月末有高	(　　)
直接労務費	(　　)		
製造間接費	(　　)		
	(　　)		(　　)

製　品

月初有高	(　　)	売上原価	(　　)
当月完成	(　　)	月末有高	(　　)
	(　　)		(　　)

問題 5-4　製造間接費の予定配賦

製造間接費配賦差異：		円（借方差異・貸方差異）
予算差異：		円（借方差異・貸方差異）
操業度差異：		円（借方差異・貸方差異）

※　借方差異または貸方差異を○で囲むこと

問題 6-1 直接配賦法

部門費配賦表 (単位：円)

摘要	合計	製造部門		補助部門		
		第1製造部門	第2製造部門	動力部門	修繕部門	工場事務部門
部門個別費	390,600	131,820	187,500	38,500	22,280	10,500
部門共通費	64,400					
部門費	455,000					
工場事務部門費						
修繕部門費						
動力部門費						
製造部門費	455,000					

借方科目	金額	貸方科目	金額
第1製造部門費	(　　)	工場事務部門費	(　　)
第2製造部門費	(　　)	修繕部門費	(　　)
		動力部門費	(　　)

問題 6-2　相互配賦法

部門費配賦表　（単位：円）

摘要	合計	製造部門		補助部門		
		第1製造部門	第2製造部門	倉庫部門	修繕部門	工場事務部門
部門費	765,000	258,960	252,440	108,000	86,400	59,200
第1次配賦						
工場事務部門費						
修繕部門費						
倉庫部門費						
第2次配賦						
工場事務部門費						
修繕部門費						
倉庫部門費						
製造部門費	765,000					

問題 6-3　製造部門費の製品への配賦

製造部門別の配賦率

第1製造部門：［　　　］円/時間　第2製造部門：［　　　］円/時間

各製造指図書に配賦された製造部門費

No.101：［　　　］円　No.102：［　　　］円

借方科目	金額	貸方科目	金額

問題 6-4 製造部門費の予定配賦

製造部門別の予定配賦

借方科目	金　額	貸方科目	金　額

配賦差異の計上

借方科目	金　額	貸方科目	金　額

問題 7-1 単純総合原価計算（月初仕掛品なし）

完成品総合原価：［　　　　］円

完成品単位原価：［　　　　］円/個

月末仕掛品原価：［　　　　］円

問題 7-2 単純総合原価計算（先入先出法）

総合原価計算表　（単位：円）

	直接材料費	加　工　費	合　　　計
月初仕掛品原価	11,700	5,950	17,650
当月製造費用	52,500	52,170	104,670
合　　計	64,200	58,120	122,320
月末仕掛品原価			
完成品総合原価			
完成品単位原価	円/個	円/個	円/個

問題 7-3　単純総合原価計算（平均法）

仕　掛　品

月　初　有　高：		当　月　完　成　高：	
原　料　費	12,800	原　料　費	(　　　)
加　工　費	7,340	加　工　費	(　　　)
当月製造費用：		月　末　有　高：	
原　料　費	72,600	原　料　費	(　　　)
加　工　費	53,560	加　工　費	(　　　)
	(　　　)		(　　　)

問題 8-1　工程別総合原価計算

第1工程月末仕掛品の原料費：　　　　　円

第1工程月末仕掛品の加工費：　　　　　円

第2工程月末仕掛品の前工程費：　　　　　円

第2工程月末仕掛品の加工費：　　　　　円

第2工程完成品総合原価：　　　　　円

問題 8-2　等級別総合原価計算

月末仕掛品原価：　　　　　円

完成品総合原価：　　　　　円

製品Xの完成品単位原価：　　　　　円/個

製品Yの完成品単位原価：　　　　　円/個

問題 8-3 組別総合原価計算

問 1　加工費の予定配賦率 [　　　　] 円/時間

問 2

組別総合原価計算表

（単位：円）

	A組製品		B組製品	
	原料費	加工費	原料費	加工費
月初仕掛品原価	32,300	9,760	23,800	16,420
当月製造費用	105,000	(　　　)	97,200	(　　　)
合　　計	(　　　)	(　　　)	(　　　)	(　　　)
月末仕掛品原価	(　　　)	(　　　)	(　　　)	(　　　)
完成品総合原価	(　　　)	(　　　)	(　　　)	(　　　)

問 3　A組製品の完成品単位原価：[　　　　] 円/kg

B組製品の完成品単位原価：[　　　　] 円/kg

問題 9-1 仕損・減損の処理①

問 1　完成品総合原価：[　　　　] 円

完成品単位原価：[　　　　] 円/個

月末仕掛品原価：[　　　　] 円

問 2　完成品総合原価：[　　　　] 円

完成品単位原価：[　　　　] 円/個

月末仕掛品原価：[　　　　] 円

問題 9-2　仕損・減損の処理②

問 1　完成品総合原価：＿＿＿＿円

完成品単位原価：＿＿＿＿円/個

月末仕掛品原価：＿＿＿＿円

問 2　完成品総合原価：＿＿＿＿円

完成品単位原価：＿＿＿＿円/個

月末仕掛品原価：＿＿＿＿円

問題 9-3　仕損・減損の処理③

問 1　完成品総合原価：＿＿＿＿円

完成品単位原価：＿＿＿＿円/個

月末仕掛品原価：＿＿＿＿円

問 2　完成品総合原価：＿＿＿＿円

完成品単位原価：＿＿＿＿円/個

月末仕掛品原価：＿＿＿＿円

問題 9-4　材料の追加投入

完成品総合原価：[　　　　] 円

完成品単位原価：[　　　　] 円/個

月末仕掛品原価：[　　　　] 円

問題 10-1　工業簿記における財務諸表①

製造原価報告書　（単位：円）

材　料　費			
主要材料費	(　　　)		
補助材料費	(　　　)		(　　　)
労　務　費			
直接工賃金	(　　　)		
間接工賃金	(　　　)		
給　　料	(　　　)		(　　　)
経　　費			
電　力　料	(　　　)		
賃　借　料	(　　　)		
減価償却費	(　　　)		(　　　)
合　計			(　　　)
製造間接費配賦差異		[　]	(　　　)
当期総製造費用			(　　　)
期首仕掛品棚卸高			(　　　)
合　　計			(　　　)
期末仕掛品棚卸高			(　　　)
当期製品製造原価			(　　　)

※［　］内は借方差異ならば「－」を、貸方差異ならば「＋」を記入すること。

問題 10-2 工業簿記における財務諸表②

製造原価報告書 (単位：円)

I．直接材料費			
期首材料棚卸高	(　　)		
当期材料仕入高	(　　)		
合　計	(　　)		
期末材料棚卸高	(　　)		(　　)
II．直接労務費			(　　)
III．製造間接費			
間接材料費	(　　)		
間接労務費	(　　)		
間接経費	(　　)		(　　)
合　計			(　　)
製造間接費配賦差異		[　]	(　　)
当期総製造費用			(　　)
期首仕掛品棚卸高			(　　)
合　計			(　　)
期末仕掛品棚卸高			(　　)
当期製品製造原価			(　　)

※［　］内は加算するならば「＋」を、減算するならば「－」を記入すること。

損益計算書 (単位：円)

I．売上高			850,000
II．売上原価			
期首製品棚卸高		(　　)	
当期製品製造原価		(　　)	
合　計		(　　)	
期末製品棚卸高		(　　)	
差　引		(　　)	
原価差異	[　]	(　　)	(　　)
売上総利益			(　　)
III．販売費及び一般管理費			(　　)
営業利益			(　　)

※［　］内は加算するならば「＋」を、減算するならば「－」を記入すること。

問題 11-1　本社工場会計

		借方科目	金　額	貸方科目	金　額
(1)	本社				
	工場				
(2)	本社				
	工場				
(3)	本社				
	工場				
(4)	本社				
	工場				
(5)	本社				
	工場				
(6)	本社				
	工場				
(7)	本社				
	工場				

問題 12-1 パーシャル・プランとシングル・プラン

(A) パーシャル・プランの場合

仕　掛　品

借方	金額	貸方	金額
直接材料費	( )	製品	( )
直接労務費	( )	月末有高	( )
製造間接費	( )	原価差異	( )
原価差異	( )		
	( )		( )

製　品

借方	金額	貸方	金額
月初有高	( )	売上原価	( )
仕掛品	( )	月末有高	( )
	( )		( )

(B) シングル・プランの場合

仕　掛　品

借方	金額	貸方	金額
直接材料費	( )	製品	( )
直接労務費	( )	月末有高	( )
製造間接費	( )	原価差異	( )
原価差異	( )		
	( )		( )

製　品

借方	金額	貸方	金額
月初有高	( )	売上原価	( )
仕掛品	( )	月末有高	( )
	( )		( )

※　金額が記入されない項目については空欄のままにすること。

問題 13-1 直接材料費差異の分析

直接材料費差異（総差異）：　　　　円（借方差異・貸方差異）

価格差異：　　　　円（借方差異・貸方差異）

数量差異：　　　　円（借方差異・貸方差異）

※　借方差異または貸方差異を○で囲むこと

問題 13-2 直接労務費差異の分析

直接労務費差異（総差異）：　　　　円（借方差異・貸方差異）

賃率差異：　　　　円（借方差異・貸方差異）

時間差異：　　　　円（借方差異・貸方差異）

※　借方差異または貸方差異を○で囲むこと

問題 13-3 製造間接費差異の分析

問1

製造間接費差異（総差異）：		円（ 借方差異・貸方差異 ）
予 算 差 異：		円（ 借方差異・貸方差異 ）
操業度差異：		円（ 借方差異・貸方差異 ）
能 率 差 異：		円（ 借方差異・貸方差異 ）

※　借方差異または貸方差異を○で囲むこと

問2

製造間接費差異（総差異）：		円（ 借方差異・貸方差異 ）
予 算 差 異：		円（ 借方差異・貸方差異 ）
操業度差異：		円（ 借方差異・貸方差異 ）
能 率 差 異：		円（ 借方差異・貸方差異 ）

※　借方差異または貸方差異を○で囲むこと

問題 14-1 直接原価計算の損益計算書

直接原価計算による損益計算書　　(単位：円)

Ⅰ．売　上　高		(　　)
Ⅱ．変動売上原価		(　　)
[　　]		(　　)
Ⅲ．変動販売費		(　　)
[　　]		(　　)
Ⅳ．固　定　費		
1．固定製造原価	(　　)	
2．固定販売費及び一般管理費	(　　)	(　　)
[　　]		(　　)

問題 14-2 全部原価計算と直接原価計算の損益計算書

(A) 全部原価計算による損益計算書

損 益 計 算 書 (単位：円)

	第1期	第2期
売 上 高	(　　)	(　　)
売 上 原 価	(　　)	(　　)
売 上 総 利 益	(　　)	(　　)
販売費・一般管理費	(　　)	(　　)
営 業 利 益	(　　)	(　　)

(B) 直接原価計算による損益計算書

損 益 計 算 書 (単位：円)

	第1期	第2期
売 上 高	(　　)	(　　)
変 動 売 上 原 価	(　　)	(　　)
変動製造マージン	(　　)	(　　)
変 動 販 売 費	(　　)	(　　)
貢 献 利 益	(　　)	(　　)
固 定 費	(　　)	(　　)
営 業 利 益	(　　)	(　　)

問題 14-3　ＣＶＰ分析①

問１　貢献利益率：　　　　％

問２　売　上　高：　　　　円

問３　売　上　高：　　　　円　　販売数量：　　　　個

問４　売　上　高：　　　　円

問５　安全余裕率：　　　　％

問題 14-4　ＣＶＰ分析②

問１　貢献利益率：　　　　％

問２　売　上　高：　　　　円

問３　売　上　高：　　　　円

問題 14-5　高低点法

製品１個あたりの変動費：　　　　円/個

月間固定製造原価：　　　　円

本試験レベルの問題　完全攻略10問

1問目

製造間接費

借方		貸方	
間接労務費	(　　　)	仕掛品	(　　　)
間接経費	(　　　)	原価差異	(　　　)
原価差異	(　　　)		
	(　　　)		(　　　)

※　原価差異は借方または貸方のいずれかに記入すること。

仕掛品

借方		貸方	
期首有高	(　　　)	当期完成高	(　　　)
直接材料費	(　　　)	期末有高	(　　　)
直接労務費	(　　　)		
製造間接費	(　　　)		
	(　　　)		(　　　)

損益計算書　　(単位：円)

Ⅰ．売上高			4,050,000
Ⅱ．売上原価			
期首製品棚卸高		(　　　)	
当期製品製造原価		(　　　)	
合計		(　　　)	
期末製品棚卸高		(　　　)	
差引		(　　　)	
原価差異	[　]	(　　　)	(　　　)
売上総利益			(　　　)
Ⅲ．販売費及び一般管理費			
販売費		(　　　)	
一般管理費		(　　　)	(　　　)
営業利益			(　　　)

※［　］内は加算するならば「+」を、減算するならば「−」を記入すること。

2問目

	借方科目	金　額	貸方科目	金　額
(1)				
(2)				
(3)				
(4)				
(5)				

3問目

	借方科目	金　額	貸方科目	金　額
(1)				
(2)				
(3)				
(4)				
(5)				

4問目

問1

仕　掛　品

9/1	月初有高	(　　)	9/30	製　品	(　　)
30	直接材料費	(　　)	〃	月末有高	(　　)
〃	直接労務費	(　　)			
〃	製造間接費	(　　)			
		(　　)			(　　)

損益計算書　　(単位：円)

I. 売上高			1,170,000
II. 売上原価			
期首製品棚卸高		(　　)	
当期製品製造原価		(　　)	
合計		(　　)	
期末製品棚卸高		(　　)	
差引		(　　)	
原価差異	[　]	(　　)	(　　)
売上総利益			(　　)
III. 販売費及び一般管理費			480,000
営業利益			(　　)

※［　］内は加算するならば「+」を、減算するならば「−」を記入すること。

問2

製造間接費配賦差異：［　　　　］円（借方差異・貸方差異）

予算差異：［　　　　］円（借方差異・貸方差異）

操業度差異：［　　　　］円（借方差異・貸方差異）

※　借方差異または貸方差異を○で囲むこと

5問目

問1

予算部門別配賦表 (単位：円)

摘　要	合　計	製造部門		補助部門		
		第1製造部門	第2製造部門	修繕部門	材料倉庫部門	工場事務部門
部門費	5,472,000	2,588,000	1,944,000	360,000	280,000	300,000
修繕部門費	360,000					
材料倉庫部門費	280,000					
工場事務部門費	300,000					
製造部門費	5,472,000					

第1製造部門の予定配賦率：[　　　　] 円/時間

第2製造部門の予定配賦率：[　　　　] 円/時間

問2

製造間接費（第1製造部門）

実際発生額	(　　　　)	予定配賦額	(　　　　)
配賦差異	(　　　　)	配賦差異	(　　　　)
	(　　　　)		(　　　　)

※　配賦差異は借方または貸方のみに記入すること

6問目

月末仕掛品のA原料費 ＝ [　　　　] 円

月末仕掛品のB原料費 ＝ [　　　　] 円

月末仕掛品の加工費 ＝ [　　　　] 円

完成品総合原価 ＝ [　　　　] 円

完成品単位原価 ＝ [　　　　] 円/個

7問目

第1工程月末仕掛品の原料費： [　　　　] 円

第1工程月末仕掛品の加工費： [　　　　] 円

第2工程月末仕掛品の前工程費： [　　　　] 円

第2工程月末仕掛品の加工費： [　　　　] 円

第2工程完成品総合原価： [　　　　] 円

8問目

仕　掛　品

月初有高	(　　　)	完成高	(　　　)
直接材料費	(　　　)	月末有高	(　　　)
加工費	(　　　)	原価差異	(　　　)
	(　　　)		(　　　)

月次損益計算書（一部）　　（単位：円）

Ⅰ．売上高		(　　　)
Ⅱ．売上原価		
月初製品棚卸高	(　　　)	
当月製品製造原価	(　　　)	
合計	(　　　)	
月末製品棚卸高	(　　　)	
差引	(　　　)	
原価差異	(　　　)	(　　　)
売上総利益		(　　　)
Ⅲ．販売費及び一般管理費		(　　　)
営業利益		(　　　)

9問目

問1　当月の完成品標準原価：		円
問2　原価差異の総額：		円（借方差異・貸方差異）
問3　直接材料費差異：		円（借方差異・貸方差異）
価格差異：		円（借方差異・貸方差異）
数量差異：		円（借方差異・貸方差異）
問4　作業時間差異：		円（借方差異・貸方差異）
問5　予算差異：		円（借方差異・貸方差異）
操業度差異：		円（借方差異・貸方差異）

※　借方差異または貸方差異を○で囲むこと

10問目

問1

直接原価計算による損益計算書 (単位：円)

売　上　高		(　　　)
変動売上原価		(　　　)
変動製造マージン		(　　　)
変動販売費		(　　　)
貢献利益		(　　　)
固　定　費		
固定製造原価	(　　　)	
固定販売費及び一般管理費	(　　　)	(　　　)
営業利益		(　　　)

問2 [　　　] 円

問3 [　　　] 円

問4 [　　　] %

問5 [　　　] 円